近代上海民族实业家

熊月之 主编
严斌林 著

上海科学技术文献出版社
Shanghai Scientific and Technological Literature Press

图书在版编目（CIP）数据

近代上海民族实业家 / 严斌林著. —上海：上海科学技术文献出版社，2023
 ISBN 978-7-5439-8793-7

Ⅰ.①近… Ⅱ.①严… Ⅲ.①企业家—生平事迹—中国—近代 Ⅳ.① K825.38

中国国家版本馆 CIP 数据核字（2023）第 039473 号

组稿编辑：张　树
责任编辑：王　珺
封面设计：留白文化

近代上海民族实业家
JINDAI SHANGHAI MINZU SHIYEJIA

熊月之　主编　严斌林　著
出版发行：上海科学技术文献出版社
地　　址：上海市长乐路 746 号
邮政编码：200040
经　　销：全国新华书店
印　　刷：商务印书馆上海印刷有限公司
开　　本：650mm×900mm　1/16
印　　张：18.5
字　　数：266 000
版　　次：2023 年 9 月第 1 版　2023 年 9 月第 1 次印刷
书　　号：ISBN 978-7-5439-8793-7
定　　价：78.00 元
http://www.sstlp.com

目 录

引 言 ·· 001

第一章　商界泰斗：朱葆三 ································ 009

第二章　买办之王：虞洽卿 ································ 051

第三章　商潮新秀：聂云台 ································ 107

第四章　衣食天下：荣宗敬 ································ 159

第五章　知识创业：穆藕初 ································ 221

结 语 ·· 277

参考文献 ·· 285

引　言

　　19世纪末、20世纪初的中国，处于内外交迫、风雨飘摇的剧烈动荡期，一切旧的思想观念、制度习俗都出现了趋新的变化。随着清政府对本国商人办工建厂限制的松动，中国民族资本主义工商业出现了第一波发展的高潮。与此伴随而起的，是新的民族实业家以一个强有力的阶级出现在世人面前。上海，作为当时中国最大的工商业城市，在这里涌现出的民族实业家成为近代民族实业家中的佼佼者。

　　近代中国早期的民族实业家，考其来源，并不单一。19世纪末，中国民族危机空前严峻，救亡图存是时代的最强音。在诸多的救国方案中，实业救国、以商战自立于世界之林，成为很多商界中人奔走呼号并厉行实践的重要方向。此前受雇于外商企业、经营洋货商品的买办，和手中已握有部分资本且具有丰富的经商经验的商业资本家，以及因经办洋务企业而颇有新知的旧式官僚，他们构成了中国近代早期民族实业家的主体部分。

　　最初的上海民族实业家阶层，主要由新式商人和买办投资现代工业企业转化而来。这些人因长期与外国商人存在较为紧密的商贸往来，或者本身就在外国洋行或企业中任职，其对西方资本主义经济和文化的认识明显要高于同时代的一般中国人。他们把自己熟悉的西方先进的科学技术和经营管理等知识主动引入中国，由此成为近代中国最早的一批经营现代企业的民族实业家。[①] 与此同时，清政府内洋务派官员主持经办的

---

① 沈祖炜主编：《近代中国企业：制度和发展》，上海人民出版社2014年版，第306页。

大型洋务企业，也有很多选址于上海，洋务派官员大多具有相对开阔的眼界和趋新的思想，他们成为近代民族实业家的另一股潜在力量。

进入 20 世纪后，尤其是从一战开始，因欧美列强忙于战争，无暇东顾，客观上给了中国民族资本主义经济以发展的黄金时期。这一时期，中国民族实业家群体也出现了明显的变化，其突出表现为大量留学生和科技人才的涌入，使得近代上海民族实业家在知识结构、经营方法和办厂理念等方面，表现出更多的科学性、现代性和专业性。

大体而言，近代中国民族实业家，可分为四种类型：买办型、官僚士绅型、商人型和专业技术型。

买办型实业家。近代以来，随着外国资本对中国经济侵略的逐步加深，西方列强为了在中国各地推销他们的过剩商品和收购各种原料，需要雇用一批熟悉中国市场行情、商业习惯和民俗风情的人来充当代理人。① 这样一来，熟悉中国民情商情，又有一定对外视野和思维的中国商人，开始充当为外国资本服务的买办。

上海怡和洋行

---

① 黄逸峰、姜铎、唐传泗、徐鼎新著：《旧中国民族资产阶级》，江苏古籍出版社 1990 年版，第 99 页。

买办出身者在替洋商经办业务的过程中，不仅积累了丰厚的资金，更是熟练掌握了经营现代企业的业务能力，并发展出广泛的社会关系网络，这些都成为他们转向投资实业的重要基础。此外，随着通商口岸的增多，越来越多的外国洋行涌入中国，其中有一部分外资企业以附股形式，吸收了大量华商资本。反观国内，封建性的社会结构和上层建筑仍没有根本性的变动，很多积累了一定资本的地主商人或官僚买办，便以入股洋行的形式投资近代新式企业。[①] 如此，便实现了郑观应所称的"初学商战于外人，继则与外人商战"的根本转型。据学者统计，中国早期民族资本近代工矿企业81家主要创办人中，买办或买办商人出身者占比高达35.80%，不仅超过占比30.86%的官僚地主，更是一般商人、华侨商人和手工作坊主的比例总和。[②] 可以说，买办型实业家是近代早期实业家的最为重要的来源之一。

官僚士绅型实业家。官僚地主是中国封建社会的统治阶级，掌握着国家政权和绝大部分的社会财富，他们或者在朝廷任职，或者通过科考、事功和捐输的方式获得功名，享有较高的社会地位。19世纪60年代开始，清政府内部的一批洋务派官僚主张通过学习西方国家先进的科学技术和军工生产，以实现国力的增强，进而抵御西方列强的不断侵略。后来，这种学习的趋势又扩展到民用品的生产中。洋务派官僚不仅购买大批西方的机械设备，还学习其组织形式、经营管理等内容。在这一过程中，他们对于西方现代企业模式有了更为深入和全面的认识。洋务派官僚基于对经办近代企业的理念方法的熟稔和政治权力及社会财富的掌控，开始主动地投资或收购经营不善的洋务企业，进而实现向民族资本家的转变。

必须指出的是，居于洋务派顶端的朝廷中枢大臣，极少会直接投资近代企业并实现资本家的质变转型，反而是听命和协助这些中枢大员具

---

① 沈祖炜主编：《近代中国企业：制度和发展》，上海人民出版社2014年版，第14页。
② 黄逸峰、姜铎、唐传泗、徐鼎新著：《旧中国民族资产阶级》，江苏古籍出版社1990年版，第22—23页。

体经办洋务企业的中层官员或幕僚,很多都投资近代企业且转型为民族资本家,如李鸿章的得力助手盛宣怀,左宗棠支持的胡恩燮、胡碧澂父子,曾国藩女婿聂缉椝,李鸿章幕僚严信厚等人,皆属此类。① 当时,便有人对官僚士绅型资本家予以评价,

清末江南制造局外景(图片来源:近代影像数据库)

直言:"中国之资本家,或为大商人,或为大地主,……唯于此二者之外,有一外国所不能见之资本家在焉,盖即官吏是也。……,彼其国人,一为官吏,则蓄产渐丰,而退隐之后,以富豪而兼绅贵,隐然操纵其政界之行动,而为乡民之所畏忌。……次之者为绅商,此中国亦有相当之官阶,或至为官为商,竟不能显为区别,常表面供职于官府,而里面则经营商务也。"② 故此,官僚士绅型实业家亦是近代中国民族实业家中极为重要的组成部分。

在20世纪初,中国的官僚士绅型实业家虽然就人数而言,在资产阶级中不占多数,但就身份地位和社会影响力而言,则绝对称得上是资产阶级上层主体,他们因为与封建政权紧密结合,多具有在职或候补官员身份,把持着商会、咨议局、资政局以及各种路矿公司的领导权。③

值得注意的是,前述洋务官僚向民族实业家的彻底转型,一般都由其子孙辈完成。以聂云台、盛恩颐为代表的显赫家族的后代,"一方面继

---

① 黄逸峰、姜铎、唐传泗、徐鼎新著:《旧中国民族资产阶级》,江苏古籍出版社1990年版,第25—26页。
② 《中国经济全书》第1辑,第119页,转引自汪敬虞编:《中国近代工业史资料1895—1914年》第二辑下册,社会科学出版社1957年版,第926页。
③ 唐传泗、徐鼎新:《中国早期民族资产阶级的若干问题》,《学术月刊》1984年第3期,第18页。

承了因父亲而享有盛名的官办企业的传统,另一方面又超越了这种传统而有所创新",①他们多从事棉纺织业,也是与清末官办企业多集中于棉纱领域有关,他们将经办实业视为一种目的而非手段,充分利用自学或出国深造所获得的西方企业管理经验,在上海商界驰骋纵横,并且成为通商口岸现代社会中名副其实的一员。

商人型实业家。20世纪初,上海正式成为中国的工业中心。据1902—1911年的《海关十年报告》记载:"近几年来上海的特征有了相当大的变化。以前它几乎只是一个贸易场所,现在它成为一个大的制造业中心。"②进入民国以后,中央政府相继颁行了系列保护工商利益、推动新式企业发展的政策法令。如1912年的《暂行工艺品奖励章程》明确肯定工艺品发明者和改良者对产品的专利权,1914年的《公司条例》明晰了公司是"以商行为业而设立之团体","凡公司均认为法人"的法定概念,1915年又颁行奖励商人经营企业的规则等。③这为中国资本主义经济的发展提供了更好的制度保障和政策护航,民族资产阶级商人数量也持续增长,商人型实业家便由此孕育而出。

商人型实业家,是在近代中国社会经济大转型的特殊时代,从传统商人中分化出来的新式企业经营者,或者是从小商贩、店伙学徒中涌现出的机敏能干、善于捕捉商机者,他们接触现代商业,积累一定的资财,积极投资兴办新式企业,进而转型为民族实业家。④商人型实业家以荣氏兄弟为代表,他们一开始在钱庄做学徒,后来自己开钱庄,在投身实业前只有纯粹的商人身份。此外,如"五金大王"叶澄衷、商务印书馆创

---

① 白吉尔著,张富强、许世芬译:《中国资产阶级的黄金时代(1911—1937)》,上海人民出版社1994年版,第189页。
② 徐雪筠等编译:《上海近代社会经济概况》,上海社会科学院出版社1985年版,第158页。
③ 沈祖炜主编:《近代中国企业:制度和发展》,上海人民出版社2014年版,第23页。
④ 高少宇:《20世纪早期中国城市资本家阶层初探》,吉林大学硕士学位论文,2006年,第5页。

始人鲍咸昌、夏粹芳等人，与荣氏兄弟相似，都是从上海滩学徒走上从商之路。①

专业技术型实业家。以穆藕初、范旭东、卢作孚等人为代表的专业技术型实业家，他们大多有留学欧美或日本的经历，或者有丰富的自学知识，他们没有官场背景，没有从商经历，也没有雄厚的资本支持，但他们有见识，有魄力，更有能力。他们所主持的企业既不是家族企业，也不是官办企业，而是采取了新式制度的股份制企业。他们没有把利润最大化视作最重要的追求，而是有着实业救国的崇高目标，他们也是近代中国最具创造性和现代精神的实业家。②

当然，不同类型的实业家在近代民族实业家中所占比重也不是一成不变的，而是随着时代的发展和社会的进步有所变化。有学者以1872—1913年和1914—1922年为界限，对棉纺、面粉和轮船业的投资者进行分阶段统计，发现官僚地主型投资人比例由46.5%降至22.3%，买办型投资人比例由29.3%降至9.1%，商人型投资者比例则由22.2%上升至53.7%。③这种投资主体的明显变化，显然是与辛亥革命的成功与一战时期中国民族资本主义迎来黄金发展时期有密切关系。

上海是孕育近代民族实业家最为理想和适宜的城市。作为市场主体的企业，十分希望能有一个自由且宽松的市场环境。然而，近代中国始终处于战火连绵、苛捐杂税沉重和传统地方势力阻隔的多重压力之下，极大地抑制和束缚了企业的生存空间。④通商口岸因其特殊的政治经济地位，反而较少面临上述压力，自然也就成为兴办企业较为理想的地方，上海又是

---

① 傅国涌：《大商人：影响中国的近代实业家们》，中信出版社2008年版，"前言"第4页。
② 傅国涌：《大商人：影响中国的近代实业家们》，中信出版社2008年版，"前言"第5页。
③ 高少宇：《20世纪早期中国城市资本家阶层初探》，吉林大学硕士学位论文，2006年，第8页。
④ 沈祖炜主编：《近代中国企业：制度和发展》，上海人民出版社2014年版，第21页。

通商口岸中最为适宜的城市。近代上海的经济发展为各类市场主体的存在提供了机会和空间。无论是最为新式的现代化企业组织，还是中国传统的商业、金融和手工业组织，都可以在上海广阔的市场中找到适合自己的一席之地。[①] 新旧市场主体并存，是近代上海企业发展的一个特点。

上海民族实业家所具有的心理特点和性格特征，是近代中国民族实业家群体的高度缩影和集中展示。中国近代实业家是在内受封建势力剥削、外遭帝国主义压迫的双重压力下逐步崛起的。恶劣动荡的环境和晦暗不明的前景，在很大程度上塑造了近代实业家特有的心理特点，有学者将其归纳为普遍、持久的危机心理，焦虑不安的恐后心理和联合团结的归属心理，这些心理特点催逼和刺激他们自我审视，自我更新，知耻图强，团结一致，进而影响甚至主导了他们很多行为活动。同时，近代中国实业家身处由旧趋新的大分化、大动荡时代，在沉淀了中华传统文化和民族心理的基础上，他们接触了很多西方文化元素，其心理结构又显现出种种过渡社会的矛盾心态，性格世界呈现出亦旧亦新、新旧交叉，但又由旧趋新的特征。具体而言，大致有三个方面：由封闭型向开放型过渡，由忍耐型向抗争型过渡，由依赖型向独立型过渡。这种过渡形态不是静态固化的，也不是在每个个体身上完全清晰呈现的，而是以一种群体性格的方式动态演化的，它是一种整体趋向，体现在单个个体身上，或为部分，或为全部，且程度有所不同。[②] 如有的实业家从传统的墨守成规、不敢冒险和竞争，逐渐转变为以现代商业知识积极参与市场竞争，有的实业家由对封建政权的妥协忍让和严重依赖向组织商会团体，倡导联合自治，勇于奋起反抗，维护商利国权转变。这些心理特点和性格特征，尤其在上海民族实业家的思想行动中展示得最为充分、透彻，很多理念和思想、实践与行动都是由上海实业家首倡之、争取之、巩固之和

---

① 沈祖炜主编：《近代中国企业：制度和发展》，上海人民出版社2014年版，第17页。
② 方再林、武珍：《中国近代实业家的崛起及其心理结构的探析》，《华东经济管理》1993年第1期，第44—46页。

推广之。总之，这些都是近代实业家由"自在"阶级向"自为"阶级过渡的重要标志之一，是以上海民族实业家为代表的近代中国实业家在转型时代所孕育并发扬的重要精神财富。

诚如白吉尔中肯且全面的评价，"以开放的姿态面向现代世界，并以积极的态度去开发这种开放所带来的技术革新和发财致富的可能性，这就赋予中国年轻一代的企业家以充沛的精力和协调一致的行动。这些企业家，通过那经久不衰的同乡和家族观念，以及通过与他们曾厕身其间的那个社会集团（包括官僚、绅士、商人和手工业者）的联系，仍旧依附于传统社会之中。"[①] 近代上海的民族实业家，身处传统与现代交汇的剧烈转型时代，他们身上聚焦了太多的新与旧的元素，其经办实业的历程也处处体现着新旧杂糅的特点。虽然不同类型的实业家这种特点凸显的程度和色彩有所不同，但运用传统又借鉴现代的经营理念和实践方法，却无一例外地深深地印烙于企业的发展历史当中。

就其出身生平而言，本书所选择的五位上海民族实业家，大多并非上海本地人，他们或出身于上海，或成长于上海，但更多的则是创业于上海、发展于上海。他们在巨变的历史转折年代，由一位懵懂少年，怀抱梦想来到上海，亲身参与了上海这座东方都市的发展和崛起，并在不同的阶段以自身的能量为上海的发展做出了特殊的贡献。他们的经历生动反映了上海的包容性和开放性，是现代上海迅速崛起的鲜明注脚和本质诠释。

近代上海民族实业家是如何在外有列强环逼、内有封建势力压迫的转型时代拼搏商场、挽救利权的，他们是如何一步步做大做强的，他们具备哪些品格和精神，经历了哪些成功，遭受了何种挫折，他们除了实业，还为这个社会做了哪些有益的贡献，为我们后世留下了何种启示……概而言之，探索、梳理并全面呈现近代上海民族实业家的创业生平、事业功绩、思想财富和经验教训，为今天的我们提供一些思考、镜鉴和动力，让曾经逝去的历史不再被后世所遗忘，是为撰写这本小书的初衷。

---

① 白吉尔著，张富强、许世芬译：《中国资产阶级的黄金时代（1911—1937）》，上海人民出版社1994年版，第200页。

第一章 商界泰斗：朱葆三

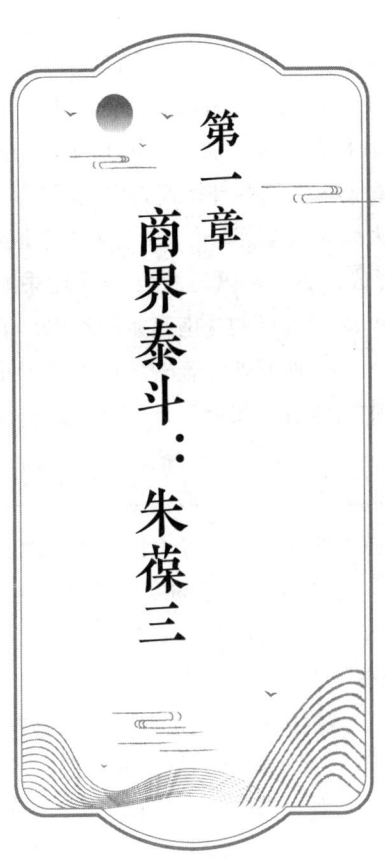

近代上海开埠以来，工商业发展迅速，到19世纪末，上海已经成为远东很有影响力的工商业城市。近代上海的发展，很大程度上在于其开放性与包容性，尤其是在经济发展上，执上海工商业牛耳者，多为外乡人，其中浙江宁波籍商人在这些外籍商人中间因其人数众多、领域宽广、实力雄厚、影响巨大而为后世所称道，甚至有"宁波帮"之誉。

"宁波帮"的形成，更早可以追溯至19世纪中期。在第一次鸦片战争结束后，清政府与英国签订的《南京条约》中，宁波就属于最早开辟的五个通商口岸之一，本地商业、金融贸易事业于此时兴起。宁波与上海直线距离很近，中间隔着杭州湾。近代以来，一方面是上海经济迅猛发展，成为长江三角洲地区的经济重镇，另一方面，交通运输的进步发达，也为更多的宁波人奔赴上海发展提供了可能。因此，大批的宁波人横渡杭州湾，开始在上海寻找自己发展的一片天地。因为宁波商人吃苦耐劳、重守信誉，同时还有很浓厚的乡土情结，善于合群互助，很快，宁波籍商人就在上海扎稳了脚跟，他们在金融、工商、运输等领域都占有很大比重，"宁波帮"也就应运而生了。

到20世纪初，宁波商人已经成为中国商界中举足轻重的一支力量，孙中山在1916年8月考察宁波时，便曾赞誉道："凡吾国各埠，莫不有甬人事业"，"宁波人实业非不发达，然其发达者多在外埠"，"宁波人对工商业之经营，经验丰富"，"宁波人素以善于经商闻，且具有坚强之魄力"①，由此可见宁波商人在当时的社会影响力。

朱葆三是近代宁波帮商人中极具代表性与权威性的人物，他少年时期便闯荡上海滩，在近代中国社会变革的历史浪潮中，勇于开拓创新，敏锐地捕捉商机，先后创办了一大批近代工商、金融、航运等企业，并且积极投身于社会公益慈善事业，更在历史转折关头，顺应历史发展潮

---

① 《孙中山先生期望于宁波的语录》，收入中国人民政治协商会议宁波市委员会文史资料研究委员会编：《宁波文史资料第五辑》，1987年印行，第7页。

流，在辛亥革命时期，为上海的光复与稳定贡献力量，最终成为一代显赫巨商。以致当时出版的书籍中有如此描述："上海人有不知韩国钧、何丰林者，而独无不知有朱葆三；上海商界有不知方椒伯、盛竹书者，而独无不知有朱葆三。"① 对于朱葆三社会影响与历史地位的评价，当时人即已有所定位，后任清政府陆军部尚书、两广总督的袁树勋曾称赞朱葆三："寓沪数十载，声名洋溢，无论一乡一邑，闻其名而欣羡者，即远而推之亡省，尤远而推之欧美诸邦，亦无不耳先生名，而为之钦慕者。"② 此时的朱葆三，声名已远播于

朱葆三（宁波帮博物馆编：《朱葆三史料集》，宁波出版社2016年版）

欧美国外，而对于朱葆三在实业、金融、时政及慈善公益等方面做出的突出贡献，袁树勋甚至认为"先生之名誉光荣于历史者，可谓至矣"。这一历史评价不可谓不高，不可谓不巨。朱葆三的创业历程经历了哪些故事？他创办实业的特点又是什么？他如何成为近代上海宁波帮的领袖人物？这些都是下文需要叙述分析的重点所在。

一　家世背景

朱葆三，名佩珍，字葆三，又作葆珊，籍贯为浙江省黄岩，1848年3月11日（清道光二十八年二月初七）出生于嘉兴乍浦。其父朱祥麟，字允坤，号玉书，在道光年间任乍浦营都司、定海营游击，因此，朱葆三是出生在其父任职的军营当中。1851年，朱祥麟因为职务变动，将家

---

① 《朱葆三》，中西印书馆编辑部：《实验致富术》，中西印书馆，1924年第1版，收入宁波帮博物馆编：《朱葆三史料集》，宁波出版社2016年版，第13页。
② 袁树勋、岑春煊：《诰授资政大夫葆三仁仲观察大人六旬晋二寿言》，收入宁波帮博物馆编：《朱葆三史料集》，宁波出版社2016年版，第11页。

眷搬迁到定海县城居住，这时的朱葆三已经三岁，所以朱葆三的客籍又是浙江省定海县。

据说，黄岩朱氏家族原本为宁波镇海虹桥朱氏瑶公派下公七房后嗣，而镇海虹桥朱氏家族又追奉宋朝大儒朱熹为其族内始祖（中国古代社会此种现象较为常见，一般较有名望家族都喜欢附会历史上名臣大儒作为先祖，其实一般来说，都是没有血缘关系的）。迄今为止，黄岩朱氏家族可以考证的祖先是朱武于，妻陈氏，生有一子名朱朝龙。朱朝龙（？—1840）又娶黄岩周氏（1787—1861），育有三子，分别为朱祥麟、朱祥云（1817—1898）和朱祥辉。朱葆三生父朱祥麟，出生于1810年农历七月，19岁左右投军，在黄岩水师营服役。在水师服役的近16年时间里，朱祥麟因缉捕海盗有功，逐步获得提升，从额外外委升迁到外委把总，成为一名下级军官。同时，在此期间，朱祥麟与黄岩女子方氏结婚，并育有多个子女。1844年，35岁的朱祥麟调任定海中营把总，正式升任七品军级。1848年前后，朱祥麟再调任乍浦营守备，再次升任正五品军级，也就是在这一时段，朱葆三诞生在其父任职的军营之中。1851年，朱祥麟又调任定海城营都司（正四品），他借此时机将全家迁居定海县城。随着行伍生涯的历练和军级职务的提升，朱祥麟的军事才能也越发凸显出来，据史料记载，他在由都司升任护理右营游击任上，"才略英敏，又练达事体，故上宪每颇格擢用"。1859年，太平天国军队进攻浙江，作为地方军官的朱祥麟，奉令率兵守卫定海县城。当时战局瞬息万变，加之隔海相望，交通不便，太平军最后并没有真正进攻定海县城，定海虚惊一场。1861年左右，朱祥麟生了重病，从军官任上退下来，1869年过世。①

从1851年定居定海城，到1861年，朱葆三孤身闯荡上海滩，这十年时间对于朱葆三产生了很大的影响。迄今为止，关于朱葆三童年时期的史料非常稀少，尤其是关于他在定海成长生活的史料，更是罕见。在

---

① 钱茂伟、应芳舟：《一诺九鼎：朱葆三传》，中国社会科学出版社2008年版，第10—15页。

1926年朱葆三过世后，由湘潭袁思亮撰写的《诰授资政大夫二品衔候选道朱君行状》里，记载了1859年前后，太平军进攻浙江时，朱葆三的一些生活事迹：鉴于当时形势危急，朱祥麟在奉命守城的同时，命朱葆三陪伴母亲方氏迁居东乡之北蝉，远离县城，以保安全。这一时期，朱葆三每天早起先到县城看望父亲，同时购买鸡肉、鱼肉和大米等食物，再回家侍奉母亲，因距离遥远，朱葆三每天要往返数十里，但即使如此，朱葆三没有丝毫怨言和松懈，由此可见童年时期的朱葆三就具有非凡的毅力和过人的胆识。①朱葆三在定海度过了10年童年时光，留下了难忘的记忆，也正因如此，终其一生，朱葆三都始终认为自己是定海人，是宁波人，这对他后来的事业发展、社会网络乃至乡情乡谊的建立，都有着重要的意义。

二 由学徒到经理

如前文所述，近代以来，宁波人有外出经商的传统，尤其是作为中国经济重心的上海，因空间距离、语言、乡谊等各种因素之便，更成为宁波商人的首选之区。而近代开埠以来，上海经济社会的发展变化，也为宁波商人的这种选择奠定了基础。

自从1843年上海正式开埠以来，其独特的区位优势使其很快便赶上并超越对外贸易的传统重镇广州，一跃成为中国对外贸易新的领头羊。到1864年太平天国起义失败前后，经过二十多年的发展，上海已经在早期金融业、外资航运业、船舶修造业、缫丝棉纺业、房地产业及新式商业等方面，走在了时代的前列。据统计，仅1844年至1860年，上海的进出口总额由4 754 149元猛增至80 544 710元，增长达20倍，②这就显

---

① 袁思亮：《诰授资政大夫二品衔候选道朱君行状》，收入宁波帮博物馆编：《朱葆三史料集》，宁波出版社2016年版，第20页。
② 丁日初主编：《上海近代经济史·第一卷（1843—1894年）》，上海人民出版社1994年版，第50—51页。

示出上海经济蓬勃的生机和强劲的发展势头。所有这些后天生发的经济优势，更加成为吸引大批宁波商人来沪打拼奋斗的独特魅力。朱葆三就是在这一时代背景下孤身闯荡上海滩的。

1861年，朱祥麟身患疾病，不仅不能正常值守工作，而且求医用药也增加了家庭的开支负担，由此朱家家境日趋困窘。朱葆三母亲方氏常听闻定海一带的人远赴上海经商谋生，而且很多人在上海发了财，久而久之，方氏也心动了。面对逐渐增大的家庭压力，已经成长起来的朱葆三成为纾解家庭压力的唯一希望。因此，方氏委托熟人将朱葆三带往上海学艺谋生。正是在这一年，年仅14岁的朱葆三，随身携带着一只旧竹箱和一卷旧铺盖，怀着少年的懵懂和对未来的憧憬，来到了上海。据说，朱葆三刚到上海当天，恰逢大雨滂沱，无依无靠的朱葆三"徒跣肩行李而行"，这个经历给年幼的朱葆三留下了极深的印象。后来，虽然朱葆三已致富发家成为上海名人，他母亲还常常提及这天的遭遇，以此警醒朱葆三，而朱葆三也时常在别人面前回忆这段经历，以此来勉励后来人不怕艰难、勇于奋斗。①

19世纪60年代，随着上海对外航运贸易的蓬勃发展，与航船修理有关的五金行也顺带发展起来，这种对资金、场地和技术要求相对较低的行当，成为一些商业嗅觉敏锐的中国商人首先涉足的领域。朱葆三刚到上海，就在同乡的引介下进入一家名为"协记吃食五金店"的铺子当学徒。这家五金杂货店只是经售一些罐头食品和小五金之类的小商品，算不上有多大的发展前景，但朱葆三深知自己当时的处境：父亲重病，家庭困窘，除了迎难而上，他再无退路可言。再联想到母亲方氏在临别前的谆谆嘱托，更加激发了他奋发图强的热情和动力。在协记吃食五金店当学徒期间，朱葆三工作非常勤快，加上他天性醇厚朴实，很受店家和顾客的信任。时间一长，店主也"不以普通学徒视之"，甚至还"以书

---

① 舞霜：《朱葆三先生轶事》，《申报》1926年11月12日，收入宁波帮博物馆编：《朱葆三史料集》，宁波出版社2016年版，第25页。

札、金钱、出纳等事付之,不令司奔走洒扫等役"①,这就给了朱葆三学习进步的好时机。他白天往往工作到很晚,夜间又练习珠算,自学商业尺牍,不断提升自己在商业方面的知识和技能。通过朱葆三的刻苦努力学习,举凡是语文、珠算、记账、商业尺牍及书法等"有关的基础知识都学到了一些,使他在以后工作上能够应付得过去"。②

尤其值得一提的是,朱葆三在协记当学徒期间主动学习英语的事迹。近代上海开埠以来,随着中西方经贸文化交流的逐步深入,作为日常交往重要工具的英语也开始受到人们的重视,尤其在频繁与西人接触的商贸领域,能够掌握一门外语,尤其是英语,成为顺利开展商业活动的前提和基础。时人对于学习西语的重要性议论,亦常见诸报端,认为"中外往来,千古未有之局","第一关键自非习彼语言,知彼情伪何以制胜",甚至提出"以方言为纲,商务为目",进而"远涉重洋,自往泰西各国贸易"③的愿景。

19世纪50年代,随着大批宁波商人到上海经商,此前常被用作与外商交流的广东式英语,已经满足不了宁波人的需求。1860年,由冯泽夫等五位宁波商人编纂的《英语注解》正式出版,该书是以宁波方言标注英语会话的读本,一经出版,就成为上海经商的宁波商人学习英语的最为主要的教科书。这种"用英文之音,而以中国文法出之"的中英混合式商业英语,被时人称为"洋泾浜英语",它成为当时上海经营中外贸易生意的中国商人最常用的沟通语言,在当时的上海商界,谁要是能够讲几句洋泾浜英语,那是很吃香的。④

---

① 舞霜:《朱葆三先生轶事》,《申报》1926年11月12日,收入宁波帮博物馆编:《朱葆三史料集》,宁波出版社2016年版,第25页。
② 陆志濂:《朱葆三的一生》,收入浙江省政协文史资料委员会编:《宁波帮企业家的崛起》(浙江文史资料选辑第三十九辑),浙江人民出版社1989年版,第81页。
③ 《中人与西人贸易宜先习西语论》,《字林沪报》1893年7月2日,第1版。
④ 钱茂伟、应芳舟:《一诺九鼎:朱葆三传》,中国社会科学出版社2008年版,第17—18页。

朱葆三在协记当学徒时，他就已经敏锐地捕捉到学习英语的重要性了。他在闲暇时除了学习前已述及的珠算、商业尺牍外，还投入了很大的精力来学习英语。当时，协记旁边的一家商店中，有个经济条件比较宽裕的学徒，每个月都花三块钱的学费去夜校补习英语，朱葆三看在眼里，也想仿效，但是苦于自己没有钱缴学费。于是，他想到一个两全其美的办法，就是拜这个学徒为小先生，把自己每个月省吃俭用下的钱中拿出五角钱给他，请这位小先生教自己一些"洋泾浜英语"。朱葆三的勤勉，加上小先生的认真，很快，朱葆三就掌握了与西人交流沟通的基本语言，这使得他可以直接与外国商人接触，甚至为他后来事业的发展提供了极大的便利。①从这里也可以看出，青年时的朱葆三，已经具有很高的远见和宽广的视野，这也是他后来能够叱咤商海的重要原因。

朱葆三在协记学徒岗位上一做就是三年，1864年，他的学徒期满。在这三年时间里，他不仅熟练掌握了普通商店的应用常识，而且学会了撰拟商业信札和珠算技术，更是学会了用途广阔的洋泾浜英语，他学习非常专心认真，进步也很快，可以说是"里外事务，全部来得"②。1865年，协记的账房先生因病去世，而朱葆三在三年学徒期间，工作也非常努力，"勤敏朴实异常儿"③，这就给店主很深的印象，因此店主就提出让他担任协记吃食五金店的总账房和营业主任一职，有了三年的积淀和历练，此时的朱葆三满怀信心地应允了。两年后，朱葆三20岁时，协记的经理又去世了，店主就顺势请他一并担任经理一职。从1861年初至上海，到1868年担任经理，朱葆三用了七年时间，且他协助店主经营有

---

① 陆志濂：《朱葆三的一生》，收入浙江省政协文史资料委员会编：《宁波帮企业家的崛起》（浙江文史资料选辑第三十九辑），浙江人民出版社1989年版，第81页。

② 舟子：《记朱葆三先生——五十年前成功人物》，原载台北《宁波同乡》第10期，收入宁波帮博物馆编：《朱葆三史料集》，宁波出版社2016年版，第56—57页。

③《朱葆三先生事略》，《上海总商会月报》第7卷第2期，1927年，"传记"第1页。

方，也获得了不少红利和额外的酬金，初步积攒了一笔钱。① 可惜好景不长，不久，协记店主便因病去世，这家店也就此歇业了。这时的朱葆三，已经成为一名有一定商业知识和技能、又稍有积蓄的小商人了。

三　发家始自五金行

自1868年协记歇业到1878年朱葆三正式创办"慎裕五金店"，整整十年的历史，朱葆三经历了什么，现在已无文献可考，发迹以后的朱葆三似乎也从未正式谈及过这段历史，唯一知道的一点信息，就是在此期间，朱葆三曾开办过一家新裕商行，何时开始，何时结束，经营状况如何，都不得而知。据钱茂伟等人推测，这十年，应该是"朱葆三人生中的一段曲曲折折的独立经营'试错'期"，他的经商之路并不一帆风顺，甚至可能充满了艰难险阻，这时的朱葆三仍是上海滩一名寂寂无闻的小商人。②

此时，时代的际运再次给予朱葆三以机会，他的崛起也由此开始。第二次鸦片战争后，清政府自诩的天朝上国的迷梦被彻底击碎，西方先进的生产技术和资本主义经营方式对中国的影响进一步扩大。清政府中的开明官僚开始倡导并掀起了洋务运动，其核心内容就是在清政府的支持下，创办一批新式企业。上海作为逐渐崛起的新的经济中心，自然而然地成为洋务运动十分重要的活动场所。加之倡办洋务运动的曾国藩、李鸿章和沈葆桢等人，长期经营江浙地区，将其作为自己的势力范围，也就为在上海创办新式企业提供了政策、资金等方面的有力保障。因此，洋务运动时期的重点企业，如江南机器制造总局、轮船招商局、电报总局和上海机器织布局，都先后诞生或迁址于上海，上海成为洋务运动开

---

① 陆志濂：《一代名商朱葆三》，收入宁波市政协文史资料委员会编：《商海巨子——活跃在沪埠的宁波商人》，中国文史出版社1998年版，第10页。
② 钱茂伟、应芳舟：《一诺九鼎：朱葆三传》，中国社会科学出版社2008年版，第23页。

展的中心地区,也率先开始了中国现代化的步伐。①随着新式企业的不断设立,以及对外贸易的持续拓展,外国轮船和在沪设立的外资工厂经常需要添配和更换一些五金器材,洋务运动中创办的军民用企业对于五金配件的需求也与日俱增,原有的打铁铺、铜匠店等传统手工作坊显然是不敷需求的,新兴的五金行业便应运而生了。②甚至到19世纪80年代,上海的五金业已经成为"当时吸引投资者麇聚并极易获利致富的一个重要商业行业",③朱葆三的实业生涯也就起始于此。

1878年,已在商海中沉浮十多年的朱葆三,敏锐地捕捉到商机,用自己多年积攒的资金,在上海新开河创办了慎裕五金店,这成为朱葆三"经营商业之始"④。之所以取名"慎裕",是取"剩余"的谐音,有"年年有余"之意,这一店名也寄托了朱葆三对于生意前景的一种美好愿望。⑤朱葆三开办的慎裕五金店,其经营的商品已非协记五金店所可比,主要是一些大件五金器材,朱葆三运用自己掌握的丰富的业务经验和经营手法,将慎裕五金店经营得有声有色。他还非常重视商业信誉,注重管理人才的选拔,物色了一批优秀的员工,如他聘请精通账务,又老成可靠的顾晴川(顾维钧之父)担任总账房,将账目管理得井井有条。所有的店员都要经过他严格的挑选,这些店员各有所长,在诸如进货、推销和门市迎客等方面都做得很好,发挥了各自所长。朱葆三还一改传统的"守株待兔"的门售办法,主动承接大建筑包工头的批发和销售业务。就

---

① 丁日初主编:《上海近代经济史·第一卷(1843—1894年)》,上海人民出版社1994年版,第464—469页。
② 徐鼎新、钱小明:《上海总商会史(1902—1929)》,上海社会科学院出版社1991年版,第10页。
③ 丁日初主编:《上海近代经济史·第一卷(1843—1894年)》,上海人民出版社1994年版,第649页。
④ 袁思亮:《诰授资政大夫二品衔候选道朱君行状》,收入宁波帮博物馆编:《朱葆三史料集》,宁波出版社2016年版,第20页。
⑤ 钱茂伟、应芳舟:《一诺九鼎:朱葆三传》,中国社会科学出版社2008年版,第25页。

这样，短短几年，他的生意已做得红红火火，几千两银子的股本，在他手中一年竟可做出几十万两的买卖，成为轰动上海滩的新闻。正因如此，朱葆三在短时间内就掘得了第一桶金，成为有一定知名度的商界人物。①

在朱葆三经营生意的过程中，他有幸结识了当时已在上海开设老顺记五金行的同乡叶澄衷，并且结为知己。不久，他就将慎裕五金行从新开河迁到叶澄衷位于福州路四川路口 13 号大厦的房产中继续经营，同时还将其店名改为"慎裕五金商行"，慎裕的规模和口碑顿时提升不少。此后，朱葆三又逐步地扩大经营业务，并且兼营做起了进出口贸易业务，可谓是"年年盈利，商誉日增"②，他的身份和名望也随之提高。朱葆三一跃成为继叶澄衷之后的另一位上海五金业的巨头。

四 平和洋行"怪买办"

前文已述及，近代上海开埠以来，中外贸易日增，作为沟通中外商情的买办逐渐成为一个新兴的阶层。由于充当买办者不仅有丰富的贸易经验，还有深厚的社交网络和名望，加上各列强的庇护和支持，买办阶层成为近代上海一个很有影响力的群体。据说定海人穆炳元是买办之鼻祖，因此浙江籍，尤其是定海人充当买办者非常多。朱葆三在其事业兴隆、名望日盛时，也充当过上海英商平和洋行的买办。

上海平和洋行（Liddell Bros. & Co., Ltd.），是上海开埠后最早设立的外国洋行之一，据说由英国所谓绅士派商人创设于1872年，总行设在上海，在天津和汉口设有分行，还附设有平和打包厂。这家洋行最初仅是一个皮包公司，并无多少资金可言，经营业务也仅限于进口一些洋灯罩和煤油之

---

① 钱茂伟、应芳舟：《一诺九鼎：朱葆三传》，中国社会科学出版社2008年版，第25页。
② 陆志濂：《朱葆三的一生》，收入浙江省政协文史资料委员会编：《宁波帮企业家的崛起》（浙江文史资料选辑第三十九辑），浙江人民出版社1989年版，第82页。

充当买办时的朱葆三（《英商公会华文报》，1920年新编第1期）

类的商品，换取中国的农副产品和畜产品。平和洋行还乘着近代上海棉纺织业的勃兴，经销纺织机械和锭子，也赚取不少利润。后来，平和洋行又将业务扩展到以低廉价格收购中国的黄狼皮，将其出口至欧美等国，供上流社会妇女制作裘皮大衣，这一行当成本低、收益高，可谓是一本万利。此后数年，平和洋行在皮毛行业获利颇丰，不仅购买了地皮，营建了大楼和仓库，还逐步垄断了上海的出口打包业，其洋行大班也被选入上海公共租界工部局充任董事，[①]平和洋行也跻身上海十大洋行之列。

大约在1890年前后，经叶澄衷引介，朱葆三正式进入上海平和洋行充任买办。平和洋行为何专门聘请朱葆三担任其买办呢？当时的朱葆三已是上海商界名闻遐迩的人物，平和洋行的大班在担任工部局董事时，见识了朱葆三在上海商界的地位和名望，因此希望通过聘请朱葆三担任买办，以此来提高洋行的身价、拓展其社会网络，这对于主要做中外进出口贸易的平和洋行来说，是有很大益处的。而从朱葆三方面来说，担

---

① 陆志濂：《一代名商朱葆三》，收入宁波市政协文史资料委员会编：《商海巨子——活跃在沪埠的宁波商人》，中国文史出版社1998年版，第13页。

任平和洋行的买办，不仅可以获得丰厚的佣金，更主要是可以受到帝国列强的"庇护"，甚至可以沾光分享领事裁判权，无论是外国领事，还是中国政府都对买办礼让三分，这对于经商者而言，能够保障他们的安全和尊严，是最切实际的益处。正是基于上述原因，平和洋行和朱葆三都有各自的诉求和利益盘算，他们之间是相互依存和相互利用的关系，才出现了朱葆三担任平和洋行买办的事迹。①

朱葆三虽然答应平和洋行充任买办，但是他又提出了自己的要求和行为准则，这与当时一般的买办截然不同。朱葆三在担任平和洋行买办期间，很少离开他的"慎裕五金商行"，平时更是极少去洋行上班，甚至都不必为平和洋行的生意买卖操心，他每年只是在12月24日圣诞节前夕才去洋行一次，当作为洋行大班庆贺节日。平时如有要事相商，都是洋行大班亲自到"慎裕五金商行"登门求教，每到此时，朱葆三往往都会以其过人的眼界和老练的经验为洋行大班出谋划策，每每能化解洋行的困境和危机。

尤其是在担任洋行买办之后，朱葆三更加注重维护自己的尊严和身价。他的寓所就选在华界的斜桥，每当遇到战乱或动荡时，紧急警报一拉响，朱葆三就搬到其大女婿魏廷荣位于租界的家中避难。警报一经解除，朱葆三就再返回斜桥寓所。时间一长，家人也觉得麻烦，就提议在法租界买块地皮，为其新造一幢洋楼，既可以保证安全，又可以避免搬家之苦。但是朱葆三对此坚决不同意，他的理由很简单直白："我是中国人，我就是要住在自己的地界上，外国人的租界区，我不去住。"这也是其作为近代上海著名的民族实业家的民族感情和家国情怀的一种具体体现和维护，这在近代上海民族实业家中较为普遍。②

---

① 陆志濂：《朱葆三的一生》，收入浙江省政协文史资料委员会编：《宁波帮企业家的崛起》（浙江文史资料选辑第三十九辑），浙江人民出版社1989年版，第83—84页。

② 钱茂伟、应芳舟：《一诺九鼎：朱葆三传》，中国社会科学出版社2008年版，第29—30页。

朱葆三以其在上海商界的地位和声望，又担任上海十大洋行之一的买办，不仅领取丰厚的薪金回报，还享受种种政治特权，一时风光无限。但是作为洋行买办的他，又不去洋行上班，反而是洋行大班登门求教，这在当时的上海滩是比较牛气的。这反而更加提升了他在上海乃至宁波的影响力。据说当时定海民谣《挖花调》的唱词中，便有"牛头朱葆三，平和做买办"，这一唱词甚至一直流传到20世纪50年代，可见其影响力之深远。①

五 创办金融机构

在近代上海金融业的发展历程中，朱葆三是一位无法绕开且举足轻重的人物，不论是官办银行还是私人银行，他都以极大的热情参与筹划和创建，在很多方面起到了开风气之先的作用。

鸦片战争以后，在不平等条约的庇护下，西方列强对于中国的经济侵略可谓步步紧逼、步步深入，尤其是到了19世纪后期，西方列强在扩大商品倾销和加紧原料掠夺的同时，还开设了一系列银行金融机构，试图从金融层面逐步掌控中国的金融市场，进而左右中国的社会经济。正是看到了外国银行在中国经济活动中所发挥的枢纽作用，中国官商各界有识之士萌发了创办中国自己银行的想法。1895年甲午战争，中国战败，清政府开始放宽对民间设立工厂的限制，中国的民族工商业有了初步的发展，市场中对于货币流量、流向进行调节和平衡的呼声开始上涨。这些内外因素共同催生了中国新式银行中国通商银行的诞生。②

中国通商银行的创办者是清末兴办洋务的健将盛宣怀，他在主持轮船招商局和督办铁路总公司事务时，深切地认识到创办银行对于发展经济、维护主权的重要性，因此上奏清政府，请求设立中国人自己的银行，

---

① 钱茂伟、应芳舟：《一诺九鼎：朱葆三传》，中国社会科学出版社2008年版，第29页。

② 李珹：《朱葆三的实业活动》，《档案与史学》2003年第6期，第56页。

得到清政府的允准。

1897年5月27日，近代中国第一家银行——中国通商银行，在上海中山东一路7号正式开业。盛宣怀在筹设银行时，就聘请当时上海商界头面人物如朱葆三、严信厚、张振勋和叶澄衷等人担任中国通商银行董事，这些人不仅有强大的商界号

位于上海外滩的中国通商银行旧址

召力，能够吸纳股金和存款，还拥有丰富的商业经验和人脉，可以助力中国通商银行的发展。

通商银行初办时，额定资本为五百万两，其中一百万两为官本，七十八万两为李鸿章、王文韶等人的官僚资本，其余皆为商股，朱葆三等董事都有参股。中国通商银行在开办之初便确定了"用人办事以汇丰为准"的方针，仿照汇丰银行的办理模式，在内部管理层上设置洋大班和华大班，两大班互相钳制，章程还规定"生意出入银钱，均归大班主政"，其实就是赋予大班很大的业务权力，只有"遇有要事，应由总董会议签押，然后照行"。此外，在人事权上，明确规定：洋大班可以代银行雇佣人员，但是"须先将雇佣之人姓名籍贯及从前所办何事详注单上；呈请各董核准，方可雇佣"，即使是开除工作人员，也需要由各董事议妥。这些条款都是在银行开设之初，由朱葆三、叶澄衷、严信厚和张振勋等总董制定的，其目的就在于规避洋大班独揽大权、损害中国人金融机构的主权。同时，朱葆三等总董还议定了中国通商银行的三项主营业务：吸收存款，除零星散户外，主要是地方财政和达官贵人的私款；拆放业务，放款对象有洋行、钱庄、官办企业和民族工商业；发行钞票，因为有清政府中央的支持和特许，1898年，中国通商银行开始发行钞票，分银圆和银两两种，面额有一元（两）、五元（两）、十元（两）、五十元（两）、一百元（两）五种，共发行银圆券二百三十五万元，银两

券五十万两。这些钞票是通商银行委托英国在伦敦印刷的,正面印英文,反面印汉文、满文,正反面都印有龙纹和币值,且有洋大班签名。[①]

朱葆三参与创办的中国通商银行,不仅是我国第一家真正的商业银行,在银行章程制度制定、管理运行操作及金融业务活动规范等方面做出了有益的尝试和探索,使近代中国金融业逐步摆脱旧式钱庄经营模式的局限,它还是我国第一家发行纸币的银行,比1906年清政府户部银行发行兑换券还要早8年,尤其是它享有的发行纸币权直到1935年国民政府进行法币改革时才被取消,前后共发行纸币达37年之久,这在近代中国商业银行中是绝无仅有的。

此后,朱葆三在金融业中不断拓展深耕,相继参与了更多金融机构的创办和管理。近代宁波商人在上海具有雄厚的经济实力,随着民族工商业的发展和清政府奖励民间金融业发展的推动,以在沪宁波籍商人为发起人、投资者和管理人的四明银行,于1908年9月11日在上海成立。该银行初始资本为150万两,首次募股50万两,总行设在上海宁波路。朱葆三不仅入股5 000元,承担了首次股额的1%,还担任了四明银行的首届董事会董事。四明银行后来发展成为上海著名的十四家银行之一。1909年,由浙江官银号改组而来的浙江地方银行正式成立,它是全国第一家由官银号改组而成的地方性银行,并于1912年更名为"中华民国浙江银行",改为官商合办的金融机构。朱葆三因

朱葆三参与创建的上海四明储蓄银行(《三民画刊》,第1卷第1期,1934年)

[①]《南方企业总裁朱葆三》,收入李小凡主编:《影响中国命运的人物》(第1卷),金城出版社1999年版,第267—268页。

与当时浙江省都督府财政总长高尔登熟识，加之他在上海的声望与地位，也是刚成立不久的浙江都督府急需倚重的资源，故被聘请担任浙江银行总经理，参与对该银行的管理。①1911年辛亥革命爆发后，新成立的沪军都督府财政紧张，朱葆三又参与创办中华银行，依靠发行军用票、公债和募捐，为沪军都督府解决燃眉之急。1912年1月，朱葆三被推选为中华银行董事长，一年后，中华银行甚至迁址到福州路慎裕五金商行铺面继续营业。②

此外，朱葆三还投身于保险和信托行业，为近代中国保险信托事业的创办与发展做出了一定的贡献。1907年，已担任华兴、华安与华成三家保险公司总董的朱葆三被推选为上海保险业同业公会的首任会长，这也是中国第一家保险团体，该团体的成立对于中国近代保险事业的发展具有重要意义。1912年6月30日，由朱葆三投资并担任董事的华安合群人寿保险公司在上海外滩30号正式成立。1921年，中国第一家信托公司——中易信托公司正式成立，该信托公司由朱葆三等人集资800万元创办，朱葆三担任董事长，为近代中国信托事业开辟先河。③

六 投资工商业

近代中国的工商业发展因其基础薄弱，加之清政府的政策桎梏和民族资本家普遍面临的资金缺乏，呈现出发展不均衡、不稳定的特点，仅有的一些产业也多集中于轻工业方面，重工业极为罕见。上海作为近代中国经济中心，既是社会财富汇集最为集中之地区，也是各项先进设备

---

① 李珮：《朱葆三的实业活动》，《档案与史学》2003年第6期，第56—57页；陈朵如、陈汉雯、陆书臣：《关于朱葆三的点滴》，收入宁波帮博物馆编：《朱葆三史料集》，宁波出版社2016年版，第54页。

② 陆志濂：《朱葆三的一生》，收入浙江省政协文史资料委员会编：《宁波帮企业家的崛起》（浙江文史资料选辑第三十九辑），浙江人民出版社1989年版，第88页。

③ 李珮：《朱葆三的实业活动》，《档案与史学》2003年第6期，第56—57页。

器械最先引进使用地区,例如用电气动力取代传统的蒸汽动力,不仅节省了投资成本和生产费用,还大大提高了生产效率,可以说,近代上海是中国最适宜创办实业工厂的城市。朱葆三身居上海商界中心位置,在他事业发展到一定程度,有了一定基础的财力支撑后,也与同时代其他商人一样,开始投资兴办实业了。

朱葆三最早投资实业,可以追溯到1889年,他入股由庄凌晨创办的华英药房。华英药房是当时上海的第二家由华人开办的西药房,店址设于公共租界四马路42号,股东除朱葆三外,还有严信厚、袁树勋等人。该药房主要经营国外订货和原料药的采购,并且自制"润肺止咳露""明目精奇水"等药品出售,因为要对原料药进行加工,故该药店附设有制药工场,这也成为孕育近代民族制药工业的胚胎。只是该药店后来因经营不善、资金短绌,导致破产。①

1905年,朱葆三又联合严信厚、许鼎霖等人集资28万元,创办上海第一家织麻厂——同利机器纺织麻袋公司。也是在这一年,朱葆三还与人集资14万元,创办了上海大有榨油厂。朱葆三介入投资创办的这些企业,都是比较原始初级的轻工业行业,体现出近代中国民族工业发展的一般性特点。

近代中国民族工业发展中,起点较早、发展较快的行业,非面粉业与纺织业莫属,这两个行业也成为朱葆三投资实业的关注领域。1906年,朱葆三与上海实业界友人顾松泉、贝润荪、戴穆斋等人,集资20万两白银,创办了上海中兴面粉厂。该厂购置先进的钢磨12部,雇佣工人达62人,日产面粉量为1 700包,这在当时的民族面粉企业中,已属罕见。当时正值日俄战争后不久,国内抵制美货运动浪潮尚未全息,故其市场销量很好,创办当年便获利四万余两,此后几年也多有盈余。1911年时开始陷入困境。1913年,该厂又与荣宗敬合作,出租给福新面粉公司,改称中兴恒记面粉厂。最终于1916年完全出售给福新公司,这就是后来的福新四厂。

---

① 钱茂伟、应芳舟:《一诺九鼎:朱葆三传》,中国社会科学出版社2008年版,第68—69页。

同年，朱葆三还参资江苏海州赣丰饼油厂和宁波和丰纱厂。1907年，朱葆三又与顾馨一、王一亭等人合资27.9万元，创办立大面粉厂。此后，朱葆三还参资龙华造纸厂、华丰造纸厂和上海第一呢绒厂等企业。①

一战时期，欧洲列强忙于战争，无暇东顾，这给了中国民族资本主义快速发展的良机。这一时期的民族工业不仅发展速度快，而且产生了很多新兴行业，但多集中于轻工业领域，中国工业发展中轻重工业结构失衡的现况并未发生显著变化。即使在这种时代背景下，朱葆三仍然在拓展中国工业行业结构的征途上做出了有益的尝试。1917年，朱葆三联合陆伯鸿、乐振葆等实业家投资12.5万两（后增资至50万两），创办了近代中国第一所规模较大的新式钢铁企业——和兴钢铁厂。这在时局不靖、产业基础薄弱的近代中国工业发展环境下，尤属难得。②该厂的设备都是购自国外，如从德国西门子洋行订购10吨小高炉一座。工人则是从工厂附近农村招募。日产铁10吨左右。该厂虽中间曾停工多次，甚至一度改名，但一直存在到20世纪50年代，被上海钢铁公司接管，扩建并改名为上海第三钢铁厂。

此外，朱葆三还将实业投资领域扩展到煤矿和水泥等行业。1918年，朱葆三还参资创办了柳江煤矿铁路公司和长兴煤矿，属于民族资本较早进入煤炭行业的先行者。一战后，随着上海经贸中心地位的确立，上海迎来了更为快速的发展势头，各行各业都在大兴土木，扩建高楼大厦，建材尤其是水泥的需求量与日俱增。因此，1921年，朱葆三联合刘鸿生等人发起创办华商上海水泥有限公司，朱葆三担任董事长。该厂额定资本120万元，厂址设于上海城西南方向的龙华古镇以南，它是上海第一家水泥厂，③标志着上海民族工业在建材水泥行业中的尝试与起步。

---

① 钱茂伟、应芳舟：《一诺九鼎：朱葆三传》，中国社会科学出版社2008年版，第69—72页。
② 李珊：《朱葆三的实业活动》，《档案与史学》2003年第6期，第55—56页。
③ 钱茂伟、应芳舟：《一诺九鼎：朱葆三传》，中国社会科学出版社2008年版，第72—74页。

当然，朱葆三除了前已述及的行业外，还涉足公用文化事业的投资。由美国商人福开森（John C. Ferguson）创办于1893年的《新闻报》，为了结交上海华商名人，以扩大声势，曾于1906年邀请朱葆三等名人为华人董事，朱葆三也就在一定程度上介入了报纸行业的发展。1906年，朱葆三参资由镇海人宋炜臣主导创办的"商办汉镇既济水电股份有限公司"，不仅位列11名发起人行列，还是该水电公司的大股东，该水电公司不仅大大改善了汉口居民的照明和饮水条件，还成为武汉城市近代化的重要标志。1910年，朱葆三还与德国人合资创办中国制碱公司。1913年，朱葆三又投资上海华商电车公司，在上海南市开辟建设了上海第一条由中国人经营的有轨电车线路。1920年，朱葆三又与旅沪浙商集资5.5万元，在定海南门外创办舟山电气股份有限公司，安置30.8千瓦和60千瓦柴油发电机组各一台，为舟山地区供应了电力资源，有力地促进了家乡经济和社会的发展进步。①

除此之外，朱葆三参与投资或入股的外资企业，以及他在上海、宁波、定海等地购置的大量房产，那就更是不可计数了。总而言之，朱葆三以五金业为发家起点，在经验、资金、声望和人脉累积到一定程度后，就开始不断向其他行业扩展，并且成为很多领域具有开创性和引领性的商业领袖，对于民族工商业的发展起到了很大的推动作用。

学者钱茂伟、应芳舟在《一诺九鼎：朱葆三传》一书中，总结了朱葆三在经济事业上的四大特点，可以高度概括朱葆三这位商界传奇人物在经营工商实业方面的特质。

首先，是朱葆三的经济投资顺序是通过经商办实业，再到发展金融业，最后转回来支持工商业进一步发展。这一方面是近代中国民族工商业在自身力量弱小和帝国主义列强经济压迫的特殊环境下，不得不采取的一种特殊发展路径，另一方面也正好体现出朱葆三具有强烈的实业开拓精神，敢于做第一个吃螃蟹的人。其次，因为近代中国民族资本主义发展，

---

① 钱茂伟、应芳舟：《一诺九鼎：朱葆三传》，中国社会科学出版社2008年版，第77—82页。

由于得不到政府在政策与资金方面的支持，导致其初始融资经常发生困难，这也就使得民族企业缺乏规模效益，而民族资本家大多只能通过多方集资的方式来创办企业，无法独资开办企业，这一点在朱葆三经办实业的历程中可以清晰看出，朱葆三因系白手起家，原始积累并不多，因此他在创业中多以参与投资、合伙经营的面貌出现，独资企业很少。再次，近代以来，由于开放口岸大多在沿海地区，故沿海地区传统的自然经济也最先解体，中国的近代化也最先从口岸城市发展起来。朱葆三的经济活动就是以沿海、沿江大中城市为据点，而内地或边远山区则没有，这与近代以来中国民族资本主义经济的发展态势相吻合。最后，为了在动荡时局或市场不稳定的环境下，追求利益最大化，避免更大的损失，朱葆三的投资活动呈现出分散和数额不多的特点，据统计，从1895—1913年，朱葆三在民族工业及航运业方面的投资总额为42万元，这个数目与同时期的叶澄衷、严信厚等浙江籍名商相比，并不算多，但他涉足的领域却不少，甚至有的企业为了借助他的声望，仅是单纯地赠予他干股，他没投钱，却名列股东行列，这是朱葆三超高信誉换来的无形资产。①

七　自办近代航运业

自从上海开埠以后，西方先进的蒸汽动力轮船作为一种新兴交通工具，猛然进入中国人视野，且对于中国传统的航运业产生了严重的冲击。尤其是上海及其附近地区的航运市场，多被外国轮船公司所垄断，中国的航运主权也遭到严重破坏。直到20世纪初，随着中国民族资本主义经济的不断发展，加之清末收回利权运动思潮的涤荡，中国人民对于维护国家主权、自我发展以绝漏卮的热情普遍高涨。清政府在这一背景下，宣布解除对此前的内河小轮航运业务的限制，允许民族资本在商办轮船生意上的发展。中国近代航运业正式进入了自由兴办的新阶段。这一次，

---

① 钱茂伟、应芳舟：《一诺九鼎：朱葆三传》，中国社会科学出版社2008年版，第83—85页。

朱葆三又没有辜负时代给予他的绝好机会。

朱葆三参与创办的最早的航运公司是大达轮步公司。在此之前，因为大生纱厂为了便利采购运输物料，曾租用朱葆三的"济安"小轮船使用。1900年初，又组织设立广生轮船公司，由朱葆三具体主持负责，并于1902年改名为大生轮船公司。1905年，朱葆三和张謇等人集资60万两，正式创办了上海大达轮步公司。1906年，朱葆三与他人合作，在上海设立越东轮船公司，以55 000元的价格购买了一艘555吨位的"永利"轮船，该轮船主要航驶于上海和定海、石浦、海门等处，属于小规模的轮船。①

辛亥革命后，尤其是第一次世界大战期间，中国的民族工商业迎来了快速发展的黄金时期，中国的国内江海航运业也得到了较快的发展，相继出现了一批大中型航运企业集团，朱葆三为首的航运企业，是其中较为耀眼的明星。1915年，朱葆三投资创办顺昌轮船公司，资本额28万元，轮船一艘，838吨位，主要行驶于杭州、湖州、苏州、常州和南通等内河地区。同年，他还投资创办镇昌轮船公司，资本额14万元，也是仅有一艘789吨位的小型轮船，航行地区与顺昌同。1918年，朱葆三又投资创办同益商轮公司，资本10万元，轮船三艘，总吨位达3 000吨，主要航行于上海及苏杭一带。不久，朱葆三将越东、顺昌、镇昌和同益四大公司合在一起，名为"朱葆三航运集团"，该集团共有六条轮船，主要航行于长江、浙闽沿海与上海一带，成为近代航运业中颇具实力的代表。②

这里需要特别一提的是，朱葆三参与创办宁绍轮船公司的事迹。如前所述，上海开埠以来，宁波因其与上海隔海相望，距离较近，沪甬两地客货流通极为繁盛，但沪甬航线却一向被太古和招商两家轮船公司垄断，虽然航程并不长，但垄断了航线的轮船公司票价却不菲，这就激发了在沪宁波商人自办航线的愿望。1908年，朱葆三、虞洽卿等在沪宁波籍巨商共议创办宁绍轮船公司，以此打破中外航运垄断势力的压榨。宁

---

① 李珹：《朱葆三的实业活动》，《档案与史学》2003年第6期，第57页。
② 钱茂伟、应芳舟：《一诺九鼎：朱葆三传》，中国社会科学出版社2008年版，第66页。

绍轮船公司额定资本100万元,实收70万元,总部设于上海,宁波设分部。宁绍轮船公司正式运营初,"规模甚陋",正是有了朱葆三等人"精心经营后,业日以振"①,加之得到了上海华界商人,尤其是浙江籍商人的大力支持,虽然有太古、招商等原有航线公司的排挤,但宁绍仍然坚强挺立,最终渡过难关,在航运业站稳了脚跟。宁绍公司也成为第一家与外商轮船公司竞争获胜的民族航运企业,此后迎来了更大的发展,且成为中国民营轮船航运业进一步发展的基石。②

八 构筑人脉网络

朱葆三不仅在商海纵横驰骋,而且还善于结交朋友、构筑人脉网络,这也成为他的事业能够取得辉煌成就的重要基础。朱葆三交友,与一般平常人不同,他择友的标准是"品学兼优"四个字。只要符合这个条件,无论对方家境是贫是富,也不管对方职业是贵是贱,更不看对方的社会地位是高是低,他都会倾心结交,甚至成为知己。对于那些徒有学识而无品行的人,他是一概疏远不与结交的。他认为"有学识而无品行,他的学识便要用到不正当的地方去了",因此他结交朋友最为看重对方的品行是否端正。

朱葆三与李兴锐的交往,便能很好地反映这一点。李兴锐本是一个贫穷秀才,后来因乡籍缘故,在曾国藩湘军中担任幕僚,光绪年间又出任上海制造局总办,掌握制造局财政人事大权。但他为人清高,没有用手中权力为自己谋利,所以生活过得很是清贫。有一年除夕,李兴锐无钱过年,又不愿向他人借贷,在百般无奈之下,他拿出一个并不值钱的旧衣箱,上了锁,又加盖制造局的十字封条,将其暂时向当铺典押二百两银子用以过年。第二年手头有钱了,他又原封赎回。这一故事流传社

---

① 中西印书馆编辑部:《实验致富术》,中西印书馆,1924年第1版,收入宁波帮博物馆编:《朱葆三史料集》,宁波出版社2016年版,第13页。
② 李珊:《朱葆三的实业活动》,《档案与史学》2003年第6期,第57页。

会，广受赞誉。朱葆三听闻这件事后，认为李兴锐品性高尚，很是敬佩，就与他订为至交好友。后来李兴锐一路升迁，官至两江总督，成为清政府的封疆大吏。李兴锐也很欣赏朱葆三的才华和为人，曾邀请朱葆三随他做官，负责掌管财政。但是朱葆三以自己只是一介商人，在商言商，不敢轻入仕途而加以拒绝。①

时人对于朱葆三遗事之报道（《上海画报》第149期，1926年）

而朱葆三在与朋友结交相处时，始终坚守儒家的"信义"二字作为人生的准则，他为人守信用、讲义气，每每为人排忧解难、言出立断，深受各方朋友的信赖和推崇。正因如此，朱葆三广泛结交了各界人士，无论是政界、商界，在清朝官府、外国领事及革命党人中，均有他的朋友，构建起了繁密的人脉关系网络。这种四通八达的人脉网络，在近代半殖民地半封建社会的中国，又适时地会转变为朱葆三左右逢源、化险为夷的助力和渠道，进而保障他事业的顺利发展。②

宽广通畅的人脉网络，助力朱葆三事业发展的例子也很多，其中他与袁树勋的交往就颇为典型。朱葆三与袁树勋最初认识时，袁树勋还仅仅只是在上海县署中任"主簿"的小小吏员，后来二人关系甚为密切，袁树勋经常到朱葆三的慎裕五金商行闲叙畅谈。1900年，袁树勋开始步步高升，被清政府任命为苏松太道，负责经手庚子赔款事务。此时，朱葆三已经成为上海商界的领袖人物，为了帮助袁树勋经办庚款事宜，朱

---

① 徐培仁：《朱葆三故事》，儿童书局1944年出版，收入宁波帮博物馆编：《朱葆三史料集》，宁波出版社2016年版，第41—42页。
② 陆志濂：《一代名商朱葆三》，收入宁波市政协文史资料委员会编：《商海巨子——活跃在沪埠的宁波商人》，中国文史出版社1998年版，第11页。

葆三将自己最为信任的账房顾晴川推荐给袁树勋，让顾晴川担任道台衙门中的会计员并掌管出纳银库。当时的庚子赔款，是清政府以海关关税税收作为担保，并通令各通商口岸海关关税收入悉数解交上海关道，再由上海江海关负责拨解洋债的赔款。上海道库负责保管的这笔赔款，数目非常可观。袁树勋作为收解并掌管这笔巨款的官员，他将各省每月所解送来的赔款全部委托朱葆三存放在上海殷实的钱庄内生息。袁树勋将这些巨款产生的利息呈交清政府商部时，仅是以普通官利来计算上交，但存于上海各钱庄的拆息，实际上却远远高于官利，这笔差额利息，自然就归上海道台所有了。朱葆三因受袁树勋信任并委托他拆借庚款于各钱庄，自然就拥有了分配巨款的实际权力。因此，那一时期，每天早上慎裕五金商行都是高朋满座，各钱庄的"阿大先生"（经理）都来拜会朱葆三，与他洽谈商量用款事宜。慎裕五金商行在无形中也就成为对各钱庄掌握拆放权的领袖钱庄，这又反过来进一步增强了朱葆三在上海金融界和工商界的地位。[1]而由袁树勋和朱葆三主导的巨额庚款，通过拆借存放到上海的各银号和钱庄，借以在上海金融市场上运转、流通和调剂，也在很大程度上促进了近代上海工商业的发展。据说，清末上海橡皮股票发生风潮时，曾有数家大钱庄因受牵连而先后倒闭，一时引得整个金融界恐慌不已，幸赖上海道库拨出现款300万两银款流通至市面，才稳定了市场，避免了一场更大规模的金融风潮的发生。[2]

由此，朱葆三在以五金行业为根据地，不断拓展其事业版图的同时，凭借其构筑的繁复坚实的人脉网络，以及捐纳的候选道员官衔，与当时的清政府上海地方政府、外国洋行大班以及旅沪宁波商帮等各方势力，都建立了良好的联系和沟通渠道，这进而又提升了他在上海社会中的地

---

[1] 陆志濂：《朱葆三的一生》，收入浙江省政协文史资料委员会编：《宁波帮企业家的崛起》（浙江文史资料选辑第三十九辑），浙江人民出版社1989年版，第84页。

[2] 陆志濂：《一代名商朱葆三》，收入宁波市政协文史资料委员会编：《商海巨子——活跃在沪埠的宁波商人》，中国文史出版社1998年版，第12页。

位和声望,成为名副其实的上海"闻人"。①

朱葆三能够在近代上海商界纵横几十年,固然与其敏锐的商业嗅觉和过人的商业魄力有很大关系,但这只能保证他成为一名成功的商人,却不一定为他赢得崇高的社会声望和优秀的社会信誉。诚如袁思亮在撰写朱葆三行状时所分析的,"上海辟埠垂百年,以商业巨子驰名声于时者,往往而有,然或擅废居逐时致高赀,或出所余施惠于闾里,以一节自显,若夫信孚于重译,谊笃于士夫,名满于妇孺,积数十年无怨谤议集于其身者,唯君一人,呜乎难已!"②朱葆三与同时代一般的巨商大贾很不一样,他能够在取得经营近代工商业成功的同时,还能著信誉和声望于当世,与其自身性格和人格魅力有紧密关系。

首先是缜密的心思和过人的胆识。在1924年出版的《实验致富术》一书中,作者对于朱葆三的性格与能力进行了比较全面的评价,称赞他为人"心思缜密,胆气豪放,能言人之所不敢言,发人之所未敢发,尤长于交际",认为他能取得如此辉煌的成就,是因为其"心思细腻,才气纵横,富于交际以博人信仰,精于经营以扩大规模,勇于任事,忠于职务,故功业烂然,成绩焕如,而己身亦受其益。"③朱葆三事业的成功,就在于他能敏锐地观察并捕捉市

《实验致富术》书影(图片来源:http://www.kongfz.cn/19221015/)

---

① 陆志濂:《一代名商朱葆三》,收入宁波市政协文史资料委员会编:《商海巨子——活跃在沪埠的宁波商人》,中国文史出版社1998年版,第16页。
② 袁思亮:《诰授资政大夫二品衔候选道朱君行状》,收入宁波帮博物馆编:《朱葆三史料集》,宁波出版社2016年版,第21页。
③ 《朱葆三》,原载中西印书馆编辑部:《实验致富术》,中西印书馆1924年版,后收入宁波帮博物馆编:《朱葆三史料集》,宁波出版社2016年版,第13—14页。

场的需求动向,并且敢于果断下手经营尝试,这从他一开始投资五金行发家就可以看出。

其次,是重然诺,守信誉。袁思亮在为朱葆三撰写的"行状"中亦提到,朱葆三"起家徒手,无所资借,徒以慷慨信然诺,为士大夫所爱重,同业所信仰",朱葆三为人光明磊落,对于前来求写推荐信或保证书者,他基本都不会拒绝,当然这样也会给他带来一定的风险,如被推荐者"窃资而遁,君辄出资代为偿如约,前后所耗累巨万,用此信义益著闻"①。朱葆三虽然一生都沉浮商海,但他自己对于财富看得并不重,他对于耗费巨资代偿约金的行为不以为意,认为:"贫靠富,富靠天。盖我不负人,宁人负我。"他宁肯自己掏钱补偿店主,也不辜负他人的信任,也要维护自己的信誉。朱葆三的这种品质不仅为中国人所敬重,就连上海的欧美巨商和外国领事,也深深折服,对其礼遇有加,当他们碰到难以解决的事项时,往往求教于朱葆三,这时朱葆三只需"片言即解",因此大家都称赞"朱先生不吾欺也"②,甚至有外人直言"簿籍严明,不及朱君之一诺"③,将朱葆三的口头承诺视作比白纸黑字的契约规章还有效力。朱葆三诚信守诺的声名远播海外,引得"东、西洋诸国巨商大贾、名人硕士之往来上海者,亦争交欢君"④,这又反过来扩大了他的人脉网络。

又如1910年,应周金箴、贝润生等人相邀,到中国制碱公司参观试验制碱时,朱葆三在登台演讲中自言道:"弟办事虽不敢自以为是,若未曾详细探听□情,亦绝不敢同声附和苟且。"⑤以此向在座的各股东作出

---

① 袁思亮:《诰授资政大夫二品衔候选道朱君行状》,收入宁波帮博物馆编:《朱葆三史料集》,宁波出版社2016年版,第20页。
② 《朱葆三先生事略》,《上海总商会月报》第7卷第2期,1927年,"传记"第1页。
③ 畏垒:《追悼朱葆三先生》,《商报》1926年10月24日,收入宁波帮博物馆编:《朱葆三史料集》,宁波出版社2016年版,第22页。
④ 《朱葆三先生传》,《商业杂志》第2卷第1号,1927年1月,收入宁波帮博物馆编:《朱葆三史料集》,宁波出版社2016年版,第30页。
⑤ 《试验中国制碱》,《申报》1910年5月1日,收入宁波帮博物馆编:《朱葆三史料集》,宁波出版社2016年版,第294页。

保证，这就是他自身重视信誉、坚持眼见为实、不敷衍附和个性的生动体现。1919年6月，朱葆三因"佳电"事件而饱受舆论诟病，甚至传出他暗中收受日人粮食贿赂的谣言，朱葆三忍无可忍，专门就此在《申报》上发表一则启事，内中直言："鄙人数十年来极爱名誉，无一事不可对人言，此心坦然有如皦日。"他对于谣言中伤者愤怒不已，一反常态地表示："虽鄙人素性和平，不愿根究，然试问投函诸君故意毁人名誉于心安乎？"①由此可见，朱葆三这么多年来，在上海经商和从事各项社会事业时，对于自己是有着严格的内在要求的，这也是他广受各界认可与尊崇的重要因素。

缜密的心思用以发掘商机，过人的胆识用以拓展事业，信守诺言、协调各方助人成功，这就是朱葆三。诚如袁思亮对朱葆三一生评价中所言："盖综君之生平，未尝有所专注，出其忠信恺悌，以泛应当世，功不必自己出，名不必自己居，卒之人人皆欲资君以为号召，而君亦不惮劳瘁，尽心力为之擘画赞助，以底于成。于是，人人之得以为功者，莫非君之功，人人之得以为名者，莫非君之名。"②这就生动且形象地勾勒出朱葆三这种"谦冲自抑，功成不居"的大公、高尚的人格情操，故朱葆三过世后，当时的上海《商报》曾刊文，称赞其具有"无名之德，无形之范，洵非言象所可列举"。③

九　创办商会

商会这一新式商业组织机构，并非传统中国商业社会的产物，"它是当时中国社会母体内孳生和初步发展起来的新兴民族资本主义经济的产

---

① 《朱葆三启事》，《申报》1919年6月21日。
② 袁思亮：《诰授资政大夫二品衔候选道朱君行状》，收入宁波帮博物馆编：《朱葆三史料集》，宁波出版社2016年版，第21页。
③ 畏垒：《追悼朱葆三先生》，《商报》1926年10月24日，收入宁波帮博物馆编：《朱葆三史料集》，宁波出版社2016年版，第22页。

物,也是近代思想文化传播和发展的产物"。①上海作为近代开埠最早的沿海口岸城市,因其优越的地理位置、便利的交通运输条件和广阔的内陆市场腹地,很快就超越广州,成为近代中国最大的经贸中心。而在近代西学东渐、以欧美为师的思潮冲击下,上海商界中人也是最早开始提倡并学习西方资本主义风气和制度的群体之一,这其中就包括组织新型资产阶级社会团体:商会。②

  19世纪末,随着清政府对于工商政策的转变,近代中国民族资本主义经济有了初步的发展,传统的行帮组织画地为牢、缺乏沟通的弊端严重阻碍了新兴资本主义经济的发展,显得越发不合时宜。此时,上海商界中人眼界早已开阔、思想日渐趋新,他们也认识到"打破一行一帮的行业、地域界限,汇聚各业力量组织统一的符合近代社会要求和国际规范的商会团体的必要性"。③只有这样,才能在激烈的商战中与外国商人抗衡,才能杜漏卮、挽利权。近代民族资产阶级的代表人物也相继发表系列文章,呼吁和鼓吹建立新式商会组织,"以集商议,以重商权"。1898年戊戌变法期间,清政府更是明令在上海、汉口试办商会,后因变法失败而无果。慈禧鉴于振兴商务有利无害,又下令由两江总督刘坤一在上海举办商务局,刘坤一指定由张謇、刘世珩在上海开设上海商务总局,并选举严信厚为商务总董,各业代表为分董。严信厚等人又以总董身份,组成一个官办的商务公所,可是无论是上海商务总局,还是商务公所,都具有浓厚的衙门习气,并未产生多大作用。④

  1902年初,应英、美、日等国的要求,清政府与这些国家开展了一

---

① 徐鼎新、钱小明:《上海总商会史(1902—1929)》,上海社会科学院出版社1991年版,第1页。
② 徐鼎新、钱小明:《上海总商会史(1902—1929)》,上海社会科学院出版社1991年版,第1页。
③ 徐鼎新、钱小明:《上海总商会史(1902—1929)》,上海社会科学院出版社1991年版,第32页。
④ 徐鼎新、钱小明:《上海总商会史(1902—1929)》,上海社会科学院出版社1991年版,第33—35页。

系列涉外商约谈判。在同英国代表马凯谈判时,马凯拿出了事先与英国商会沟通并确定的二十四条款的一揽子方案,打了中方谈判代表盛宣怀一个措手不及。这一方案是英国在华商会汇集各业代表,"日夕聚议,讨论研求,不遗余力"而制定的,充分反映了英国在华商人的利益诉求。盛宣怀为了征求上海商界对于修订商约、维护利权的具体主张和建议,急令上海绅商严信厚、施子英和朱葆三等人共同磋商,尽快设立上海商会,要求"准各帮精明老练绅商或各抒己见,或互证所知,开具节略,不拘形式",以便为正在进行中的中英商约谈判提供切实可行的专业意见。在此形势下,1902年2月22日,上海商业会议公所正式成立,到会各帮董事七十余人作为公所会员,议定六条章程:明宗旨、通上下、联群情、陈利弊、定规则、追逋负。大会推选严信厚、朱葆三等五人为总董,公举严信厚为总理,周晋镳、毛祖模为副总理,朱葆三、施子英等13人为议员。①上海总商会的早期组织就此成立。

1903年9月,清政府商部正式成立,并且颁布了《商会简明章程》26条,明确规定:"凡属商务繁富之区,不论系会垣,系城埠,宜设立商务总会,而于商务稍次之地,设立分会,仍就省分隶属于商务总会。"且要求:"凡各省各埠如前经各行众商公立有商业公会及商务分会等名目者,应即遵照现定部章,一律改为商会,以归画一。"②1904年5月,成立仅两年三个月的上海商业会议公所正式改组为上海商务总会,并且对原有的组织架构、领导体制及组织职能进行了改革,进一步确立起绅商领导体制。

1905年底,上海商务总会进行定期改选,代表广肇商人的曾铸被推选为总理,朱葆三被推选为协理。1906年底,协理任期已满的朱葆三又被选为上海商务总会第三任议董。此后,连续多年,他都当选议董。③

---

① 徐鼎新、钱小明:《上海总商会史(1902—1929)》,上海社会科学院出版社1991年版,第37—42页。
② 清光绪二十九年商部《劝办商会酌拟简明章程折》,转引自徐鼎新、钱小明:《上海总商会史(1902—1929)》,上海社会科学院出版社1991年版,第59页。
③ 钱茂伟、应芳舟:《一诺九鼎:朱葆三传》,中国社会科学出版社2008年版,第170—172页。

1911年11月，上海光复。上海商务总会中以浙江籍为主、同情和支持革命的议董，批评商务总会在光复上海的革命过程中反应迟缓、行动不力，已经成为与民主共和不相适应的旧式商会。11月16日，这些进步商董自行脱离商务总会，否认商务总会的合法性和权威性，决议成立上海商务公所取而代之。11月28日，他们召集上海各业代表开会，认为朱葆三在反清光复中立有功劳，加之他长期担任商会领导职务，既有领导才能，又孚众望，众人一致公推朱葆三为新成立的上海商务公所会长，林莲荪、贝润生为副会长，并且向刚刚成立的上海军政府呈请备案，又划定铁马路天后宫作为商务公所办公会址。①

　　上海商务公所成立后，以"维新"商会为标榜，吸纳大批同情和支持民主共和的工商界人士入会，加之朱葆三在此时又接任沪军都督府财政总长，他利用自身政治身份和权力，努力使其担任会长的商务公所"革命化"，商务公所代表上海工商界主动承担起了与军政府沟通的职责，一时博得"革命商会"的美称。而此时的上海商务总会反而仅剩皮囊，陷入停顿。1912年初，清帝退位，民国建立，上海工商界经过一番讨论，最终决定将上海商务总会和商务公所合并改组为"上海总商会"。②

　　1912年2月，上海总商会正式成立。5月5日，总商会召开第一次会员大会，选举产生31名议董，朱葆三高票当选议董。1914年，两年一届选举到来，朱葆三以120票当选议董，在随后的第一任议董会上，又被推选为协理，协助总理周晋镳处理会务。1915年10月，周晋镳奉命接任沪海道尹，经上海总商会议董会推补，朱葆三继任上海总商会总理，沈联芳任协理。不久，根据北京政府颁行的《商会法》，总商会总理与协理改称为会长和副会长，议董改称会董。从1915年11月到1920年8月，除了中间1916年6月到9月，因新选会长宋汉章和副会长陈润夫坚

---

① 钱茂伟、应芳舟：《一诺九鼎：朱葆三传》，中国社会科学出版社2008年版，第172页。
② 徐鼎新、钱小明：《上海总商会史（1902—1929）》，上海社会科学院出版社1991年版，第182—183页。

辞不就时,朱葆三担任了四个月的"执行会长"外,朱葆三连续担任了差不多五年时间的上海总商会会长。① 这一时期,也成为朱葆三人生中最为辉煌荣耀的阶段。

朱葆三在参与创办和主持上海商业会议公所、上海商务总会及上海总商会事务期间,积极热心会务,并且借助这一新式商业组织,做了若干有益商业发展、维护国家主权的贡献。

1905年7月21日,上海商务总会为反对美国限制华工入境和虐待华工事,发动了抵制美货和收回苏浙铁路利权的斗争。在当天的大会上,上海各行业都有代表性的资本家与会:洋广五金业代表为朱葆三、丁钦斋,火油业代表为丁钦斋和徐文翁,洋布业代表为邵琴涛、苏葆笙,机器业代表为祝兰舫、项如松,面粉业代表为林纯翁,这些代表齐集一堂,当即代表各业表态,并在大会上签名,不再订购美货,并拟定通告全国35埠电稿,号召全国商埠一体参与,共同抵制美货。此时的朱葆三作为上海商务总会议董,在反对美国虐待华工的斗争中,积极号召上海商界各行业代表共同支持和拥护上海商务总会议董曾铸的主张,在近代中国工商界第一次反帝爱国运动中,表现得很是活跃、积极。②

1913年,上海总商会决议建造一座新的议事厅,但限于经费有限,此项工作一直拖而未决。1914年9月23日,在总商会召开的筹募议事厅建筑经费会议上,由协理朱葆三提议,以总商会名义出售无利公债票,以5年为限,分年抽还,并请各行业在入会经费外再加几成,专款存储,以备清偿,得到与会众人的一致同意。最终,议事厅建设经费得以筹足,并于1916年初建设竣工,上海总商会有了宽敞大气的办公场所。

---

① 钱茂伟、应芳舟:《一诺九鼎:朱葆三传》,中国社会科学出版社2008年版,第175—176页。

② 陆志濂:《朱葆三的一生》,收入浙江省政协文史资料委员编:《宁波帮企业家的崛起》(浙江文史资料选辑第三十九辑),浙江人民出版社1989年版,第85页。

上海总商会议事厅（《上海总商会月报》第 2 卷第 3 期，1922 年）

  1917 年 1 月 13 日，上海总商会宴请来沪访问的美国美兴公司代表威廉斯及美国驻沪总领事。席间，朱葆三代表上海总商会发表演说，在称赞美国农工商业先进发达的同时，朱葆三表达了希望美国能够在农工商业方面对中国予以帮助，"幸有先进之规模，借作南针之指导，使敝国农工商事业循序渐进，得追随于贵国之后，同著称于世界市场"，他还推而广之，希望中美两国"由个人而推及全体，由商交而推及邦交，东西洋两大共和国永联为兄弟之邦，商务益臻发达"[①]，这反映了一战前后，中国商界乃至中国社会对于美国的一种普遍心态。1918 年 10 月，朱葆三以上海总商会会长身份发表赞同美国商会倡议组织协约国联合商

[①]《总商会欢宴美国官商》，《申报》1917 年 1 月 15 日，收入宁波帮博物馆编：《朱葆三史料集》，宁波出版社 2016 年版，第 308—309 页。

会的意见书，认为这是华商得以与外国商界同仁共组机关，以商榷增进协约国商业利益的绝好机会，并呼吁选择上海作为这一跨国联合商会的会址所在地。①

一战结束后，上海商界掀起了兴办证券交易所和物品交易所的浪潮，北洋政府坚持要求将证券交易所与物品交易所分开经营，而上海证券物品交易所发起人则坚持认为，只有联合各行业、各商帮团结经营，才能与日本设立在上海的上海取引所股份有限公司对抗，如果分开经营，只会分散实力，并且开支浩大，不利发展。在上海商界的一致要求下，1919年3月，朱葆三与江苏省实业厅厅长张轶欧、沪海道尹王赓廷等人联合向北洋政府呈请，据理力争，最终使得农商部核准同意将证券与物品交易所合办。1920年7月1日，近代上海第一个华商证券交易所——上海证券物品交易所正式开业。朱葆三因为前期的系列贡献，被推举为交易所名誉议董，以示尊崇。②

除了参与上海总商会的创办与主持工作外，朱葆三还联合商界同仁创办过其他商业团体组织，其中包括华商体操会、商界共和团、全国商团联合会以及宁商总会等，在不同时期发挥了一定的历史作用。

1906年，朱葆三联合虞洽卿、胡寄梅、袁衡之等人，共同发起成立了华商体操会，该会经常在四明公所集会，并与上海商务总会保持着良好的关系。在晚清宪政运动的洗礼下，上海商界中人的政治意识不断提高，辛亥革命爆发后，朱葆三顺应时代发展的潮流，还与宁波籍商人陆维镛、虞芗山等人共同发起组织商界共和团，以"赞助共和、扶持民国军"为宗旨，以尽商界之天职，增添商界之光荣③。1911年4月，由

---

① 徐鼎新、钱小明：《上海总商会史（1902—1929）》，上海社会科学院出版社1991年版，第427页。
② 钱茂伟、应芳舟：《一诺九鼎：朱葆三传》，中国社会科学出版社2008年版，第179—180页。
③ 《商界共和团之缘起》，《申报》1911年12月15日，收入宁波帮博物馆编：《朱葆三史料集》，宁波出版社2016年版，第136—138页。

上海商务总会和上海地方自治机关中的民族资本家中的上层分子主导，成立了全国商团联合会。该组织为一个拥有武器的武装团体，是具有资产阶级准军事性质的团体，其成员来自不同社会阶层，既有工商企业的职工，也有工人和学生。该团体成员都受过一段时间的军事训练，在组织管理上，一开始是由清政府末任上海道台刘燕翼掌管，是作为清政府维持地方治安的一支辅助力量而存在。但是，在随后不久爆发的辛亥革命中，这支武装力量却成了参加革命、推翻清朝上海地方政府的起义部队。① 朱葆三等上海商务总会的领导人对于革命活动的同情与支持，由此可见。

在辛亥革命前，朱葆三和虞洽卿等宁波籍商人，还联合发起成立了"宁商总会"，该会会址设在上海公共租界云南路。宁商总会是在香港向英国政府申请注册的，并领取有上海公共租界工部局第一号总会执照。这种执照在当时被称为"特别照会"，在时人眼中是关系非常靠硬的。在这一特殊执照的庇护下，公共租界巡捕房在未经会审公廨的允准下，也不得任意到宁商总会内搜查财物和拘捕任何人，这就在很大程度上满足了商人对于自身和财产安全的最大诉求，因此得到了众多商会成员的认可和支持。在当时，加入该会的人都是上海宁波帮商人中的头面人物，朱葆三、虞洽卿等人在业余时间，经常到宁商总会聚谈、宴会、会客甚至打麻将消遣等。而正是这份特殊执照给予的特权，使得宁商总会又成为掩护革命党人秘密集会、暂避风头的最好的掩护场所，② 这也可视为宁波商人对革命事业尽的一份贡献。

---

① 陆志濂：《一代名商朱葆三》，收入宁波市政协文史资料委员会编：《商海巨子——活跃在沪埠的宁波商人》，中国文史出版社1998年版，第15页。
② 陆志濂：《一代名商朱葆三》，收入宁波市政协文史资料委员会编：《商海巨子——活跃在沪埠的宁波商人》，中国文史出版社1998年版，第15—16页；陆志濂：《朱葆三的一生》，收入浙江省政协文史资料委员会编：《宁波帮企业家的崛起》(浙江文史资料选辑第三十九辑)，浙江人民出版社1989年版，第86页。

十　参与创办宁波旅沪同乡会

早在 1797 年，上海的宁波人就创办了"四明公所"，作为在沪过世的宁波人临时停棺的殡舍，这也成为在沪宁波人的公共议事机构。1900 年，慈溪人洪宝斋在上海创立"四明旅沪同乡会"，是为宁波旅沪同乡会的胚胎，后因洪宝斋离沪而会务中断。1910 年，朱葆三联合钱达三、谢蘅牕等人商量，并正式将"四明旅沪同乡会"改名为"宁波旅沪同乡会"，设"事务所"于福州路 22 号，并订立会章和议事规则，推选李徵五为会长，朱葆三、虞洽卿为副会长。后来，随着会务的扩展，会员日益增多，同乡会开始筹建新会所。1917 年，宁波旅沪同乡会推朱葆三为筹备总主任，负责筹款兴建新会所。1923 年 7 月，又选举朱葆三担任同乡会会长，直至 1926 年 9 月朱葆三因病逝世。

宁波旅沪同乡会在朱葆三等上层绅商的带领下，开展了一系列的会务活动，包括同乡职业调查及统计、旅沪同乡子女的教育、同乡贫病救助、纠纷调解、职业介绍和筹划家乡建设等事务。尤其是在为家乡兴办公共慈善事业上，朱葆三可谓是"急公好义，唯毅唯诚，见之必为，为之必勇"。朱葆三去世后，曾有人专门撰文回忆了朱葆三年老体衰之时，仍孜孜不倦为乡里公益驱车竞走的场景，异常感人，"朱君虽当晚岁，赴义尤勤，乡里有所兴举，朱君不独自斥私资而已，盖靡役不策杖以叩于所识之门。后进闻朱君车辙，辄迎揖相劳曰：'得毋又有义举

宁波旅沪同乡会之大楼（《时报图画周刊》，1921 年第 49 期）

需共助成之乎？'，朱君则徐出册籍于怀，量而劝之，卒皆欣诺。"①这种为乡里公益，而无私奉献的精神，赢得了社会的一致认可和推崇。

对同乡贫病开展救助，是以朱葆三为首的宁波旅沪同乡会同仁很重要的一项工作。早在1911年，同乡会就曾设立免利借钱局，专门为失业或无业的同乡提供免息借款，供其渡过难关。对于无钱返回家乡者，同乡会会为其出具证明材料，借此可免费搭乘轮船返回宁波。到1918年，更是与宁绍轮船公司商定，设立宁绍轮船的免费票，专门供返乡困难者乘坐。

因为朱葆三少时没有接受过系统的教育，因此在他负责宁波旅沪同乡会期间，就将组织旅沪同乡子女教育，提高本籍子弟文化水平作为一项专门的工作来做。民国初年，同乡会就曾创办过初等小学，1920年更是增设小学三所，后来小学数量进一步增多，招收的学生数也与日俱增，到抗日战争前最多时达到3 460名。1922年，因宁波籍赴法勤工俭学者日多，宁波旅沪同乡会又为留法学生增设奖学金，以资助其留学。

在职业介绍方面，近代宁波人到上海求职经商者很多，不论是处于何种社会阶层的人，朱葆三都会尽量施以援手，帮助他们渡过难关。其中很多人都在上海滩发财成名，实现了自己的上海梦，这使得他在宁波人中具有极高的威望。正如他去世后人们撰写的《朱葆三先生事略》中所言："上海自通商以来，宁波人与外人交易，或为通事翻译，下逮割烹力役者日多，无不奉先生为泰斗，而因先生之卵翼，以发财成名者，盖不胜缕指数也。"②

在推进家乡建设方面，宁波旅沪同乡会也出力甚多。民国初年，宁波百废待兴，同乡会就推举朱葆三、虞洽卿等十三人为代表，出席宁波召开的"善后会议"，为家乡建设出谋划策。此后，凡是家乡建设事务，

---

① 畏垒：《追悼朱葆三先生》，《商报》1926年10月24日，收入宁波帮博物馆编：《朱葆三史料集》，宁波出版社2016年版，第23页。
② 《朱葆三先生事略》，《上海总商会月报》第7卷第2期，1927年，"传记"第1页。

同乡会都积极响应,通过捐助、沟通政府关系等方式,与地方政府和团体合作,共同办理地方事务。①

十一　佳电风波,巨商落幕

1919年春,一战胜利国在法国巴黎召开巴黎和会,商讨战后利益分配和世界秩序问题。中国在和会上提出要从德国手中收回其在山东青岛取得的特权,但是主导会议的英美法等国,为了各自的利益考量,并不支持中国的正义诉求,反企图将德国在山东的权益打包转交给日本,中国在巴黎和会上的外交失败,直接导致了五四反帝爱国运动的爆发。

中国代表团在巴黎和会的失败消息传到国内,激起了社会各界的普遍反对。1919年5月9日(佳日),朱葆三与沈联芳以上海总商会的名义发了一份电报给北京政府,提出由中日两国直接对青岛问题进行交涉的方案。次日,上海新闻界人士在报纸上全文刊登了"佳电"电文,这引起了社会各界的普遍愤慨。一时间,群情沸腾,纷纷向商业公团质询。上海商业公团联合会于5月11日致电北京政府否认"佳电",并向上海总商会提出质问。迫于舆论压力,上海总商会于5月13日又发出"元电",声明取消"佳电"主张。但这时的民气已呈燎原之势,不可遏制,国民大会也提请罢斥上海总商会正副会长朱葆三、沈联芳的职务,更是连带将上海总商会也一并斥责为卖国商会。② 在此情景下,朱葆三与沈联芳随即向上海总商会提出辞职,上海总商会内部经过磋商,多次出面挽留,一时陷入胶着状态。

关于"佳电"的实际内情,其实并非朱葆三个人知晓并同意拍发电

---

① 董启俊:《宁波旅沪同乡会》,收入中国人民政治协商会议宁波市委员会文史资料研究委员会编:《宁波文史资料第五辑》,第12—15页。
② 陆志濂:《朱葆三的一生》,收入浙江省政协文史资料委员会编:《宁波帮企业家的崛起》(浙江文史资料选辑第三十九辑),浙江人民出版社1989年版,第90页。

文,他在很大程度上是被误解甚至代人受过。据当时上海总商会会员方椒伯与赵晋卿回忆,朱葆三在总商会内,因年事已高、德高望重,是出了名的好好先生,虽名为会长,但总商会的大部分事务,其实是由副会长沈联芳和坐办严渔三二人来主持。根据"佳电"电文措辞来判断,该份电文并非总商会口气,而是日本人口气。该份电报是由日本商务参赞儿玉拟就,交由沈联芳和严渔三拍发,他们在拍发电报时,擅自将朱葆三列衔挂名。不想"佳电"发出后,激起了社会各界的普遍反对,这时所有矛头都指向了朱葆三,朱葆三反而对此负了责任。①

朱葆三因"佳电"风波的冲击,已是心力交瘁,尤其是他一直以来视为生命的良好的社会名誉,在此次风潮中受到了严重的损害,使得他无心再参与总商会事务,但上海总商会一再挽留,加上上海地方政府和北京政府方面也出面挽留,就这样,朱葆三仍然挂着上海总商会会长的头衔,一直到1920年8月换届选举时,后起之秀、新派商人聂云台当选为上海总商会会长为止。

1920年8月,朱葆三真正从上海总商会会长任上卸职后,才正式退出了公众的视野。此后,他专心致力于社会公益慈善事业和教育事业,先后参与了中国红十字会、华洋义赈会、广义善堂、仁济善堂、四明医院、吴淞防疫医院、上海公立医院、上海孤儿院、普益习艺所、妇孺救济会、上海时疫医院、上海商业学校、同济医工学校、定海公学、宁波益智学校等的创办和建设,在慈善、教育方面出力不少,贡献颇多。②

1926年夏,上海疫病流行,朱葆三苦于其创办的上海时疫医院经费短绌,急需筹划款项,冒着酷暑到处劝募捐款,终因年老体衰、气血不足,病逝于上海寓所,终年79岁。

---

① 《方椒伯赵晋卿谈"佳电"事件》,收入宁波帮博物馆编:《朱葆三史料集》,宁波出版社2016年版,第84—85页。
② 陆志濂:《朱葆三的一生》,收入浙江省政协文史资料委员会编:《宁波帮企业家的崛起》(浙江文史资料选辑第三十九辑),浙江人民出版社1989年版,第91页。

朱葆三在晚清时期，曾出资捐纳了一个二品衔候选道，并且受清政府颁赐的"勇于为善""乐善好施"的匾额。民国成立后，北洋政府也曾给予"合辑闾阎"的褒奖。①他去世后，其乡人感慕其德泽，因此私授一个谥号名"诚惠"②，其立意取"纯笃无欺、实心施惠曰诚，勤施无私、兴利裕民曰惠"③，这也是对朱葆三一生乐于助人、无私奉献精神的高度概括，事后并将上海法租界的黄浦滩以西的一条马路命名为"朱葆三路"，以示纪念。

朱葆三是近代上海开埠后，在沪宁波帮的第一代领袖人物，他与同时期其他上海商界领袖一样，大多都捐纳有不同职级的官衔，甚至有的人物还直接被授予实际官职，他们不仅在各自的行业领域内取得很高的成就，而且与政府有着千丝万缕的联系，在晚清特定的社会历史背景下形成了"绅商"这一特殊社会阶层，可谓是集"绅"与"商"双重身份于一身，"上利用官与绅一脉相通的政治地位和社会势力，下利用商与商利害与共、休戚相关的经济联系，在当时社会经济生活里，为消除有碍于商务发展、实业振兴的官商隔阂，沟通官商联系，是最合适的中介力量"。④朱葆三在过世后，被时人誉为"商界泰斗、实业领袖"⑤，他身处19世纪末20世纪初近代中国社会新旧交替的重大转型时期，作为近代绅商群体中的代表性人物，他的一生曲折复杂的经历，正是近代绅商共有

---

① 袁思亮：《诰授资政大夫二品衔候选道朱君行状》，收入宁波帮博物馆编：《朱葆三史料集》，宁波出版社2016年版，第21页。
② 周岐隐：《朱葆三先生事略》，《宁波旅沪同乡会会刊》复刊第11期，1947年2月，收入宁波帮博物馆编：《朱葆三史料集》，宁波出版社2016年版，第47页。
③ 《朱葆三追悼会之盛况》，《申报》1926年10月25日，收入宁波帮博物馆编：《朱葆三史料集》，宁波出版社2016年版，第331页。
④ 徐鼎新、钱小明：《上海总商会史（1902—1929）》，上海社会科学院出版社1991年版，第48页。
⑤ 《朱葆三先生逝世后之哀音》，《申报》1926年9月4日，收入宁波帮博物馆编：《朱葆三史料集》，宁波出版社2016年版，第324页。

的写照。

　　进一步言,近代上海城市的形成,是在鸦片战争后被迫开埠始,朱葆三在19世纪60年代初踏入上海,恰逢上海对外贸易和工商业进入快速发展期,可以说,"上海的成长过程,也正是朱葆三成长的过程"①,以朱葆三等人为代表的近代民族资本的注入和发展,在很大程度上促进了近代上海城市的发展。正如日本学者山上金男所评论的:"上海城市的发展,意味着随着中国殖民地近代化,上海成了买办城市,同时也成了工业城市。在这个过程中,起了最重要作用的是以宁波帮为中心的江浙各乡邦的土著资本。"②由此可见江浙商人在近代上海城市发展过程中的历史地位和作用。

---

① 钱茂伟、应芳舟:《一诺九鼎:朱葆三传》,中国社会科学出版社2008年版,第272页。
② 李公绰摘译自山上金男《浙江财阀的基础的考察》,日本中央公论社出版,转引自钱茂伟、应芳舟:《一诺九鼎:朱葆三传》,中国社会科学出版社2008年版,第85页。

第二章 买办之王：虞洽卿

买办是旧中国通商口岸中出现的一类特殊的行业，当时又称其为"康白度"（Comprador），据说是从西班牙语音译而来，它的实际含义其实就是中间商人或者过渡商人，有点像现在的中介，但它不是负责中国人与中国人，或者外国人与外国人之间的经贸活动，而是专门负责中国商人与外国商人之间不可或缺的媒介。之所以会在通商口岸城市产生买办，主要是有这么几个原因：对于外国商人而言，中国的汉语以及各地方言不仅难懂，而且难学，他们需要熟练掌握多种语言的人来做翻译；旧中国存在的旧式商业组织，如钱庄、票号以及各种行帮组织，经办手续复杂，外国人一时半会也不容易搞清楚；中国作为一个有着五千年悠久文明历史的古国，文化传统、风俗习惯、民情嗜好等丰富且复杂，外国人对此比较陌生，也阻碍了他们在中国做生意，需要有专人来负责处理这些事；旧中国的度量衡制度以及各地流通的区域性货币复杂且不统一，需要了解这方面情况的中国人来帮助他们做事；最后就是清朝末年，吏治腐败，制度规章等都很不健全，外国人又想以更低的成本赚取更为丰厚的利润，他们需要通过买办来与各级官府串联勾结，进一步加强对中国经济的掠夺。[①] 基于上述原因，外国商人运到中国的各类商品，必须通过中国买办，才能真正投放市场进行销售，而要从中国各地收购土特产品，也只有通过中国买办，才能真正得以实现。可以说，买办成为中外商人都需依赖的媒介，这就为买办商人的出现和壮大提供了很大的空间。

在旧中国的各开放口岸都产生了一批买办商人，尤其是上海这座远东最大的国际都市，买办商人不仅数量最多、影响最大，而且他们中间还涌现出不少由买办起家最后转变为民族工商业者，被时人称为"握有

[①] 邹依仁：《买办研究札记》，收入上海市地方志办公室编：《上海研究论丛》第二辑，上海社会科学院出版社1989年版，第115—116页。

支配上海实业界的潜势力"[①]的虞洽卿，就是其中最具代表性的人物。

一　家世背景

宁波东临大海，当地人民自南宋仁宗时，便与西南地区互通海市，久而久之，居民"习而化之，往往挟资装，狎波涛，逐什一之利"，这就养成了宁波人善于、乐于并勇于外出经商的特性。尤其是鸦片战争以后，闭关锁国的古老中国被西方人的坚船利炮所打开，宁波、上海等沿海口岸被迫开埠，宁波人"经商沪上者踵相接"[②]。

宁波下属的慈溪市，地处杭州湾南岸。在原余姚、慈溪和镇海的北部地区，过去俗称三北，其东部因境内有伏龙山，故名龙山乡。这里地处海隅，交通不便，民智闭塞。1867年6月19日，龙山乡山下村一户虞姓人家，诞下一个男婴，此人便是虞洽卿，乳名瑞岳，字和德，就是后来名扬上海滩的著名实业家"三北阿德哥"。

虞洽卿父亲名晚峰（一说万丰），字成文，是个秉性忠厚的乡间裁缝，在山下村村头开设有一爿小成衣铺，虽不能富贵，但也可勉强温饱。因家境贫寒，虞晚峰成年后并未马上娶妻，年纪稍长，才由当地人说媒，娶了山下村西首十五里的方马村方氏。婚后，方氏诞下两个儿子，长子名瑞岳，即虞洽卿，次子名瑞芳。虞晚峰中年得子，自然欣喜异常。可惜在虞洽卿七岁时，虞晚峰染病去世，留下方氏及幼子独自生活。

虞洽卿母亲方氏，虽然是一位乡村女性，但"伉爽有丈夫气，处事果决，诚信孚乡里"[③]。尤其在虞晚峰去世后，她"矢志柏舟，贤惠能干，持家有方"。她不仅纺纱织布，种田车水样样精通，还自学得一手弹棉花的手艺，更是粗通医术，在旧时乡村，一般人如出现手臂脱臼、口腔板

---

① 瑜：《虞洽卿的成功史》，《上海旬刊》1940年第1卷第7期，第9页。
② 《虞洽卿先生旅沪五十年纪念叙言》，收入上海市商会编：《虞洽卿先生旅沪五十年纪念特刊》，上海图书馆藏书，无页码。
③ 孙筹成：《我所知之虞洽卿》，《大众》1945年第31期，第103页。

牙等病痛，方氏都能一一为其解除痛苦，且从来不索取报酬。方氏还是一位颇有善心之人，平时如看到有人受冻挨饿，她也会节衣缩食省出一些钱财来接济受难群众。方氏的这些义举和善行，为其赢得了乡人的尊重与信任。

虞晚峰去世后，方氏带着孩子艰难度日，但她并没有放松对虞氏兄弟的培养教育。尤其是在做人处事方面，方氏家教极严，由此养成了虞洽卿做事勤劳、踏实的习惯。少时的虞洽卿就已显现出异于同龄人的能力，据说他"做事机灵，乐于助人。同伴间或有争吵，经他说三言两语，即可使双方怒气全消"。①但限于家境贫寒，虞洽卿早早就辍学，八岁时就到海涂上去捡拾蛤鱼鲜，以补贴家用。同村的私塾教师虞民世，钦慕方氏品德，又觉幼小的虞洽卿聪明机智，怜其家贫而不能读书，便向方氏提出送虞洽卿入塾读书，并答应不收学费。但因家中劳力缺乏，作为长子的虞洽卿要分担家庭重担，便婉言谢绝了虞民世的好意。后来，虞民世就提议，让虞洽卿在晴天去干活，下雨天时来上学读书，这在当时叫作"读雨书"。即使是在如此艰难的条件下，虞洽卿还是坚持读完了《百家姓》《千字文》和《三字经》等基础书籍，并且掌握了基本的读写能力，成为他后来发展事业的有益助力。

虞洽卿与家人合影（宁波市政协文史委、政协慈溪市委员会编：《三北虞洽卿》，中国文史出版社2008年版）

虞洽卿在幼时，有两件事令他终生难忘，甚至

---

① 戴尧宏、余麟年、方印华：《虞洽卿家世及其童年》，中国人民政治协商会议浙江省慈溪市委员会文史资料研究委员会编：《慈溪文史资料第三辑》，1989年印，第6页。

影响了他的思想和价值观。据说有一次他在海边捡拾泥螺时，因收获很多，一时乐不自禁忘了涨潮，就在他快要被潮水卷走时，恰好一位胡姓老人路过看到，将虞洽卿及时救起，才免遭意外。回家后，虞洽卿将遇险被救的事情告诉母亲，方氏便教导他要滴水之恩当涌泉相报，救命之恩更不能忘记。虞洽卿发迹之后，每次回家都要亲自到观海卫镇里的胡家去看望当年救他的这位老人。① 另外一件是，当时龙山乡有名虞润甫的人，在乡间建筑了一栋豪华房子，附近乡邻都羡慕不已，方氏却对虞洽卿说："你大了之后，如果发了财，应该做些对一乡有实惠的事情，不要专为自己享受着想。"② 由此可见，方氏对儿子的期望是很高的、引导是很正的，而虞洽卿又对母亲极其孝顺，"凡母所命，无不尽力办到"③，因此，他发迹以后，生活俭朴，且对家乡贡献良多，这都跟母教有一定关系。

二 "赤脚财神"出少年

1881年，此时的虞洽卿已经成长为一名挺拔、英俊又头脑机灵的翩翩少年，他的人生迎来了第一次转机。同村有一位名叫虞庆尧的人，外号"牛皮糖"，经常往返于宁波、上海和龙山之间，以替人传送信物，赚取酬劳为生，在当时叫"信客"。由于虞晚峰之前开设的店铺地处全村出入必经之地，故虞庆尧常常将捎来的包裹信件寄存于店铺之中，虞晚峰待人随和，久而久之，两人成为莫逆之交。后来，虞庆尧回家探望虞洽卿一家，见孤儿寡母生活贫苦，非常同情，故提出要带虞洽卿赴上海谋生，愿引荐他到商行当学徒，期望能有出头之日。方氏起初难舍爱子离别，后经虞庆尧一再劝解，才勉强答应。临行前夕，方氏赶夜为虞洽卿做了一双新鞋，不忍看儿子衣衫褴褛出门，又到龙山西门外亲戚郑忠茂

---

① 宁波市政协文史委、政协慈溪市委员会编：《三北虞洽卿》，中国文史出版社2008年版，第6页。
② 方腾：《海上画虎录之二：虞洽卿论》，《杂志》1943年第12卷第2期，第47页。
③ 方腾：《海上画虎录之二：虞洽卿论》，《杂志》1943年第12卷第2期，第48页。

家借得竹布长衫一件。从此，虞洽卿告别母亲与弟弟，远赴上海开始了人生中新的一页。①

虞洽卿到上海后，由虞庆尧介绍到南市大东门外茅家弄瑞康颜料号当学徒。瑞康颜料号老板叫奚润如，规模较小，资本额仅八百两，只有一间店面、一个掌柜、两个学徒，经营状况也比较一般。

旧时上海流传很广的"赤脚财神"的故事，就是发生在瑞康颜料号里。据说，虞洽卿进店的第一天，正逢下雨，脚上穿的是母亲亲手赶做的新鞋，虞洽卿不忍心在泥泞的雨地里把新鞋弄脏，就索性脱下鞋子夹在腋下，赤脚在路上走。当他光脚跑进瑞康店里时，因地上湿滑，不小心跌了一跤，背心朝地，手脚伸起，像一锭元宝似的。本以为奚老板会介意，不想他不仅没有介意，反而起身去搀扶跌倒在地的虞洽卿，并说："很好，很好，我们瑞康要发财了！"原来，奚老板在前夜曾做了一个梦，梦见一位赤脚财神捧着元宝进了店门，不料第二天就迎来了光着脚进店，并且跌了一跤似元宝的虞洽卿，这些都与梦境相合，做生意的人都比较相信这些，奚老板自然很是欢喜，而且对虞洽卿一开始就另眼相看。这个故事后来流传愈广，成为旧上海妇孺皆知的"赤脚财神"故事。

在瑞康做三年学徒期间，虞洽卿就显露出勤快踏实、虚心向学的品质和禀赋极高的经商才能。虞洽卿在店中，除了向师傅和师兄虚心学习做生意的技巧外，还包揽了店内所有杂务，做任何事情都尽心尽责，逐渐获得了周围人的一致认可。奚老板见其年龄不大，做事却稳重老成，且虚心向学，就提升他为跑街，在此期间，瑞康股东赵雨亭将自己妻弟贝润生也推荐到瑞康做学徒，与虞洽卿成为师兄弟，后来俩人成为上海商界的好搭档。②

在从学徒升任跑街后，虞洽卿的商业才能有了更大的发挥空间和更好

---

① 戴尧宏、余麟年、方印华：《虞洽卿家世及其童年》，中国人民政治协商会议浙江省慈溪市委员会文史资料研究委员会编《慈溪文史资料第三辑》，第6—7页。
② 宁波市政协文史委、政协慈溪市委员会编：《三北虞洽卿》，中国文史出版社2008年版，第20—21页。

的展示机会。虞洽卿非常善于观察市场需求，他从客户心理出发，将传统的大包装进口的颜料分为若干小包装，不仅方便了每天的结算和统计，还方便很多小剂量客户的实际需求，得到了老板的赞赏。他还主动出击，与大批量使用颜料的纺织业和印染业的客户进行及时的沟通交流，熟悉他们的需求动向，不仅承揽了大宗的生意，还可以预判下一步的市场需求，而在走访客户的过程中，他也逐渐结识了更多的旅沪宁波帮的商界前辈，这些都为其后来的发展奠定了基础。① 同时，虞洽卿还十分善于捕捉商机，对于货物有着极强的识别力。有一次，他到一家洋行看货，看到一批听装颜料，但这批颜料在船运途中被海浪泼湿发锈了，洋行正计划将其交给鲁伊斯马拍卖。虞洽卿仔细观察后，敏锐地发现，虽然这批颜料发锈，但仅限于外表，其质量并无大的损害，于是他建议瑞康独家买进。果然，这批颜料一经售出，就广受欢迎，使瑞康发了一笔大财。②

此外，虞洽卿还利用业余时间，不断学习各种知识，提升自己的知识水平。近代上海开埠后，对外贸易持续增长，在 19 世纪 60 年代，上海已超过广州成为中国最大的外贸中心，而与外商洽谈业务的翻译，也逐渐呈现出由广东人一家独占向其他地区人分布扩散的局面，其中宁波籍商人就是其中的一支主要力量。为了方便宁波人学习英语，宁波商人冯泽夫、张宝楚、冯对山等人还编纂了一部《英话注解》，将商界常用语分门别类加以编排，并标注了宁波方言读音，被称为"洋泾浜英语"的鼻祖。③ 虞洽卿为了学习英语，专门报了夜校，利用晚上时间去肄习英语，"经数年用功，居然也可以同西人会话，有时还陪着西洋人去购买土产"④，这为他后来顺利充任买办奠定了基础。

---

① 宁波市政协文史委、政协慈溪市委员会编：《三北虞洽卿》，中国文史出版社 2008 年版，第 21 页。
② 黄振世：《"海上闻人"虞洽卿》，中国人民政治协商会议宁波市委员会文史资料研究委员会编：《宁波文史资料第五辑》，1987 年印，第 56 页。
③ 宁波市政协文史委、政协慈溪市委员会编：《三北虞洽卿》，中国文史出版社 2008 年版，第 20 页。
④ 方腾：《海上画虎录之二：虞洽卿论》，《杂志》1943 年第 12 卷第 2 期，第 49 页。

虞洽卿进入瑞康做事以后，瑞康的生意蒸蒸日上，大家在盛赞这位"赤脚财神"送来财富的同时，虞洽卿的收入也节节高升，并且其经商才干也被其他商行所觊觎。早在1882年时，舒三泰颜料店就以优异条件想请虞洽卿到店里当伙计，那时的虞洽卿虽然尚未满三年的学徒时间，但能力已经远超出师的学徒，奚老板自然不愿意放他，经过数度挽留，并且提高了他的待遇才将他留下。后来，奚润如又将该店的两股股份赠予虞洽卿，虞洽卿自己也加入了二百两股本。从此，虞洽卿就不仅仅只是一个伙计而已，而是成为瑞康的老板之一，他又踏踏实实干了好多年，"而瑞康也年年赚钱，真如接进了财神爷"。①

三 充任买办

1893年，已在瑞康颜料号工作了十二年之久的虞洽卿，最终决定离开了。他通过在礼和洋行颜料部任经理的族人虞芳山引介，凭借十多年积累的商业才能和一口娴熟的英语会话，顺利进入上海德商鲁麟洋行担任跑楼（相当于副买办），因颇有业绩，不久便被提升为买办。

鲁麟洋行主要经营颜料的进出口业务，同时还兼营西药和军用品，出口中国大豆、桐油和茶叶等物品，除了上海，在天津、青岛和济南等地都设有分行。虞洽卿在担任买办后，其主要职责就是推销洋货和收购中国的土特产，他的收入除固定年薪外，还能够在推销进口商品的营业额中抽取一定份额的佣金，而在采买出口土特产时也可拿到手续费，因此收入较丰厚。② 尽管这些收入可以给虞洽卿带来优渥的物质生活，但并不能满足他投资实业的长远目标。因此，虞洽卿与同时期的其他买办一样，在经办洋行业务、收取佣金的同时，还利用买办身份敏锐捕捉商机，积极从事与本行业务完全无关的经营活动。

---

① 方腾：《海上画虎录之二：虞洽卿论》，《杂志》1943年第12卷第2期，第48页。
② 冯筱才：《从买办到民族企业家——上海"闻人"虞洽卿》，宁波市政协文史资料委员会编：《宁波文史系列丛书第一辑》，中国文史出版社1998年版，第40页。

清末时期，上海房地产开发基本为洋商垄断，主要有英商沙逊洋行和业广地产公司，中国商人投资房地产的还十分少见。颇有商机头脑的虞洽卿在充任鲁麟洋行买办时，发现了这一绝好的投资领域，将自己多年积攒的资本投入房地产业。虞洽卿在毗邻租界的闸北地区的一片空地（今海宁路山西北路一带）建造了一批两层楼的连体别墅。这些别墅融合了西洋风格与中国传统建筑工艺，外墙为青砖，又用石灰勾缝，非常别致。该块区域靠近租界，价格不高，而建设样式又颇合中产阶级的口味，因此，一旦建成就广受市场欢迎，很快销售一空。因虞洽卿此时成立的房地产公司名叫顺征房地产公司，故这一带就叫作顺征里，这里面的有些建筑一直保存至今。[1]此后，虞洽卿还相继购入了一些地产，主要分布在苏州河以北宝山路、顺福里等一带，后来上海房地产大涨，他大赚一笔，由此可见他的商业嗅觉之敏锐。

在充任买办与社会各方势力交涉的过程中，虞洽卿深深感受到官衔品秩、社会地位在华洋混居、五方杂处的上海滩的重要性，因此，他于1896年花400两白银捐纳了一个虚衔：花翎二品顶戴江苏试用道。[2]虽是虚衔，并无实权，虞洽卿也无意真正进入仕途，但这一头衔还是方便了他与政府官员的交涉，使其俨然立身于官绅之间了，据说在1905年随南洋大臣赴日考察时，这个候补道员的官衔还是起了一定作用的。

1902年，已在鲁麟洋行工作近十年的虞洽卿，改任华俄道胜银行买办，这是虞洽卿"由普通商业机构打入金融机构的最初开始"[3]。上海开埠后，外商银行争相在上海设立分行，但碍于当时中国货币制度复杂混乱，且华人资产信用调查也颇有难度，加之语言风俗不通，外商银行多有雇佣华人充任买办者。对于银行买办而言，不仅有固定薪酬，介绍存款的

---

[1] 宁波市政协文史委、政协慈溪市委员会编：《三北虞洽卿》，中国文史出版社2008年版，第24页。

[2] 冯筱才：《从买办到民族企业家——上海"闻人"虞洽卿》，宁波市政协文史资料委员会编：《宁波文史系列丛书第一辑》，中国文史出版社1998年版，第40页。

[3] 刘涛天：《航业家虞洽卿先生传略》，《教育与职业》1937年第183期，第234页。

抽成佣金也较为丰厚，还有很高的社会地位，因此到银行任买办者也趋之若鹜。① 华俄道胜银行成立于1895年，最初为俄法联营银行。1896年，道胜银行与清政府签订"合股伙开合同"，由清政府出银500万两作为股金，故更名为"华俄道胜银行"。该机构虽名为银行，但董事皆由沙俄财政部直接委派，实质上是一个政治、金融的混合机构。而且在拉拢贿赂清政府大员、干预甚至垄断中东铁路受理权等方面表现积极，这使得虞洽卿感受到其重重黑幕，并非简单的一般银行。在担任华俄道胜银行一年后，虞洽卿果断离开，此后与该行再无交集。②

在离开华俄道胜银行后，虞洽卿通过旧识荷兰人莎普勒（Spealman）关系，进入刚刚在外滩成立的上海荷兰银行，担任买办，他这一做，就是30年，直到1941年春，因迫于日军压力而离开上海为止。荷兰银行总部设于阿姆斯特丹，资本总额为8 000万荷盾，在欧洲各大城市都设有分行，在中国香港与上海两处的分行资金约占其总资本的十分之一，即400万银圆。上海荷兰银行成立之初，规模不大，仅有外籍员工和中国雇员10余名。虞洽卿在充任该行买办后，在经办银行业务的同时，继续兼营他的其他业务。③

虞洽卿在担任荷兰银行买办后，其主要做的业务包括货币的出纳和保管，金银和外汇的买卖，票据的清算，介绍存款和担保贷款。在此期间，虞洽卿精明的商业才能再次得到了展示。当时的荷兰银行在上海刚成立不久，民众对这家银行还知之甚少，且中国的钱庄多以银两为计算单位，采取的是银本位制。虞洽卿充任买办后，为了进一步推销货币，便竭力为荷兰银行做宣传，凭借其个人在上海商界的威望和外国银行本

---

① 冯筱才：《从买办到民族企业家——上海"闻人"虞洽卿》，宁波市政协文史资料委员会编：《宁波文史系列丛书第一辑》，中国文史出版社1998年版，第40页。
② 宁波市政协文史委、政协慈溪市委员会编：《三北虞洽卿》，中国文史出版社2008年版，第25—26页。
③ 宁波市政协文史委、政协慈溪市委员会编：《三北虞洽卿》，中国文史出版社2008年版，第26页。

身的信誉，很快就打开了局面。此外，虞洽卿还在上海金融界首创银行远期本票。所谓本票，就是银行开具的信用凭证，当时在上海的外国银行普遍流行即期本票，时效较短，且手续繁杂。虞洽卿遂向荷兰银行建议，要求开具远期本票业务，得到

荷兰银行大楼（宁波市政协文史委、政协慈溪市委员会编：《三北虞洽卿》，中国文史出版社2008年版）

批准。荷兰银行开具的远期本票，由虞洽卿签字，可以到各银行换取即期本票，也可以作为贷款质押，这一方法虽具有一定风险，但为荷兰银行赚取了高额收益，而虞洽卿也从中赚取了更多佣金。①尤其需要指出的是，在这一过程中，虞洽卿还常常利用远期本票时效长、存在时间差这一特点，将一笔笔款项调剂到他的公司做周转之用，解决了短期资金缺乏问题。

到1920年代后期，虞洽卿在其他商业领域的业务愈加庞大，他的社会声望也如日中天，他虽然仍充任荷兰银行买办，但买办业务除了在远期本票签字以外，已多交由副买办如印文彬代理了，后来更是直接让长子虞顺恩去负责。在虞洽卿担任荷兰银行买办的那些年，荷兰银行在他的负责下，业务取得了很大进步，也赚取了巨额利润。为了表示对他的敬意，1928年2月11日，荷兰银行特意在虹口礼查饭店为虞任职25周年举行纪念典礼和宴会。②莎普勒将一枚荷兰政府的银质勋章和一只银杯

---

① 宁波市政协文史委、政协慈溪市委员会编：《三北虞洽卿》，中国文史出版社2008年版，第27页。

② 冯筱才：《从买办到民族企业家——上海"闻人"虞洽卿》，宁波市政协文史资料委员会编：《宁波文史系列丛书第一辑》，中国文史出版社1998年版，第40—41页。

亲手交与虞洽卿，且赠与荷兰王宫珍藏220年的自鸣钟一座，以嘉勉他"任职多年，甚著贤劳"，①这在当时的买办阶层也是为数不多的荣誉。

丁日初等学者认为，虞洽卿在事业发迹后，仍然保留买办一职到抗日战争时期，其主要原因是为了解决他的轮船公司的资金调度，这主要表现在利用"荷兰银行买办"名义，开立远期本票，调剂这笔资金为其公司所用；另一层原因就是可以凭借买办身份，取得官府重视，再反过来凭借官府，同洋人折冲，以抬高自己的社会地位，在复杂的社会局势中，利用这种左右逢源的社会地位，为自己企业的发展创造较好条件。②从后来发生的一系列事件来看，这一分析确实是不易之论，深刻地剖析了虞洽卿为代表的近代买办阶层在发展自身实业与依赖借重洋人上的复杂心态。

四 四明公所事件与大闹公堂案

近代上海是个华洋杂处的国际大都会，其一市三制的独特治理模式堪称罕有，尤其是在租界里面中外民众混杂居住，洋人依仗不平等条约和领事裁判权的庇护，嚣张跋扈，不仅看不起华人，往往还借端侵害华人的正当利益，加之中西文化存在着巨大的内在差异，这就使得华洋纠纷与矛盾不可避免。

1898年爆发的四明公所案，是近代上海华洋冲突的典型事例，虞洽卿也借此"在上海社会上初露头角"。四明公所本为旅沪宁波人的会馆，建于1797年，公所包括丙舍（停放灵柩房）及义冢，共占地44.83亩，1844年由清政府批准，将公所地产编入官图，豁免赋税。1849年，随着法租界的扩张，公所被纳入法租界境内，但公所始终由宁波人经营，并享受免纳捐税的权利。1874年，法租界以修筑马路为由，强令四明公所

---

① 宁波市政协文史委、政协慈溪市委员会编：《三北虞洽卿》，中国文史出版社2008年版，第28页。

② 丁日初、杜恂诚：《虞洽卿简论》，《历史研究》1981年第3期，第152页。

迁让义冢。宁波同乡向地方官厅和法租界公董局及法国驻沪领事交涉，以分担改筑马路经费为条件，请法租界改变路线，均遭拒绝。旅沪宁波同乡遂聚集在公董局附近进行抗议，不料法国水兵开枪镇压，造成7名中国民众死亡的惨案。这激起了中国民众的愤怒，烧毁了法国、意大利等商人的商店和住宅。后经清政府与法方多次交涉，最终于1878年订立议单，法国承认四明公所土地免纳捐税，永归宁波董事经管，放弃原筑路计划；中国则赔偿法、意等国商人损失3.76万两白银，法国抚恤7名遇难华人家属共7 000两白银。① 这是第一次四明公所案。

二十年后，1898年6月，法租界公董局致函四明公所，提出四明公所所处地方已划归法租界，"现当索还，以建公学医院及宰牲场"，遭到旅沪宁波人士的一致反对。7月16日，法国领事白藻泰竟令海军陆战队悍然登岸，强行拆除四明公所义冢公地的围墙，并开枪打死两名华人。② 虞洽卿闻讯，立即号召宁波人到十六铺小东门一带游行示威，不料法军又用散弹炮向人群射击，当场打死打伤10余人。法领白藻泰还下令军队在租界内巡逻，看到华人就开枪，又致死致伤30余人，逮捕10余人，事态发展越来越严重。③

四明公所及旅沪宁波人马上召开大会，推选严信厚、叶澄衷和朱葆三为代表，与上海道台及法国领事进行交涉。虽然严、叶、朱三人在上海宁波人中间有极高的威望，但三人都已年纪较大，他们做事一向有所谓"老成持重"，尤其是"平日既不敢得罪官场，更畏惧外人"，因此，交涉毫无结果。④ 此时的虞洽卿虽然仅有三十五岁，但血气方刚，他坚

---

① 姚秉楠：《虞洽卿与四明公所事件》，金普森主编：《虞洽卿研究》，宁波出版社1997年版，第77—78页。
② 冯筱才：《从买办到民族企业家——上海"闻人"虞洽卿》，宁波市政协文史资料委员会编：《宁波文史系列丛书第一辑》，中国文史出版社1998年版，第41页。
③ 宁波市政协文史委、政协慈溪市委员会编：《三北虞洽卿》，中国文史出版社2008年版，第68页。
④ 姚秉楠：《虞洽卿与四明公所事件》，金普森主编：《虞洽卿研究》，宁波出版社1997年版，第79—80页。

决认为："法人之毁冢垣，以冢垣无国以护之也；毁国，以国无人以捍焉也。毁冢垣，斯国不为国，当争冢垣。"① 为了保护家园，为了维护国家尊严，必须奋起抗争。

这时的严信厚、朱葆三等人虽然还在折冲樽俎于各方势力之间，但已有心灰意冷的倾向。虞洽卿积极奔走于各方之间，他逐渐认识到属于底层民众的"'短裆朋友'是有力量有义气的"②，遂联合上海宁波籍洗衣业领袖沈鸿赉，号召宁波人开设商店首先罢市，随即在法籍侨民及法国在沪各公私机关中服务的宁波人也响应罢工，最后更是扩大到为各外国人服务的宁波籍人全体罢工。为了鼓励罢工民众，他对沈鸿赉说："只需工商两界做我后盾，不怕法国人蛮横到底。"③ 一时间，洋行没有了职工，失去了宁波主顾，公馆寓所里没有了宁波厨子和西崽、阿妈，"法国绅士和太太们只有自己亲自下厨，漂亮的太太小姐带着孩子，提了篮子，蹒跚于街头和菜市场，他们往往付出了较平时高了数倍的代价，买了蹩脚的菜蔬和肉类回来，而有的竟哭丧着粉脸，提着空篮子回家"④，上海的外国人生意和生活立马陷入了一片混乱。

在民意汹汹的罢工冲击下，加上与各方面的积极交涉，租界中其他国家的外人也开始对法租界当局施压，纷纷指责法方酿成此次风潮。在此背景下，法方被迫同意从四明公所撤兵，放弃原来的修筑计划，并通过外交途径与清政府谈判，最终承认四明公所的土地权。事后，领导民众罢工的沈鸿赉被推选为四明公所经理，而虞洽卿"虽没有成为领导人物，但已经是上海社会的中坚分子了"⑤。

---

① 《各界发起庆祝虞洽卿七十寿启》，《申报》1936年6月14日，收入徐娣珍主编：《上海滩视野下的慈溪商人：〈申报〉三北商帮史料集成》，当代中国出版社2012年版，第61页。
② 方腾：《海上画虎录之二：虞洽卿论》，《杂志》1943年第12卷第2期，第50页。
③ 黄振世：《"海上闻人"虞洽卿》，收入中国人民政治协商会议宁波市委员会文史资料研究委员会编：《宁波文史资料第五辑》，1987年印行，第57页。
④ 圣清：《虞洽卿先生轶事》，《人生月志》1946年第1卷第2期，第21页。
⑤ 方腾：《海上画虎录之二：虞洽卿论》，《杂志》1943年第12卷第2期，第50页。

第二次四明公所事件是在中国近代史上具有重要历史意义的大事，它被后人称为"近世中国历史上政治罢工以抵御外力的嚆矢"①。时人评价虞洽卿在此次事件中的表现和功绩时，称赞他："指挥若定，行所无事，功高相如之全赵璧，计过鲁人之返侵地，而此抑强张权，关系最大之一役，隐然于先生以义制事、当机立断之一念焉成之，前无成例，旁无舆援。"②经过此次事件，"宁波人的团结力，日益坚强，宁波人在上海的势力也随之越发膨大"③。甚至五十年之后，宁波人中对此事仍"称道勿衰"，赞誉其为"开国民外交之先例"④。

1905年，上海爆发大闹公堂案，虞洽卿在此案中的表现使其真正成为"上海社会的中心人物"。这年正月，有粤籍官眷黎黄氏自四川回广东原籍，乘长江轮船途经上海。当时粤人有蓄婢风气，黎黄氏身边带了十多个婢女，被租界捕房探目怀疑为贩卖人口，因此将黎黄氏扣押，并在会审公堂开审。当时的承审官为副会审官金巩伯，陪审官为英国副领事德为门。金巩伯熟悉粤人风俗，仅判令将黎黄氏暂行寄女押所再做进一步调查，而德为门却认为金巩伯有意包庇，强令将黎黄氏送往女牢囚禁。两人因此在法庭上争执起来，金巩伯行使职权，命令英籍捕头将黎黄氏送往女押所，结果英籍捕头不仅不听命令，竟将公堂大门闩上，高声训斥金巩伯，还动手殴打，金的官服也被撕烂。消息传出后，立马激起上海华人各界的强烈不满。平时受尽捕房欺侮的百姓，群起响应，进行罢工罢市，以示抗议。英租界当局竟下令拘捕示威民众，一时被捕者竟达五六百人，秩序空前混乱。⑤

---

① 方腾：《海上画虎录之二：虞洽卿论》，《杂志》1943年第12卷第2期，第49页。
② 《各界发起庆祝虞洽卿七十寿启》，《申报》1936年6月14日，收入徐娣珍主编：《上海滩视野下的慈溪商人：〈申报〉三北商帮史料集成》，当代中国出版社2012年版，第61页。
③ 圣清：《虞洽卿先生轶事》，《人生月志》1946年第1卷第2期，第21页。
④ 孙筹成：《我所知之虞洽卿》，《大众》1945年第31期，第103页。
⑤ 黄振世："海上闻人"虞洽卿》，收入中国人民政治协商会议宁波市委员会文史资料研究委员会编：《宁波文史资料第五辑》，1987年印行，第58页。

事件发生后，上海道台袁树勋、会审公堂正审官关炯之，虽然多次与外人交涉，并无结果。风潮延续到当年9月，因清政府委派出洋考察的五大臣载泽、端方等人途经上海，深恐事态扩大，影响中外关系，因此提议选派公正且孚民望的绅商出任调停。旅沪宁波人随即便推选朱葆三、周金箴、施子英和虞洽卿四人为代表，同赴工部局接洽。无奈英人态度蛮横强硬，交涉无果。朱、周、施三人奔走多次，毫无办法，便表示不愿再作调人，只剩虞洽卿一人继续调停。虞洽卿"每晚集合各业各帮领袖二十余人磋商办法"，并向工部局建议，"将租界防务指交华人执管"。此时恰逢两江总督周馥到沪处理此案，虞洽卿便与关炯之共同向上海道台袁树勋请求，"调队五百人，维持秩序三日夜"①，稳定了局面。随后虞洽卿奔走于中外官商之间，最终商定解决办法五条：撤去德为门陪审官职务；工部局向中国官厅道歉；撤惩侮辱华官的捕头；黎黄氏及被捕五百华人全部释放；开市复岗。双方议定条件后，虞洽卿又会同袁树勋、关炯之三人，"步行南京路上，沿途打拱解释，劝令各商店一律开市"②，轰动一时的大闹公堂案至此方才结束。

由于大闹公堂案发生于近代中国久受领事裁判权扼控之际，华人在此案中最终取得胜利，向外国"稍示民间之真力量，得向撤消领权逼进一步"，从此以后，"外人始不敢轻视吾人"③。风潮平息后，因在事件中的积极表现，"虞洽卿成为上海社会的唯一红人了"④，社会声望空前高涨。若干年后，此事还被后人视为虞洽卿作为商人，以身作则，敢于"第一个打破商人不干涉政治的戒条"⑤的光荣事迹而广为传颂。

---

① 《昨今两日盛大庆祝，虞老自述旅沪五十五年经过，来宾到七八百人有盛大堂会》，《申报》1936年7月6日，第3张。

② 方腾：《海上画虎录之二：虞洽卿论》，《杂志》1943年第12卷第2期，第51页。

③ 孙筹成：《我所知之虞洽卿》，《大众》1945年第31期，第103页。

④ 方腾：《海上画虎录之二：虞洽卿论》，《杂志》1943年第12卷第2期，第51页。

⑤ 张若谷：《虞洽卿》，《人言周刊》1935年第2卷第16期，第318页。

五 兴办航运业

1840年以后，西方列强以坚船利炮打开了古老中国的大门，随着一份份丧权辱国条约而来的，是以英美等国为代表的资本主义产业大举入侵。其中，轮船航运业是外国在华直接投资最早的一种方式，也是最早被外国经济侵略势力所垄断的一种行业。虽然在后来的洋务运动时期，清政府也创办了轮船招商局来与外商抗衡，但效果极微，甚至在外商的胁迫下，与外商达成妥协，成为压制中国民营航运业发展的桎梏。据统计，至1908年，进出我国海关船只中，英船总吨数为3 440万吨，占进出口船只总吨数41%，日本为1 805万吨，占总数22%，而华商船只仅为1 694万吨，不及英船一半。而在国内江海航线上，中外航运势力也相差悬殊，据清末邮传部1909年统计，我国内河定期航行的外轮总数近120艘，沿海航行者近百艘，而华商代表招商局的船只仅为29艘，不及七分之一。① 可以说，直至清末，我国内河及沿江航运权始终被外商所牢牢掌握，严重侵害了中国的航运主权。

在上述背景下，1909年，虞洽卿呈文清政府邮传、农商两部，注册成立上海宁绍商轮公司。虞洽卿在上海经商多年，"深知商务之发达，端赖交通之利便"，而当时中国的航运业基本被英法等国所垄断，中国唯一的轮船招商局，也在与外商的竞争中不占优势。上海与宁波隔海相望，"沪甬航路，一一可达"。虞洽卿来自宁波，他非常清楚上海与宁波之间在商贸交流、人员互动等方面的紧密联系，甚至认为宁波人在上海"侨寓之数，几占全埠人口之半"，如此数量的人员往返，其航运线路必定繁忙发达。而当时的实际情况却是，英法几乎垄断沪宁航线，"利源外溢，奚止千万"② 。

---

① 冯筱才：《虞洽卿与中国近代轮运业》，金普森主编：《虞洽卿研究》，宁波出版社1997年版，第225—226页。
② 《上海宁绍商轮公司呈邮传农商两部注册禀》，《时报》1909年5月3日，收入聂宝璋、朱荫贵编：《中国近代航运史资料·第二辑（1895—1927）》（下册），中国社会科学出版社2002年版，第1056页。

与此同时，往来于沪甬间航线的英商太古的北京轮、招商局的江天轮和法商东方公司的立大轮三公司联合，将票价定为一元，加之外国轮船的工作人员一向看不起中国人，"对三四等的乘客，尤其视若牛马"①，动辄打骂。这就引得往来宁波的旅客纷纷不满，邀请虞洽卿出面向三公司交涉，要求将票价永久定为五角，但遭到三公司拒绝。虞洽卿联想到外商垄断中国航线，攫取利润，并且蛮横涨价，还不听民意，一时义愤不已。这也成为促动虞洽卿投身航运业的最主要原因。

1908年6月，虞洽卿等人召开募股大会，集议募股二十万股，每股洋五元，计一百万元，初定每股先收两元。至1909年5月公司正式开办时，仅收到十四万股，实收洋二十八万元。当时，因公司订购轮船和建造码头栈房，已用去洋七十多万元，集募股本远远不够，虞洽卿就动用各方关系，从四明银行等处筹措款项。到1911年辛亥革命爆发前夕，宁绍公司又募集到二十七万元股本，但当时公司正在定制新宁绍号轮船，耗资巨大，虞洽卿又积极奔走，此处一万，彼处五千，最终凑足了船价全数。截止到1917年时，宁绍轮船公司综核股本共计九十九万八千元，而公司经过多年的经营，拥有的产业照成本核算已达到一百二十万元，如果按照当时铁板实际市价而论，"足值二百万元"②。

宁绍轮船公司成立后，停泊码头最为关键。当时上海最适宜停泊的码头为洋泾浜，属于法租界范围，虞洽卿与法国驻沪领事交涉，希望租用码头，但法国领事百般刁难，最后竟提出要宁绍商轮公司注册在法国名下，这一要求违背了虞洽卿维护中国航运主权的意愿，被他果断拒绝。虞洽卿又找到日本邮船会社，打算"在日署南首租用码头"，但日方提出的年租金高达两万元，并且栈房费用另收，这笔费用太过巨大，对于刚刚成立的宁绍公司来说无法承担，遂作罢。后来虞洽卿又找到大达公

---

① 圣清：《虞洽卿先生轶事》，《人生月志》1946年第1卷第2期，第21页。
② 《虞洽卿通告：宁绍轮船公司的创办与发展过程》，《时报》1917年5月14日，收入聂宝璋、朱荫贵编：《中国近代航运史资料·第二辑（1895—1927）》（下册），中国社会科学出版社2002年版，第1068—1069页。

司在十六铺建设的大达码头，经过向两江总督、北京农商部请愿，得到张謇和上海道台蔡乃煌居中协调，以及虞洽卿动用与英国驻沪领事、浙江海关税务司等方面的关系，最终大达公司同意宁绍商轮公司租用大达码头。这样，开办商轮公司中极为重要的码头问题得以解决。

宁绍商轮公司宁绍轮船图（《上海总商会月报》第3卷第1期，1923年）

码头即定，购买轮船就成为当务之急。虞洽卿委派徐忠信前往福州船政局购买轮船一艘，命名为宁绍号，共用去英洋三十万元。1910年，经董杏生介绍，宁绍公司又花费近四万两白银，购买了太古公司的通州轮，经修理改造后，成为宁绍公司的甬兴号轮船。1912年，宁绍公司又耗资三十五万两白银，定制新船新宁绍号轮船。至此，宁绍公司已拥有三艘商轮，分别走长江、沿海两条航线，"宁绍公司营业则日渐发达"，据统计，在1915年一年盈利五万九千二百两，1916年盈利二万九千八百两。①

面对新办的宁绍商轮公司介入沪甬航线，原来垄断该航线的太古、招商局和东方公司开始计划排挤宁绍公司。三大公司先是认为宁绍公司新创，资本薄弱，船具单一，并不能支撑多久，后来看到宁绍公司生意兴隆，并未关门歇业，三大公司遂合计使出降价计策，他们将原来一元的船票相继降到五角，如此一来，"竞争之下，而宁绍趁客日渐减少"②，

---

① 《虞洽卿通告：宁绍轮船公司的创办与发展过程》，《时报》1917年5月14日，收入聂宝璋、朱荫贵编：《中国近代航运史资料·第二辑（1895—1927）》（下册），中国社会科学出版社2002年版，第1068页。

② 《虞洽卿通告：宁绍轮船公司的创办与发展过程》，《时报》1917年5月14日，收入聂宝璋、朱荫贵编：《中国近代航运史资料·第二辑（1895—1927）》（下册），中国社会科学出版社2002年版，第1067页。

对新办的宁绍公司是一重大打击。

此时，由徐乾麟、孙梅堂等人发起成立宁绍行业维持会，"奔走呼号，专以维持宁绍行业为宗旨"①。在维持会的积极号召下，旅沪宁波各界开始以实际行动支持宁绍公司的业务。1909年8月，旅沪宁波各业行会商帮纷纷集会，纷纷表示要乘坐宁绍商轮公司轮船，并且号召各界同乡一起遵行，如宁绍帮绸缎顾绣衣业业董便发表演说，指出三大公司降低船票价格，目的在"诱我宁绍人趁他的船，其所以不惜拆蚀其真本钱者，盖一心想我宁绍商轮生意稀少，将来不久公司必然倒闭"，到时候他们商轮"必欲大增其价，不怕我宁绍人不去趁他的船"②，因此他们拟定了五条章程，号召大家务必乘坐宁商商轮之船，以示对宁商商轮公司的支持。有些行业甚至购买大量宁绍船票，"由公司按月分派各行"，对于贫苦之人，各行"量力捐助"③。总之，虞洽卿动用各方面关系，旅沪宁波商旅也纷纷响应，对刚刚成立的宁绍商轮公司表达了坚定的支持，且以实际行动来践行。而宁绍轮船公司也积极整顿，完善管理制度，提升服务质量，甚至派出干事员，随船稽查，"举凡轮行之迟速、水脚之多寡、茶房之勤惰，由随船员填写报告册，随时改良，渐臻完备"④。正是在宁波同乡与宁绍商轮公司多方协力下，众志成城，最终打破了三大公司试图通过压价

---

① 《虞洽卿通告：宁绍轮船公司的创办与发展过程》，《时报》1917年5月14日，收入聂宝璋、朱荫贵编：《中国近代航运史资料·第二辑（1895—1927）》（下册），中国社会科学出版社2002年版，第1067页。

② 《宁绍人开会演说并拟章程五则》，《时报》1909年8月20日，收入聂宝璋、朱荫贵编：《中国近代航运史资料·第二辑（1895—1927）》（下册），中国社会科学出版社2002年版，第1067页。

③ 《宁绍商轮之团体》，《时报》1909年8月23日，收入聂宝璋、朱荫贵编：《中国近代航运史资料·第二辑（1895—1927）》（下册），中国社会科学出版社2002年版，第1059页。

④ 《志宁绍行业维持会在甬开特别大会》，《时报》1910年8月12日，收入聂宝璋、朱荫贵编：《中国近代航运史资料·第二辑（1895—1927）》（下册），中国社会科学出版社2002年版，第1061页。

来挤垮宁绍公司的企图。宁绍公司的创办，不仅便利了民众出行，更是打破了外资垄断中国航权的局面，在当时具有极其重要的历史意义。

三北公司的发轫，始于虞洽卿希望便利故乡交通的初衷。1913年，虞洽卿先是购买了一艘小轮船，命名为镇北号，专门行驶于其故乡龙山、镇海、宁波一带，方便其家乡旅客。1914年，虞洽卿创办了三北轮埠公司，初次招股二十万元，每股一百元，虞洽卿一个人就认股十四万元，成为最大股东。三北公司设总公司于上海，分公司设于龙山镇及镇海、宁波等地。此时，他营业航路主要限于宁波、镇海、穿山、沥江、龙山等地。一战爆发后，在华外轮纷纷被征调回国，在华航运线上的客货船锐减，运费大涨，给了虞洽卿航运业较大的发展机会。1917年，虞洽卿呈文冯国璋，他指出："以一国商业之盛衰，全视交通机关之完备与否以为断，交通与商业，犹唇齿之相依，不可缺一者也"①，表达了欲乘欧战时机购买奥地利轮船，以便发展海外航运业、拓展海外市场的想法。

到1918年3月，三北公司又添加股本八十万元，资本至一百万元。次年5月，虞洽卿又变卖其房产，将三北公司资本增加至二百万元。资本扩充后，三北公司又相继购买了慈北号、升孚号、姚北号、升有号、敏顺号、惠顺号、利泰号及升平号等轮船，大大提升了三北公司的商轮吨数，并"增设分公司于航行各地，并扩充航路"，其具体如下：（一）上海长江一带；（二）上海至宁波、温州、台州、兴化、泉州、福州、厦门、汕头、广东、香港、南洋；（三）上海至海州、青岛、威海卫、秦皇岛、烟台、牛庄、安东、大连、海参崴、日本；（四）宁波至镇海、穿山、沥山、龙山、普陀、岱山。②可以看出，扩充后的三北公司，其经营路线已

---

① 《虞洽卿呈冯国璋文》（1917年9月10日），收入金普森主编：《虞洽卿研究》，宁波出版社1997年版，第348页。
② 《交通史航政编》，第1册，第391—393页，收入聂宝璋、朱荫贵编：《中国近代航运史资料·第二辑（1895—1927）》（下册），中国社会科学出版社2002年版，第1087—1088页。

不再仅限于宁波地区，而是延伸至华北、东北沿海重要城市，甚至还开通了至日本、南洋及苏联的国际航线，打破了一向被外国公司控制外洋航线的局面，为民族航运业的发展做出了巨大贡献。

当然，三北公司在发展过程中，也并不是一帆风顺的。1919年下半年，太古、怡和与轮船招商局三公司，再次联合"将南北洋吨价减收三分之二"，这对于刚成立不久的三北公司来说冲击很大，"因吨价锐减，入款较少，将来股本必归无着"。虞洽卿为了应对危机，按他自己的话说，可谓是"毁家典产，业已筋疲力尽"①。在万般无奈之下，虞洽卿被迫向北洋政府交通部呈文，申请政府补助救济，并将"三北公司全埠产业抵与政府，假银一百五十万两"②，分年认息归还，以此来缓解困局。然而当时正逢直皖战争，政局动荡，该救助计划也无果而终。

1917年，虞洽卿又创办宁兴轮船公司，初始资本为二十万元，后来陆续增加至一百万元。1919年1月，虞洽卿又集合资金，将原属英商创设的鸿安商轮公司，悉数收购，改组为完全由华人持股份的有限公司。鸿安商轮公司资本共四十五万元，每股一百五十元，共计三千股。收购后该公司的产业包括长安、德兴两商轮及长江各埠之平安、大安、宁安、泰安与镇安各趸船，还包括上海、镇江、南京、芜湖及九江等地的栈房基地等不动产，上述产业也完全收归华商所有。新成立的鸿安商轮公司设总公司于上海，分公司于长江各埠。其营业航线起于上海，终于重庆，沿途经过镇江、南京、芜湖、九江、汉口、宜昌、岳州、沙市、巴东、夔府、云阳、万县、忠州、涪州等地。截止到1925年6月，该公司已经由开始时的两艘商轮发展到五艘商轮，规模不断扩大。

---

① 《交通史航政编》，第3册，第1065页，收入聂宝璋、朱荫贵编：《中国近代航运史资料·第二辑（1895—1927）》（下册），中国社会科学出版社2002年版，第1093页。
② 《交通史航政编》，第3册，第1064页，收入聂宝璋、朱荫贵编：《中国近代航运史资料·第二辑（1895—1927）》（下册），中国社会科学出版社2002年版，第1092—1093页。

此外，在独资经营三北、宁兴和鸿安三大航运公司的同时，虞洽卿考虑到船舶修理的重要性，遂萌发了创办造船修理厂的想法。1922年，他在上海收购了肇成机器厂，并将其更名为三北轮埠公司机器厂，专门负责修理三北、鸿安和宁兴公司的船只，还尝试制造过一些小型轮船和拖轮铁驳及长江各埠的浮码头趸船，如鸿元、鸿亨、鸿利和鸿贞四艘货轮，一千吨位的三北号客轮，永康和武康号拖轮等，促进了我国轮船制造业的发展。据统计，截止抗日战争爆发前，虞洽卿名下共拥有大小船只达六十五条，吨位计达九万多吨，占当时中国轮船总吨位（1935年六十七万五千吨为最高数位）的百分之十三，可见虞洽卿在轮船航运业中的雄厚实力。①

虞洽卿作为一名以买办起家的近代民族实业家，在我国民族资本主义经济深受外来经济侵略势力和本国军阀、官僚势力多重压迫的形势下，毅然投身近代轮船航运业，经过多年经营，建成抗日战争前我国规模最大一支民营轮运业船队，为争回国家利权、驱逐外国经济侵略势力，发展民营行业做出了巨大贡献。②

六 赴日考察

1893年，虞洽卿第一次跟随其熟识的日本商人组织的实业考察团赴日参观，这是虞洽卿平生第一次出国，虽然考察时间不长，但使他开阔了眼界。

1905年7月，试办新政的新政府发布诏令，命载泽、戴鸿慈、徐世昌、端方等人分赴东西洋各国，"考察一切政治，以期择善而从"。同年9月，清政府正式组织考察团，一路由载泽、戴鸿慈、绍英带领，考察俄、美、意、奥等国，一路由徐世昌、端方带领，考察英、德、法、比等国。

---

① 丁日初、杜恂诚：《虞洽卿简论》，《历史研究》1981年第3期，第149页。
② 冯筱才：《虞洽卿与中国近代轮运业》，金普森主编：《虞洽卿研究》，宁波出版社1997年版，第247—252页。

9月24日，出国考察的五大臣在天津火车站遭到革命党人吴樾袭击，绍英伤重，行程改期。12月，新组的第一路考察团由戴鸿慈和端方带领，第二路由载泽、尚其亨、李盛铎率领，再次出发。12月中旬，第二路考察团途经上海，准备赴日考察。虞洽卿凭借两江总督刘坤一的推荐，以江苏省选派的随员身份随考察团赴日考察。1906年1月16日，考察团抵达日本，虞洽卿随团在日停留考察30天。①

此番随清政府考察团赴日考察，虞洽卿关注的重点还是经济建设方面。他对明治维新后国力强盛、经济繁荣的日本感触颇深，尤其注意到日本在新式银行建设、资本主义经贸发展方面取得的巨大成就。此外，他还与日本政商各界要人及旅日华商吴锦堂会见，加深了对如何引进西方近代化企业的认识。②此次考察，对于虞洽卿的实业发展思想具有很大的影响，回国后不久，他便着手倡办新式企业，包括四明银行和宁绍商轮公司的创办，都是从日本归来后着手进行的。

1926年4月，日本商会联合会和外务省分别致函上海总商会，邀请中国商界选派代表赴日参观大阪电气博览会。虞洽卿意识到这是一次直接向日本朝野表明中国商界态度的好机会，因此很快组织了一个由58位中国实业界代表组成的参观团，于5月20日启程赴日参观考察。临行前，虞洽卿还特意在报刊上发文提出参观团赴日的两大任务："一是以国民外交的手段，唤醒日本商民请愿该政府，根本撤废中日障碍，此外如旅顺、大连亦须早日交还；二是谋求中日商会合作，共同处理中日贸易中的纠纷。"③

---

① 宁波市政协文史委、政协慈溪市委员会编：《三北虞洽卿》，中国文史出版社2008年版，第105页。

② 冯筱才：《从买办到民族企业家——上海"闻人"虞洽卿》，宁波市政协文史资料委员会编：《宁波文史系列丛书第一辑》，中国文史出版社1998年版，第44页。

③ 冯筱才：《从买办到民族企业家——上海"闻人"虞洽卿》，宁波市政协文史资料委员会编：《宁波文史系列丛书第一辑》，中国文史出版社1998年版，第54页。

赴日代表团出发前在上海总商会楼前留影（宁波市政协文史委、政协慈溪市委员会编：《三北虞洽卿》，中国文史出版社2008年版）

5月21日，参观团抵达长崎，受到该处各界民众的热烈欢迎。在近两个月的时间里，参观团相继到访奈良、京都、名古屋、东京、横滨、神户、广岛等重要城市，除了参观电气博览会外，还考察了日本的商业会所、筑港工程、造币局、兵工厂、丰田织机制造工场、日本车轮制造工场、爱知时计电机和三菱内燃机工场、三菱造船所等工商企业、政府机构等，参观团各实业家对于日本的工商业发展有了最为直观和全面的了解。6月14日，参观团离日返国，6月15日抵达上海。

在整个参观过程中，虞洽卿等人受到了日本官商民各界的热烈招待，尤其是在东京，受到日本元老和政府高级官员的接待，并在市民音乐大会时，听到众人高呼中国万岁，看到五色国旗飘扬，年迈的虞洽卿"几乎下泪"①。

虞洽卿在参观途中，发表多次演说，对于发展中日两国关系和经济做

---

① 《欢迎赴日参观团回国宴会记》，《申报》1926年6月18日，收入徐娣珍主编：《上海滩视野下的慈溪商人：〈申报〉三北商帮史料集成》，当代中国出版社2012年版，第39页。

了全面的阐释,尤其以 6 月 5 日,在东京日华实业协会与日华恳话会联合主办的午餐会上的讲话最具代表性。虞洽卿在演讲中,表明此次赴日考察,主要有三方面目的:参观大阪电气博览会,考察日本实业状况与调查日本国民"对于中日两国关系之观念"。虞洽卿一再强调参观团的非政府背景,认为是中日两国人民"第一次大规模之接洽",他尤其是对于"中日亲善"的认识与关系做了深入阐释,指出不能忽视中日两国政治上之分歧与矛盾,单纯在经济上谈"中日合作"是不现实的,日本对于中国政治军事的干涉和侵略,造成中国人民对于日本观感极差,"贸易与政治二者不能分离,因政治而发生之恶感,影响贸易",只有日本方面"先设法改变政治上之方针及办法,将所有障碍物除去,减少恶感",才能增进中国人民对日本之好感。他最后还呼吁日本各界人士,抛弃对中国原有之成见,认清此时中国与清政府的区别,此时中国"国体已变,一国主权,应以全体人民为基础",同时,其时中国政府"系完全过渡的,亦不能代表人民",日本各界应该加强与中国社会各界的直接交流互动,以此认清"目前过渡政府之变幻,并认清今日之中国,确识中国今日之人民",只有这样,中日两国的"所有忧疑各点,不难冰消瓦解,亲善进行,从此无碍矣!"①

虞洽卿担任团长的第三次赴日考察,在当时国民外交运动如火如荼进行的时候,有其时代进步性,被誉为"以国民外交之方式,谋中日间真正之谅解",更被视为是上海总商会历史上"为空前未有,即在全国商业历史上,恐亦为空前未有之举"②。

七　发力金融业

在甲午战争之前,中国是没有一家新式银行的,只有传统的银号和

---

① 虞洽卿:《对于中日亲善之意见》,《上海总商会月报》第 6 卷第 6 期,1926 年,"言论"第 1—4 页。
② 《欢迎赴日参观团回国宴会记》,《申报》1926 年 6 月 18 日,收入徐娣珍主编:《上海滩视野下的慈溪商人:〈申报〉三北商帮史料集成》,当代中国出版社 2012 年版,第 38 页。

钱庄。甲午以后，随着中国民族工商业的初步发展，产生了对新式银行的业务需求，清政府内部筹办洋务的盛宣怀，遂在1897年创办了第一家新式银行：中国通商银行。1905年，清政府户部为推动币制改革，又创设了户部银行，这是中国自办的第一家国有银行。此后，民间创办银行的风潮开始涌起。①

虞洽卿自从担任银行买办后，他就敏锐地发现，要想发展工商业经济，必须有坚实的金融业的支撑，才能够稳定持久。鉴于宁波籍商人在上海经商者众多，很多人会携带巨款返家，为了让上海经商的龙山籍人士回家时携款方便，1903年，虞洽卿在龙山设立通惠银号。1911年，为了便利为革命军筹集款项，虞洽卿在上海设立通惠银号，此后发展较为顺利，又相继在北京、扬州、镇江等地开设分号。因为支持革命有功，1912年10月，经沪军都督府和江苏都督府的批准，通惠银号还获得公开发行1元券、5元券纸币的权力。1917年，虞洽卿又将上海的通惠银号改组为通惠商业银行，筹集资本20万元，主要股份基本掌握在虞氏家族人手中。通惠银号是虞洽卿创办的第一家完全独立的金融机构，在其航运业发展初期，为其提供了必要的支撑和依托。后来，虞洽卿将通惠银行的管理事务交给大儿子虞顺恩办理，自己不再过问相关业务。②

1906年，虞洽卿作为清政府赴日考察团成员访问日本，亲眼见识了日本新式工商业和金融机构的发展状况。回国后，虞洽卿便积极联络旅沪宁波籍商人如朱葆三、周晋镳、陈薰等12人，共同向清政府上书，请求建立民营银行。1908年9月11日，由宁波籍商人共同发起创办的商业银行正式成立，因创办者为宁波人，故该银行名为"四明商业储蓄银行"（简称四明银行）。首任总董为周晋镳，总经理陈薰，虞洽卿担任协理一

---

① 黄兰英：《虞洽卿与四明银行》，金普森主编：《虞洽卿研究》，宁波出版社1997年版，第253—254页。
② 宁波市政协文史委、政协慈溪市委员会编：《三北虞洽卿》，中国文史出版社2008年版，第46—47页。

职，负责具体事务。①

四明银行招集股本为150万两白银，先收75万两。其营业种类分两种：一是商业部，经营存款、放款、贴现、汇兑、发行银洋各票；二是储蓄部，收存零星款项。其中以经营前者为大宗。②开业之初，由于工商各界对于银行业务和信誉既不了解，也无兴趣，因此无论是宁波籍商人，还是外地商人，对于四明银行都抱持观望态度，业务并不繁盛。此时，作为实际主持者的虞洽卿，便专门拟定说明书和相关简章，一边在报刊上大做宣传，一边又亲自登门到各商家店铺去劝说动员，终于得到了广大工商界人士的认同。③

虞洽卿作为四明银行的发起人和持股者，拥有该行115股，每股100元，合计11 500元，虽然股份额度不算很大，但是他对于四明银行早期的发展和危机的处置是付出了很大心血的。尤其是在四明银行开办之初，"其实力并不坚强，所以也曾发生几度风潮，每次都靠旅沪宁波同乡的群起支持，始稳渡难关"，这其中虞洽卿的贡献尤大。有一次，因为外商破坏和经济动荡，四明银行面临挤兑危局。这时，"几乎所有宁波人所开设的商店，都收兑四明银行的钞票，甚至有许多宁波籍的工人，看到有人伫立在四明银行之外等候兑现，他们肯自动倾囊取出现洋，换进四明银行的钞票"，最终使四明银行渡过了挤兑风潮。不几日就平息下去了。经过这件事，"上海的市民也知道四明银行有宁波同乡全体做后盾，是不会动摇的，对四明银行钞票的信心也因此增强。所以宁波人爱乡心的热烈和富有团结力，是为一般人所称道的。在虞洽卿的一生事业中，对同乡

---

① 冯筱才：《从买办到民族企业家——上海"闻人"虞洽卿》，宁波市政协文史资料委员会编：《宁波文史系列丛书第一辑》，中国文史出版社1998年版，第44页。

② 黄兰英：《虞洽卿与四明银行》，金普森主编：《虞洽卿研究》，宁波出版社1997年版，第255页。

③ 宁波市政协文史委、政协慈溪市委员会编：《三北虞洽卿》，中国文史出版社2008年版，第49页。

的团结和福利,确占有重要地位"。①

随着四明银行在金融市场站稳脚跟,它的业务也不断扩大,不仅可以发行钞票,数量还不断增多,其钞票主要流通于上海、汉口、宁波、温州、舟山等沿海、沿江城市。1910年,先后在汉口、宁波两地设立分行。辛亥革命后,股份转到孙衡甫手中,并由孙担任董事长兼总经理,虞洽卿为董事。孙担任总经理后,四明银行业务进一步扩大,除了常规业务外,又增加了买卖有价证券及生金银、储蓄业务等,生意兴隆时,最高存款额竟达4 000多万元。1921年9月,四明银行自建行屋,迁至北京路240号,后来又在南京、重庆、成都、西安等地设立分行,在苏州、杭州、绍兴、兰州、郑州等地设立支行,成为上海较大的商业银行之一。1933年,国民政府废两改元,四明银行资本改为国币225万元,这一年度,四明银行总资产已达8 174万元,公积金134万元,存款额达4 476万元,放款额达3 714万元,纯收益高达33万元。②1936年,四明银行又增入官股366.25万元,成为官商合办之商业银行,孔祥熙担任董事长和总经理。1948年底,官股占95%。1949年后,改组为公私合营。③

1919年7月,由于工作繁忙,加之虞洽卿在其他实业方面也有意进行新的开拓,故他在报纸上发表声明,宣布退出四明银行。但即使如此,虞洽卿与四明银行的关系其实并未隔断,四明银行在遇到困局或危机时,虞洽卿还是经常出面协调各方加以解决,当然,虞洽卿也从四明银行处获得很多实惠和益处。1911年11月,陈其美在上海宣布独立,响应武昌起义,当时革命军手头经费奇缺,以虞洽卿、沈缦云和周舜卿三人为代表的上海上层资本家,承担起了筹措起义经费的重担,据说上海革命

---

① 方腾:《海上画虎录之二:虞洽卿论(中)》,《杂志》1943年第12卷第3期,第63页。
② 张若谷:《虞洽卿》,《人言周刊》1935年第2卷第16期,第318页。
③ 黄兰英:《虞洽卿与四明银行》,金普森主编:《虞洽卿研究》,宁波出版社1997年版,第256页。

军起义前"所发之军饷,大半由四明银行、信成银行输出"。在沪军都督府成立后,虞洽卿个人及四明银行又不遗余力地对新政府予以支持,虞洽卿个人以宁绍轮船公司总经理身份向公司借款 16 万两,向荷兰银行借款 1 万两,以四明银行名义向军政府借款 4 万两,以此支持军政府渡过难关。①

此外,虞洽卿实业的发展和壮大,也是与四明银行的大力支持和帮助是分不开的。如他创办的三北轮船公司,其购买的大多数船只,都是向四明银行做抵押贷款的,比如先用 5 万至 10 万元价钱买进一艘旧船,经过修理、油漆,焕然一新,再以 15 万至 20 万元向四明银行做抵押借款,再去买进旧船。如此这般,周而复始,才使得他的航运业得以日益发展壮大,挺过了濒临破产的危局。当然,他也就成了四明银行的大债户,1929 年,虞洽卿就欠四明银行 15 万两白银,以"衡山""伏龙"等船只做抵。截止 1937 年抗日战争爆发,虞洽卿成了四明银行最大的债主,债额共达 300 万元。可以说,虞洽卿一生最为重要的航运业的发展与壮大,是与四明银行的支持与帮助有紧密联系的,② 这也是当初虞洽卿意识到创办金融机构有助于我国实业发展这一理念的生动诠释。

八 创办物品证券交易所

近代的有价证券进入上海,是从 19 世纪 40 年代就已开始。1882 年,上海成立了第一家平准股票公司,有价证券的交易便开始兴起。20 世纪初,虽然有人倡导并试办过证券交易所,但清政府对此不予支持,无果而终。民国成立后,政府制定并颁行各项经济法规,其中开办证券交易所的问题被再次提上议程。1914 年底,北洋政府颁行中国第一部《证券

---

① 黄兰英:《虞洽卿与四明银行》,金普森主编:《虞洽卿研究》,宁波出版社 1997 年版,第 258—260 页。
② 黄兰英:《虞洽卿与四明银行》,金普森主编:《虞洽卿研究》,宁波出版社 1997 年版,第 262—263 页。

交易所法》，立刻在全国掀起了创办证券交易所的热潮。①

物品证券交易所的创办，与孙中山筹措革命经费有直接关系。二次革命以后，革命党人控制的南方数省相继丢失，革命经费一时陷入困窘。孙中山听取日本友人建议，认为创设交易所可以为革命事业提供巨额经费，因此积极联络工商界头面人物，最后确定在上海区域内组设证券物品交易所，并嘱意虞洽卿等人具体策划，从速筹办。②

1917年，虞洽卿邀集志同道合者，拟具创办交易所呈文，以孙中山列具首名，向北洋政府农商部申报，但后因发生府院之争，政局动荡而作罢。1919年，日本人反客为主，在向上海总领事馆申请注册后，在上海开办了"取引所"（即交易所），经营证券、棉花、棉纱等物品，生意火爆，获利丰厚，使得日本开设的取引所有垄断上海证券物品交易之气焰。虞洽卿深受刺激，再次联络李云书、闻兰亭和张静如等人，发起筹办上海证券物品交易所。诚如时人所言，虞洽卿在创办实业方面，始终"以抗外族、挽利权为己任，故其所营商业，非不择途而施，必审其与中外商业隆替有关者，然后竭全力以赴之"。③虞洽卿积极创办物品证券交易所，即是抱有与日商相抗衡之思想。

在经北洋政府农商部批准后，1920年2月1日，虞洽卿假座上海总商会，召开上海证券物品交易所创立大会，选举理事17人，监察3人，虞洽卿被推选为理事长，理事会下设场务科、计算科等机构，交易市场分证券、棉花、棉纱、布匹、金银、粮油和皮毛共七部。交易所最初额定资本为500万元，分作10万股，每股50元。后分两次实收25元，共计250万元。物品证券交易所还以20万元购置了四川路爱多亚路转角处

---

① 宁波市政协文史委、政协慈溪市委员会编：《三北虞洽卿》，中国文史出版社2008年版，第51—52页。
② 邢建榕：《虞洽卿与上海证券物品交易所》，金普森主编：《虞洽卿研究》，宁波出版社1997年版，第84页。
③ 《虞洽卿先生旅沪五十年纪念叙言》，收入《虞洽卿先生旅沪五十年纪念特刊》，上海图书馆藏书，无页码。

的一幢三层楼房，作为所址。1920年7月1日，上海证券物品交易所正式开幕。①虞洽卿在创办物品证券交易所的过程中出力甚多，因中国此前并未有这种商业机构出现，"前无师承，草订规制，物色人才"②，这些工作都是虞洽卿积极参与、深度介入加以完成的。

上海证券物品交易所自开业后，不但股票价格大幅飙升，包括棉纱、棉布、粮油、金银、皮毛等物资交易也非常顺利，每日可收取佣金2 000元以上。到1920年底，物品交易所获纯利已达36万元，每股分红2.5元。有了这些高额利润，交易所每月可向孙中山提供1万到2万元不等的经费支持。与此同时，日本人的上海取引所却每况愈下，出现亏损，并最终于1927年被迫关门③，对此后来有人就称赞道："中外通商近九十年，竭华商之全力以与外商抗，而卒收终局之胜利者，自交易所外，未之前闻！"④由此可见虞洽卿在对抗外商侵略、挽救国家利权方面做出的突出贡献。

上海物品证券交易所的成功，引爆了上海商界创办交易所的热潮。自1920年冬到1921年间，上海的交易所可谓是风起云涌，"一业一交易所，一物一交易所，交易所信托公司的股票，几天之内会涨起数倍"。此时的上海物品证券交易所，俨然以老大自居，其他新成立的交易所，"组织固然效法物品，各种技术也都要向物品学习甚至借用人员"，那时物品交易所的场务科长，曾兼任十几家交易所的场务科长，五六处训练所的教务主任。⑤上海物品证券交易所因与革命党的特殊关系，因此在其创办

---

① 邢建榕：《虞洽卿与上海证券物品交易所》，金普森主编：《虞洽卿研究》，宁波出版社1997年版，第84—86页。
② 《虞洽卿先生旅沪五十年纪念叙言》，收入《虞洽卿先生旅沪五十年纪念特刊》，上海图书馆藏书，无页码。
③ 宁波市政协文史委、政协慈溪市委员会编：《三北虞洽卿》，中国文史出版社2008年版，第54页。
④ 《虞洽卿先生旅沪五十年纪念叙言》，收入《虞洽卿先生旅沪五十年纪念特刊》，上海图书馆藏书，无页码。
⑤ 方腾：《海上画虎录之二：虞洽卿论（下）》，《杂志》1944年第12卷第4期，第61页。

之初，很多革命党人都在里面大做投机生意，后来遇到"信交风潮"，他们的投机失败，这批人又"奔向广东从事党政军各项工作"。而他们投机所负债务，只能由交易所来负担。据说物品交易所在1923年时，替戴季陶、陈果夫、蒋介石等人背负了高达二百四十万元的债务，只能以历年盈利来偿还。到1933年时，"已还去一百八十万元，还欠六十万元"，也正是因此关系，"蒋介石等对物品交易所的高级负责人如虞洽卿、闻兰亭等，是相当客气的。蒋介石对闻兰亭，就只呼'先生'而不呼'闻先生'的"。①

1921年底，上海市面上银折提高，银根缩紧，华商交易所股价开始回跌，法租界当局还颁布了《交易所取缔规则》，引起市面恐慌，之前扎堆创办的华商交易所因基础不稳、组织不全，纷纷倒闭关门，由此引发连锁反应，不仅买股票的人大受损失，贷款的银行、钱庄、商店也纷纷宣布倒闭或破产，这就是1922年"信交风潮"。上海证券物品交易所虽借助重重关系，得以在此次金融浩劫中存活下来，但元气大伤。此后，上海仅存六家交易所："物品""纱布""证券""金业""面粉""杂粮"，分别由虞洽卿、穆藕初、张慰如、徐补荪、王一亭和顾馨一担任理事长，虞洽卿一手创办的上海物品证券交易所已无多少优势可言。1934年，南京国民政府颁布新的交易所法，虞洽卿的物品交易所被归并到风头正盛的金业和纱布交易所中。至此，由虞洽卿参与创办的中国人最早创办的综合性交易所成为了历史。②

九　南洋劝业会

1906年，虞洽卿随清政府考察团赴日考察，对于外国举办的大型博览会产生兴趣，认为这是促进经济发展的好方法。1908年初，虞洽卿向

---

① 方腾：《海上画虎录之二：虞洽卿论（下）》，《杂志》1944年第12卷第4期，第62页。
② 邢建榕：《虞洽卿与上海证券物品交易所》，金普森主编：《虞洽卿研究》，宁波出版社1997年版，第88页。

两江总督提出举办南洋劝业会的建议,其"目的在使我国新兴工商业有所观摩,而图改进,且借此聚全国工商业先进于一堂,互相联络,以商讨经济政治问题。"①当时的端方兼任南洋大臣,管理有关洋务事宜,作为清政府内部颇具改良思想的封疆大吏,端方对虞洽卿的建议很是重视,并及时上奏清廷,其在奏折中称:"劝业会之设,发起虽在南洋,若办理得法,将来效果,正赖以鼓舞全国实业"②,将南洋劝业会视为鼓舞国家实业发展的大事。清政府很快就降旨准办,并令度支部拨银七十万两,以充经费,以端方为会长、虞和德为副会长,又推选周金箴、朱葆三、严义彬、陈子琴、席子佩等十三人为董事,组成董事会,具体负责南洋劝业会的筹备工作。

首先是会址的选定,经过多方勘察,最终端方同意将南京鼓楼附近的北丁家桥紫竹林一带700亩土地划为会场。其次,在上海商务总会的协助下,确定了会场的建设和设计方案。最后,在经费的落实方面,虽然预支了度支部的25万元拨款,但还远远不够,上海商务总会又认股15万元,南京商人宋雨棠认股5万元,其余5万元由各省商会认股。后来,随着预算经费的严重超支,董事会又追加了20万元,由官商各认其半。1909年3月,为了扩大宣传,上海商务总会在上海福州路一品香举行了一次报界招待会,当时上海的各大报纸如《申报》《新闻报》《时报》《中外时报》等都派记者出席。商务总会总理周金箴发表演讲,号召各报馆积极宣传。会后,上海商务总会又向各商埠商会发出函电,希望各地能踊跃参加南洋劝业会。为了方便参会者,董事会还决定从南京下关车站到鼓楼修筑一条轻便铁路,不足经费,由虞洽卿独资垫付。在此过程中,虞洽卿总共垫付了36万两白银。③

---

① 方腾:《海上画虎录之二:虞洽卿论(中)》,《杂志》1943年第12卷第3期,第64页。
② 《清朝续文献通考(四)·卷三九二》,商务印书馆一九三六年版,转引自丁日初、杜恂诚:《虞洽卿简论》,《历史研究》1981年第3期,第147页。
③ 宁波市政协文史委、政协慈溪市委员会编:《三北虞洽卿》,中国文史出版社2008年版,第120—121页。

经过紧张的筹备，1910年6月5日，南洋劝业会在南京鼓楼隆重开幕。劝业会内设24个展馆，其中3个位参考馆，陈列欧美及南洋各国产品，其余21个展馆，陈列全国的10万余件展品，主要以农副产品、工艺品、教育用品、居家用品为多。其中仅上海参加展览的厂商就达125家。展会后期，主办方还对参展物品进行了大规模的评奖活动，共评出一等奖66件，二等奖214件，三等奖428件，四等奖1 218件，五等奖5 345件。①

这里需要特别指出的是，正当虞洽卿等人努力筹办南洋劝业会时，清政府调任端方任北洋大臣，而由极端保守顽固的张人骏继任南洋大臣。张人骏上任后，对于南洋劝业会不仅消极对待，而且对于他一品大员，"竟和上海的商人共同列名，颇不高兴，不但不帮忙，且有时借端为难"，虞洽卿不得不多方周旋，

担任南洋劝业会董事会副会长的虞洽卿（左上）(《南洋劝业会纪念册》，1910年）

软硬兼施，靠着"勇往直前，任怨任劳的毅力"②，总算把这件事办成了。但也正因这个原因，虞洽卿对清政府的态度和思想已然发生了巨大变化，

---

① 宁波市政协文史委、政协慈溪市委员会编：《三北虞洽卿》，中国文史出版社2008年版，第121页。
② 方腾：《海上画虎录之二：虞洽卿论（中）》，《杂志》1943年第12卷第3期，第64页。

南洋劝业会场馆（慈溪市政协教文卫体和文史资料委员会编：《纪实虞洽卿》，宁波出版社2014年版）

自称："自劝业会之后……蓄心革命事业了。"① 这也折射出近代民族实业家政治观念转变的心路历程。

　　南洋劝业会会期共计三个月，"各省及南洋各地侨胞均有出品参加，各地往参观者达二十万人"②。劝业会的成功举办，使得虞洽卿对于发展民族工商业和提倡国货产生了更大的热情和动力。此后，虞洽卿相继参与发起和创办多种宣传和推广国货商品的组织，而南洋劝业会模式也成为振兴民族工商业的一种范式和榜样。1928年11月召开的国货展览会上，虞洽卿与孔祥熙、张伯旋等人被推举为主席委员，是对其在劝业会发展方面的肯定。③

---

① 黄振世：《"海上闻人"虞洽卿》，收入中国人民政治协商会议宁波市委员会文史资料研究委员会编：《宁波文史资料第五辑》，1987年印行，第62页。
② 方腾：《海上画虎录之二：虞洽卿论（中）》，《杂志》1943年第12卷第3期，第64页。
③ 宁波市政协文史委、政协慈溪市委员会编：《三北虞洽卿》，中国文史出版社2008年版，122页。

十 创办商团组织

近代以来,上海不仅是中国经济发展的核心区域,而且也是中国商业精英最为荟萃之地。近代以来,中国战乱频仍,民不聊生,上海成为各方势力争夺的焦点地区。上海公共租界当局,为了保障租界商业安全和社会秩序的稳定,"设有团练队以资捍卫,临警有军舰以翼护之,历经事变,安堵无惊,国军则格于惯例不得闯入一步"。虞洽卿见此情形,深受触动,他认为租界西人为客人,华人为主人,"彼不许主人自为防护,而客乃代为防护,是反客为主,耻孰甚焉"①,尤其是在大闹公堂案之后,租界巡捕一改从前之规定,"始一律带枪,并有十人以上,便可开枪"②,这进一步威胁到租界华商的生命安全,于是他纠合上海华商巨贾百余人,"遂创设华商体操会于沪北"③。

1905年,在虞洽卿、胡寄梅、袁恒之等人发起组织下,"华商体操会"正式成立,会址设在南京路高阳里四号。该会邀集上海华人各业领袖加入,经费也是由各业分担,队员由各商店和洋行、海关中的青壮年职员报名志愿参加,并且聘请上海圣约翰大学毕业生陈既明、郑松生、徐通浩等人担任教练,进行严格系统的训练。④

体操会创办之初,因队服为黄色制服,商团队员多不愿穿着,纪律也较为松散,虞洽卿与胡寄梅、袁恒之等人率先垂范,"亲著黄色制服,躬受训练,以为之倡",在他们的示范效应下,"群商先后疏附,悉膺部

---

① 《虞君洽卿五十岁序》,收入《虞洽卿先生旅沪五十年纪念特刊》,上海图书馆藏书,无页码。
② 《昨今两日盛大庆祝,虞老自述旅沪五十五年经过,来宾到七八百人有盛大堂会》,《申报》1936年7月6日,第3张。
③ 《虞洽卿先生旅沪五十年纪念叙言》,收入《虞洽卿先生旅沪五十年纪念特刊》,上海图书馆藏书,无页码。
④ 方腾:《海上画虎录之二:虞洽卿论(下)》,《杂志》1944年第12卷第4期,第59页。

勒"①。最初时，该会会员有二百四十人，每人每月缴会员费一元，后来增加到四五百人，一直由虞洽卿担任会长。

华商体操会成立一年以后，操习的成绩很好，虞洽卿便向租界工部局交涉，要求在万国商团中设立中华队一队，"其队员在华商体操会会员中选拔"，工部局予以同意。1906年3月，由虞洽卿率队员八十三人在南京路市政厅签订入团协议。当时的中华队分步兵四小队，骑兵一小队，军乐一小队。工部局虽然允许中华队入团，但是却明确制定了两项限制措施："（一）队长由英人担任，（二）中华队队员遇操演时向工部局领

任中华体操队队长时的虞洽卿（慈溪市政协教文卫体和文史资料委员会编：《纪实虞洽卿》，宁波出版社2014年版）

枪，操毕仍须缴存工部局，不得持回家中。"②这一规定引起了上海华人商民及中华队队员的强烈不满，认为英人歧视华人太甚，虞洽卿力劝大家冷静，希望以后建立信用之后再说。

在虞洽卿的严格指挥与训练下，中华队的军容、军貌和军事素养有了质的飞跃，"华队守军纪、娴射击，其成绩且越出西人上"，租界西人在惊奇叹服之余，才将对华商队的种种限制禁例一一解除，将华商队与商团西人队一视同仁。经过这一事件，不仅使租界西人始"了解我民族能力"③，也开创了"华人得以戎装入租界"④的先河，也算是为中国商人争

---

① 孙筹成：《我所知之虞洽卿》，《大众》1945年第31期，第103页。
② 方腾：《海上画虎录之二：虞洽卿论（下）》，《杂志》1944年第12卷第4期，第59页。
③ 《虞洽卿先生旅沪五十年纪念叙言》，收入《虞洽卿先生旅沪五十年纪念特刊》，上海图书馆藏书，无页码。
④ 《虞君洽卿五十岁序》，收入《虞洽卿先生旅沪五十年纪念特刊》，上海图书馆藏书，无页码。

取了尊严和人格。

华商体操会和万国商团中华队的成立，在当时的上海产生了很大影响，商学界纷纷仿效，先后有沪西士商体育会、沪学会体育部、商业体操会等自卫团体成立。1907年底，这些团体还联合组成了南市商团公会。1909年6月，霍元甲应陈其美之邀，在上海又开办精武体育会，虞洽卿闻讯后，还曾试图效法，后因霍元甲被日本武士毒死而无果。在辛亥革命上海光复时，上海商团组织已达48个，有成员6 800名，在光复上海、攻打江南制造局的军队中，就有一部分商团成员。[①]1921年，中华队英籍队长归国，由副队长徐通浩接任队长一职。太平洋战争爆发后，在日军威逼下，中华队正式解散。

正如后来有人评价，万国商团中华队是一支特殊的武装力量，该队"效生乎抵抗，谊基于团结，清末革命理论实亦浸润于是，而莫之夬关"[②]，而事实也证明，在辛亥革命中，占领制造局、光复上海，这支队伍是贡献了很大力量的。

十一 主掌上海总商会

在虞洽卿一生担任的各类社会职务中，上海总商会的职务应该是其最为显赫、最为辉煌的一项桂冠。

上海总商会前身为上海商业会议公所，是由盛宣怀为顺应商业发展趋势、沟通官商意见而于1902年设立的，1904年改组为上海商务总会，民国后改组为上海总商会。上海总商会因其成立时间早、成员数量多且实力雄厚，在当时被称为"中国第一商会"，它深度介入了清末民初很多重大的历史事件，在近代中国历史上做出了应有的历史贡献。

1904年上海商务总会改选议董，虞洽卿便当选为议董，后来又多次

---

① 宁波市政协文史委、政协慈溪市委员会编：《三北虞洽卿》，中国文史出版社2008年版，第118页。

② 孙筹成：《我所知之虞洽卿》，《大众》1945年第31期，第103—104页。

连任议董。民国后,虞洽卿又多次被推选为上海总商会的会董,是上海总商会中极为活跃的人物。1924年7月,虞洽卿当选为总商会第五届会长,标志着他达到了上海商界的顶峰地位。1924年的上海总商会会长选举,因原任会长宋汉章在会员资格一事上受到部分会董的攻击,轮船招商局总办傅筱庵想乘机取而代之,网罗部分会员掀起倒宋风潮,两派互相攻击,使总商会颜面尽失。虞洽卿在此事件中居间调停,掌握了会长选举的主动权,最终在正式选举会议上被大多数会董推选为会长。①

虞洽卿担任会长的两年时间内,正是近代中国社会政局极为动荡的时期,在虞洽卿的带领下,上海总商会介入了很多重要的历史事件。1924年8月,江苏督军齐燮元与浙江督军卢永祥爆发战争,战火所及之处,百姓流离失所,上海租界成为乱哄哄的难民营,战争还导致了市场动荡,商业停滞,物价飞涨,对社会经济造成了严重的摧残。虞洽卿在战前及战时多次奔波于沪宁两地,力劝双方停火休战,但并未奏效。这件事给虞洽卿很大的冲击,他深深地认识到军阀割据对国家、对社会经济的严重危害,开始力主"废督裁兵",并且以上海总商会名义分别致电张作霖、吴佩孚、冯玉祥、张勋、孙传芳等人,要求他们息兵弥战。②

1925年5月,因上海日华纱厂爆发工潮,英国巡捕对在租界游行的中国工人开枪,死伤多人,引起中国人民群情愤激,"工厂及轮船码头等均罢工,商店罢市,学校罢课,各地响应,蔚成空前大规模的反英风潮"③,这就是五卅运动。五卅运动爆发时,虞洽卿正在北京,闻讯后于6月3日返回上海,立即以调停人的姿态频繁地同各国驻沪领事及工部局

---

① 冯筱才:《从买办到民族企业家——上海"闻人"虞洽卿》,宁波市政协文史资料委员会编:《宁波文史系列丛书第一辑》,中国文史出版社1998年版,第52页。

② 冯筱才:《从买办到民族企业家——上海"闻人"虞洽卿》,宁波市政协文史资料委员会编:《宁波文史系列丛书第一辑》,中国文史出版社1998年版,第53页。

③ 方腾:《海上画虎录之二:虞洽卿论(下)》,《杂志》1944年第12卷第4期,第62页。

总董接触，而各国领事与工部局也认可并接受虞洽卿的调停角色。当时，为了统一和加强对运动的领导，上海总工会在中国共产党领导下发动并联合了商界、学界组织了一个"上海工商学联合委员会"，但是上海总商会却拒绝加入这一组织。1925年6月7日，上海工商学联合会召开会议，拟定了十七条交涉条件（其中先决条件四条，正式条件十三条）。而在同一天，上海总商会召开临时会董会，单独商讨应对事件的办法，虞洽卿一再强调要贯彻"开脱日本，单独对英"的方针和宗旨，试图将事态缩小并降级，这与上海乃至全国民众的意愿产生了背离。上海总商会还成立了一个"五卅事件委员会"，并且绕开上海工商学联合会拟定公布的十七条，另行提出了十三项交涉条件，企图取代十七条，该十三条内容笼统含糊，对于优待工人、解除巡捕和商团之武装等很重要的条款很少提及，反而对于工部局投票权、撤销印刷附律、加征码头捐等不触动帝国主义特权的事项加以强调，这就使得原本是争取民族权利、维护国家主权的行动降格为维护资本家阶级利益的一场行动，这就遭到了上海各界的强烈反对。①

鉴于当时帝国主义国家之间关于调查"五卅"事件的问题上发生了冲突，各自撤回了公使，使得交涉一时陷入停顿。长时期的罢市，导致上海工商学内部也发生了分歧，工界和学界主张继续罢市，商界则普遍主张开市。后经上海总商会与上海49个工商团体反复磋商，议决于6月26日一律开市。② 此后，虞洽卿边将工作重点放在了领导抵制英日商品、提倡国货、筹款维持罢工等事宜上。五卅运动发展到8月份，中共中央改变了斗争策略，上海总工会在中共领导下开始着手复工问题。在复工谈判中，虞洽卿扮演了积极角色，使得总工会的复工计划得以一一实现。③

---

① 徐鼎新、钱小明：《上海总商会史（1902—1929）》，上海社会科学院出版社1991年版，第333—343页。
② 徐鼎新、钱小明：《上海总商会史（1902—1929）》，上海社会科学院出版社1991年版，第344—345页。
③ 冯筱才：《从买办到民族企业家——上海"闻人"虞洽卿》，宁波市政协文史资料委员会编：《宁波文史系列丛书第一辑》，中国文史出版社1998年版，第54页。

1926年7月，上海总商会进行换届选举，在虞洽卿的支持下，傅筱庵当选会长，虞洽卿正式从会长一职卸职。1927年3月，北伐军逼近上海，上海商界倾向国民党的人士发起组织了上海商业联合会，发表拥蒋反共宣言，首开商界迎合国内政局剧变需要而结成组织之先例，完全违背此前商会团体"在商言商"的一贯主张。在协助蒋介石为首的南京国民政府稳定局势、为其提供资金支持后，虞洽卿等人发现，原本指望国民党蒋介石政权能够带来发展民族工商业的黄金时代，但等来的却是内忧外患和苛捐杂税，上海民族资本家更是怨愤丛生，1927年11月，上海商业联合会宣布结束。①

十二　形象塑造与社会网络构筑

虞洽卿早年丧父，其母方太夫人，虽然文化程度不高，但沟通协调能力很强，据《虞君洽卿五十岁序》载，方太夫人"以好义著闻乡里，凡遇箕帚垢谇之事，士夫所不能排解者，得太夫人一言，咸涣然冰释"，被称赞为"女而有士行者也"。虞洽卿自幼与母亲相依为命，在母亲教导下逐渐长大，深受母亲为人处事风格的影响，也继承了母亲这种沟通协调的能力，他"尚气谊，重然诺，义之所在，赴之若渴"，他的这种性格也受到社会各界的认可和推崇，尤其是旅沪宁波团体要做义举善事时，"必首署君名，以昭征信"，虞洽卿也都是"翕然无异词"。②

虞洽卿在经办实业的过程中，其吃苦耐劳的精神给时人以深刻印象。当时社会上就广为流传虞洽卿耐劳苦的生动事例，如他在瑞康钱庄当学徒时，"勤勉任事，朝斯夕斯，因之得宠店主"，所以年终他所获酬劳费也较其他学徒为多。又如他在担任商界"日本考察团"赴日考察期

---

① 郭太风：《虞洽卿与上海商会变异（一九二四——一九三〇）》，金普森主编：《虞洽卿研究》，宁波出版社1997年版，第95—100页。
②《虞君洽卿五十岁序》，收入《虞洽卿先生旅沪五十年纪念特刊》，上海图书馆藏书，无页码。

间,"一行数人,内中亦惟以虞氏一人之精神最饱满,早起晏眠,于日间奔走考察劬劳之余,尚接见来访者,高谈阔论,而无倦容"①。久而久之,通过这些生动故事的流传,也在很大程度上形塑了虞洽卿吃苦耐劳的正面形象。

对于虞洽卿在调解纠纷、化解矛盾等事项中的突出表现,时人曾撰文进行过分析,认为虞洽卿能够有如此大的能力,简单概括就是八个字:"处事热诚,平易近人",认为他"不搭臭架子,不以地位自傲,不瞧不起贫苦,黄包车夫、汽车夫、水手、茶房、码头力夫、小瘪三,他都一视同仁,不分轩轾"②,这就是他深受各界信任和拥戴的重要原因。

那时候,关于虞洽卿的"奇闻逸事,在上海久已传播作美谈了",金息侯在虞洽卿七十寿辰时,曾写过一篇《虞洽卿寿言》,里面列数了关于虞洽卿的四大传闻故事:一曰赤脚财神,"意即白手成家者也",而虞洽卿也常自嘲说:"我赤脚来,当赤脚去耳!";二曰冲天大炮,是指虞洽卿仗义豪爽,"视众事若己事",尤其是在四明公所案、会审公堂案等事件中,他奔走号召,最终转危为安,被人称为"冲天大炮";三曰口能容拳,虞洽卿有异禀,其拳头可自入其口,这被人们视为"比如宰相腹内好撑船"的贵相,显示出其德量之大,而虞洽卿在办实业、争利权等方面经历复杂曲折,也证明了其度量非常人可比,他自己也常常自得:"口容拳,乌足异,会当吞五洲,合东西为一家耳!";四曰长生不老,虞洽卿年届八旬,却很少胡须,而且"精神矍铄,健过少年,终日酬酢,不见倦色",尤其是"遇开会演说,大声疾呼,听者耸动",被时人称为"老少年",而虞洽卿也"欣欣然不以为忤"③。这四点在当时人看来,就异于常人,并且被作为趣谈广为流传,也在很大程度上形塑了普罗大众心目中的虞洽卿形象。

1936年,当上海各界举行庆祝虞洽卿七十寿辰和旅沪五十五年纪念会时,他当众演说时即强调:"我今年虽然七十岁了,但我自己并不以为

---

① 小记者述,周修荃记:《虞洽卿氏之难能》,《通问月刊》1931年第7期,第17页。
② 圣清:《虞洽卿先生轶事》,《人生月志》1946年第1卷第2期,第22页。
③ 自在:《虞洽卿轶事》,《礼拜六》1946年第54期,第18—19页。

是老的，我仍旧有像青年人的心和精神，我希望十年后仍然和诸位聚会一堂！"①1941年，虞洽卿离开上海，在经过香港短暂停留期间，他接受了记者的采访。记者对其形象进行简单描述："他那高高的身材，穿着深色的袍子，外罩马褂，脸上气色的盛旺正表示她的强健与干练。"他被记者称为"上海实业界的开山老祖，又是社会的领袖人物"。在畅谈自己对于上海局势的看法时，虞洽卿直言上海的商人"很少甘于昧没良心与之（日本）勾结"，"一般人的信念依旧忠于国家"，他坚信"上海的民气足以自傲，虽然已在重重恶势力压迫之下，而工商界以及居民，对国家民族，仍有正确的认识"。正是有了这次比较正式的访谈，记者对于虞洽卿有了近距离的直观了解，所以他最后在报道中还专门谈了自己心目中虞洽卿的形象："他律己甚严，而待人接物，和蔼可亲。谦虚和善的态度，十足代表着一位忠厚长者。"因此在告别虞洽卿回去的路上，记者感觉到"留着一个社会伟人的印象在我眼前"②。

虞洽卿身居多种要职，而且这些要职都关涉上海社会各界的切身利益，因此他给时人留下的印象，既是商人，又是闻人，既是慈善家，又是地方势力的代表，还是社会活动家，如当时就有人撰文指出，虞洽卿"工部局董事的职务，乃为代表华人利益；宁波旅沪同乡会委员长职务，乃为浙江旅沪富商之代表；在他的领导下尚有银钱业、市商会等商业团体，且和外人亦有深切的关系"③，由此可见虞洽卿在时人眼中的多重社会角色和重要的社会地位，而这些又都成为虞洽卿事业发展的有力助剂。

而虞洽卿个人也始终以"一品百姓"自居，在清末民初的乱世之中，他始终艰难地坚持"在商言商"的传统习惯和独立人格，为了维护这种独立性，他巧妙地运用不同身份和社会网络周旋于各方势力之间，当他见朝廷官员时必穿西装，见洋人时则一身对襟大衫，见商贾同仁和帮会

---

① 刘涛天：《航业家虞洽卿先生传略》，《教育与职业》1937年第183期，第240页。
② 马无迹：《虞洽卿访问记》，《时报周刊》1941年第1卷第3期，第8页。
③ 瑜：《虞洽卿的成功史》，《上海旬刊》1940年第1卷第7期，第9页。

兄弟时，则西装、长衫或道台顶戴按需轮换，从容行走于各阶层之间，宛若一名上海的大侠。①

在现实社会中，虞洽卿有意识地广泛结交社会各界人士，左右逢源，随机应变，努力为自己实业的发展创造有利的环境。在政治上，虞洽卿与当时大多数当权者如袁世凯、段祺瑞、蒋介石等人都保持着良好的个人关系。在社会关系中，虞洽卿先后担任过上海总商会会长、淞沪商埠市政会办、纳税华人会主席和上海市轮船业同业公会主席等多项重要社会职务，这就使得虞洽卿可以充分利用不同的社会角色和社会资源，为其事业的发展和经济利益的获得添砖加瓦。在经济

不同时段身着不同服装的虞洽卿（上海市商会编：《虞洽卿先生旅沪五十年纪念特刊》，1931年印行，上海图书馆藏书）

上，虞洽卿不仅是四明银行的主要创办者和投资者，还与四明银行总经理孙衡甫保持密切的私人关系，同时还与香港汇丰银行大班史蒂芬也有长期的私谊关系，他自己还担任着上海荷兰银行的总经理，这些关系或身份，就为其解决资金问题提供了便利，在他事业遇到资金危机时，常常都是这几个机构为其贷款或者开具远期本票、延缓还债期限等，最终使其渡过了难关。甚至在地下秩序维护者的黑社会那里，虞洽卿都有着良好的关系。据说虞洽卿曾救过黄金荣，还经常与杜月笙共进晚餐，在黑社会横行、著名实业家经常遭到勒索甚至绑架的上海滩，虞洽卿却不

---

① 慈溪市政协教文卫体和文史资料委员会编：《纪实虞洽卿》，宁波出版社2014年版，第5页。

曾受到黑社会的任何威胁，而且在事业遇到危险时，杜月笙等人还曾及时地伸出援手，借贷款项给他以应急，正是与黄金荣、杜月笙等人保持着良好的私人关系，才为虞洽卿的各项事业发展创造了较好的环境。①

十三 回报家乡

虞洽卿对家乡有着独特的情怀，他虽然在上海商场中叱咤风云、名动全国，但是他始终没有忘记对家乡的关心和帮助，他不仅长期担任宁波旅沪同乡会会长一职，领导该组织竭力维护宁波人的权益，而且自己也以切实的行动来践行他对家乡的关怀，这种关怀体现在很多方面，是他对家乡建设倾注心血的具体表现。

山下小学（原龙山学堂）（宁波市政协文史委、政协慈溪市委员会编：《三北虞洽卿》，中国文史出版社2008年版）

虞洽卿年少时，因家贫无法正常上学读书，在后来经商过程中更觉文化之重要。1906年，虞洽卿独资在山下村创办一所完全小学，计分四个班，约160余名学生，取名"龙山学堂"。该校新校舍坐落于虞家老宅南首，入学儿童一律免费。为了让家贫学童安心学习，学校还每天赠送八个铜圆，一周领一次，盖印取钱，以此鼓励贫苦子弟入学。龙山学堂第一任校长是龙山村的陈佩清，是一名清末秀才，有一定才干。抗日战争前夕，虞洽卿女儿虞桂珍曾任校董，参与管理校务。该校发展到后来，师资硬件等各方面条件愈加完善，校内有十多位老师，且有二架大风琴，

---

① 肖阿五：《虞洽卿的企业家精神》，《档案与史学》2003年第6期，第61页。

还有动物、植物和矿物标本。学校还建有学生宿舍，供范市、邱王和掌起等远地学生住宿。在当时的三北地区，龙山小学是设备较好、师资较强的私立小学之一。1949年后，该校为人民政府所接收，改名为"山下小学"。①

虞洽卿经商多年，对于工商业生产和流通的各个环节都十分熟悉，他认为："商贾者，阜通货殖者也。顾货殖，农以出之，又恃工以成之，器不苦窳，则物价翔贵，而商贾得以逐什一之利。"他认识到中国工业发展水平严重滞后，只能通过出口农业原料赚取微薄的利润，而外国商人掌握先进的工业生产技术，将低价收购的原料在工厂中制成商品，再高价转卖给中国人，进而攫取丰厚利润。因此，虞洽卿便在宁波泗洲塘设立工业学校，下设"金铁、竹木、雕刻、彩绘诸门"②，还设立工厂，直接在他家乡培养这些工艺人才，并且就地生产日用品，以与外国产品相竞争。

虞洽卿非常关心故乡民众的生活，尤其是对于穷人的救助，可以说贯穿了其一生。1911年9月，宁波等地发生洪水，虞洽卿号召同仁募集5万元赈济款运往受灾各县，以纾困境。1915年8月，他又联合绍兴七邑旅沪同乡会成立浙江宁绍义赈事务所，专门募集赈灾款项。1921年，他还组织宁波水灾急赈会，向上海、北京、天津各界通报受灾情形，呼吁全国各界出资救灾。③如此种种，不胜枚举，都体现出虞洽卿对于家乡底层民众的一片关怀。

虞洽卿不仅关心家乡民众，还十分关心在外地的宁波籍乡亲的生活，尤其是当他们遇到大灾大难时，往往会倾全力相助。1928年，武汉遭遇空前水灾，张公堤决口，武汉三镇一片泽国，倾泻下来的江水与楼房相

---

① 戴余方：《虞洽卿在家乡办的公益事业》，《慈溪文史资料第三辑》，第8—9页。
②《虞君洽卿五十岁序》，收入《虞洽卿先生旅沪五十年纪念特刊》，上海图书馆藏书，无页码。
③ 冯筱才：《从买办到民族企业家——上海"闻人"虞洽卿》，宁波市政协文史资料委员会编：《宁波文史系列丛书第一辑》，中国文史出版社1998年版，第58页。

齐。这时候,虞洽卿专门派出数艘轮船赴武汉,将那里受灾的宁波籍乡民无偿运返故乡,而且还一路提供乡民的膳食和医疗照顾,类似的事情不止一次。乡民感念虞洽卿的恩德,甚至在他过世以后,仍然念念不忘。抗日战争结束后,因国民政府在组织大后方难民返乡问题上迟缓混乱,引得战时流落四川的宁波籍人士不满,当时就有老人说道:"抗战胜利已将一年,老百姓的复员,好像画饼充饥,一张黑市的活统票,要卖三十多万,我们没有钱的穷人,看来将老死在四川了。如果今日阿德哥还在,他决不会眼看着老乡们束手无策,不想办法!"①

虞洽卿深知龙山地处僻壤,医疗条件极其有限,因此还为故乡民众修建了医院。1938年,虞洽卿在龙山镇创办了一家惠乡诊所,该诊所设于兴昌隆街上,其开办费、房租费和医务人员的工资等均有虞洽卿承担。惠民诊所有两名医务人员,所长名邱惠民,当地病人前去就诊,都只是按成本计价付费,不收取其他费用。尤其是对于贫穷病人,更是减收甚至不收药费,极大地便利了当地民众就医需求。虞洽卿还计划以惠民诊所为基础,创办三北医院,但后来由于其病逝而未果。②

镇海、慈溪和余姚三地,物产丰饶,但旧时因碍于交通不便,物品转运率低下,虞洽卿为了回报家乡,决定对龙山地区进行系统有规模的开发建设。1913年,虞洽卿开始计划在观海卫北面附近海乡的产棉区中心郑家浦建造码头,后因海岸线太长、财力不足而放弃,最终经过测量勘察,决定在伏龙山麓的东南建造码头。当时的龙山在海与岸之间,有一二公里的淤涂,涨潮时浸没,退潮时露出。虞洽卿让人在距岸1.5华里的海上填海筑堤,两侧用水泥石块砌成矮墙,阻挡浪大时潮水的浸入。在石堤完成后,又在上面铺设铁轨,在堤上行驶小火车用以载客、运货。小火车车厢有4节和车头共5节,观海卫、鸣鹤场、范市等三北一带的旅客、货物,每天都由航船抵客运站购船票和付货运费后,由站员装上

---

① 圣清:《虞洽卿先生轶事》,《人生月志》1946年第1卷第2期,第23页。
② 宁波市政协文史委、政协慈溪市委员会编:《三北虞洽卿》,中国文史出版社2008年版,第162—163页。

小火车，车票则是免费的。①

同时，虞洽卿还购置了三艘小轮船，分别命名为"镇北号""慈北号"和"姚北号"，行驶于龙山至宁波、龙山至镇海大道头、龙山至定海和象山之间。因这些船只较小，易受风浪影响，虞洽卿又在该地设立了电话、电报等附属配套设施，使工作人员能及时地在当天上午公布在各航船的停靠处，方便了旅客。当然，对于一般民众来说的新鲜物件——电话，虞洽卿也规定，凡是山下村民可免费打电话，电报业务也向民众开放，其服务范围南起蟹浦镇，北至范市。电报局每天上午收到的电报，下午都由送报员按远近分送，按路程收费。虞洽卿还在电报局内附设了邮政代办业务，送报员兼邮递员，大大便利了龙山民众的通信。②

此外，虞洽卿还在龙山镇建造了小型火力发电厂，使当地用上了电力。为了很好地维护治安，还在当地成立了保卫团，相当于派出所的机构，还兼管消防，购置了一辆人力扛抬的救火机，遇到火警，团丁和村民协同灭火。

当时的山下村人口并不多，但虞洽卿给配备的这些设施，在一般县城也不多见。有了这些优良的条件，三北地区的经济有了较大发展，山下村的货物吞吐、人员流动都有了很大提升，民众的生活水平也有了显著的提高。经过一番改造，龙山地区"屹然为镇北巨镇"③，甚至被称为"小上海"。

十四　经商理念与思想

虞洽卿经营实业多年，他在丰富经验的基础上也对经商之道进行了

---

① 虞金迅、虞文德：《虞洽卿的桑梓情》，金普森主编：《虞洽卿研究》，宁波出版社1997年版，第275页。

② 虞金迅、虞文德：《虞洽卿的桑梓情》，金普森主编：《虞洽卿研究》，宁波出版社1997年版，第275—277页。

③ 《虞君洽卿五十岁序》，收入《虞洽卿先生旅沪五十年纪念特刊》，上海图书馆藏书，无页码。

思考和提炼，形成了自己实业经营的理念和风格。

虞洽卿有着强烈的事业心和勇于开拓、敢于冒险的创业精神。近代中国的很多富豪巨贾，都将资金用于购置田地产业，或者放债收息，真正投资兴办实业者并不多见。虞洽卿则不然，他将自己多年积累的资金，全部投入金融、航运、机器制造等实业领域，不仅放弃对外商企业的依附，还勇于担起与外商竞争、维护民族实业权益的重责，这是同时代的大多数商人不曾具有的勇于开拓、敢于冒险的精神品质。但是，虞洽卿的这种冒险精神，又不是不顾主客观条件的盲目冒险，而是有着独到眼光、深远谋略的审时度势，他非常注意市场信息的搜集，能根据商情变化及时做出正确的抉择。这从他购置虹口地产的商业操作中就可以窥见一二。虞洽卿看准上海城市的繁荣将从公共租界和法租界向苏州河以北的虹口地区扩张，便提前在那里购进大批房地产，几年后果然地价大涨，他再抛出地产，获得巨利。再比如，虞洽卿看准一战时各交战国纷纷召回外轮这一有利时机，创办三北轮船公司，购置大批轮船，扩充航运力量，在短时间内便获利颇丰，经营规模也一再扩充。① 从这些具体经营操作中可以看出，虞洽卿的创业与经营，是在勇于开拓、敢于冒险且灵活多变的创业精神的支撑下开展的，这也是他能够取得成功的内在因素。

虞洽卿十分注重经营方式的多元化发展。近代中国，国力衰弱，政治腐败，战争频仍，使得资本主义经济发展的基础异常脆弱，并不具备良好的经济发展社会条件。虞洽卿在创办实业的过程中，就充分认识到近代实业的各个行业之间的相互关联，为了保证自己经营事业的发展，不致因各种原因产生重大的损失，他认为必须采用多元化的经营方式。近代中国民族企业发展，遇到的最大的问题就是资金匮乏，掌握资金的金融机构成为支撑企业发展的重要力量，正如虞洽卿自己所言："银行的人是最势利，你有钱时，他们拼命巴结你，想方设法把你的钱存到他们那里，而你缺钱或没有钱时，他们或者极力提高利率，把你办工商业赚

---

① 陈绛：《虞洽卿的企业家精神和经营谋略》，金普森主编：《虞洽卿研究》，宁波出版社1997年版，第285—287页。

的一些钱都赚到他们的手里,或者干脆不借给钱。"基于此,虞洽卿才发起创办四明银行等金融机构,并以此为通道,与上海金融界保持着良好的合作关系,而这些机构也在他事业发展遇到危机和困境时,及时地提供资金支持,帮助他渡过一个又一个难关。类似的多元化经营的例子,还有他盘购肇成机器厂,将其改造为三北机器制造厂,使其与轮船航运业相辅相成,共同创收盈利。①

虞洽卿极其重视经商处世之方法,甚至曾专门撰文发表,系统阐述他理想中的经商处世之方法。他分析社会变迁和世道风貌,认为"自东西通商以来,事物之交接更繁,应付之方法尤难",在这种情况下如果不懂得处世方法去做事,往往会遭到其他人的揶揄甚至是讥讽,使自己陷入"退不能避世而独处,进不能条理于一是"的窘境之中。因此,需要认真学习并提升自己处世之方法与能力。具体而言,有四个方面:首先要有礼仪,要懂得"应对进退如何合法,动容周旋如何中节",只有做到对顾客"接待有方,不失礼貌",才能使自己的生意蒸蒸日上;其次是要培养自己的道德,对于商人而言,每天都面对各种欲望的诱惑,尤其要做到"克己"之功,只有克己才能将自己道德提升到"菜根不嫌其淡,布衣不嫌其粗"的境界,也才能真正做到不"侵食人利、攘款卷逃之事";再次是要大量谦让,对客户、对同行都要有容人之雅量,要有谦让之美德,只有这样,"为工为商,则所出之货物,日新而月异";最后是要对客人招待周到,商家欲出售其商品给顾客,就要对客人做到"招待周到,和气向人",不能"语言怠慢,盛气向人",店主要主动"揣摩顾主之心理,竭力以投其所好",不能"怠惰自甘,故步自封",只有以这种同理心去做生意,才可以收到良好的效果。最后,虞洽卿还以其考察东西方各国商业时,亲见亲闻的经历提醒中国商人,要学习外国商人"作事耐劳,自持谦恭,对待顾客,则彬彬有礼,毫无叫嚣傲慢之气"。②而且虞洽卿还

---

① 陶士和:《虞洽卿的经营理念与经营谋略》,收入宁波市政协文史委、政协慈溪市委员会编:《三北虞洽卿》,中国文史出版社2008年版,第221—222页。

② 虞洽卿:《商人处世之方法》,《商业杂志》1926年第1卷第1期,第1—2页。

曾自己总结过成功之道，认为"肯吃苦，肯吃亏，肯忍耐"①这三种品质，是他能够取得成功的法宝。可以说，虞洽卿将做人的为人处世方法与商人的经商处世之法进行了有机的融合，在做人中学习经商，在经商中学习做人，这也是他一生经营事业时一以贯之的理念。

虞洽卿根据多年营商经验，得出经济交流与互助是十分重要的观点，他对于当时各国间只求己国发展、抑制甚至排斥他国发展的措施嗤之以鼻。他认为自利之心是人的天性，但是"欲达此自利之目的，断不能离群孤立，以营经济生活"，只有做到相互间"相资相辅，然后乃能各得其利，而自利之目的，乃能达到"。由此推知，则各国"苟能各以其所长，互相扶济，则其共同之益，曷可胜言！"对于当时日、美、英等国通过不平等条约，甚至是出兵干预中国内政，阻挠中国经济发展的侵略行径，虞洽卿非常不满，指出中国虽然地大物博、人口众多、资源丰富、潜在市场非常巨大，但是如果各国一味压制和侵略中国，使中国"屡经饥馑政变而未有已，则地大而原料不能出口，人众而购买力等于零，他国自亦必受莫大之影响"。因此，他明确提出各国应该做到"取人之长，补己之短，彼此裨助，共图利益"②，以此来发展各国经济。虞洽卿主张经济交流与互助的经营思想，是对当时帝国主义列强对中国实施经济侵略与压制的一种不满与抵制，在民族未获得真正独立之前，这只能是一种美好的梦幻。

十五 战时活动

1937年7月，抗日战争全面爆发，11月12日，历经三个月残酷的淞沪会战，上海正式沦陷。日本碍于英、美、法等国关系，暂时没有占领租界，上海租界成为战时"孤岛"，虞洽卿便利用"孤岛"的特殊优

---

① 刘涛天：《航业家虞洽卿先生传略》，《教育与职业》1937年第183期，第241页。
② 虞洽卿：《对于国际经济竞争之感想》，《上海总商会月报》第5卷第12期，1925年，"述评"第1—2页。

势，开展系列活动。

首先是继续经营航运事业。抗日战争初期，虞洽卿经营的三北轮船公司的三万多吨位轮船被国民党征用，在江阴附近自沉以阻止日本军舰溯江而上，另外二万吨位船只停在宜昌附近，故在上海及沿海一带可供使用的船只并不多。为了避免日寇对三北公司船只的觊觎，虞洽卿通过与意大利人的关系，将三北轮船公司注册到意大利籍名下，改悬意大利国旗，还将战前向挪威购买的8艘船只运回，挂上挪威国旗。虞洽卿就利用这些船只从西贡、仰光等地订购大米，运到"孤岛"销售，赚取丰厚利润。当时上海租界处于四面被围的困难境地，物资缺乏，尤其是大米等基本生活物资更是奇缺，虞洽卿利用其船队从海外购进大量大米，在很大程度上缓解了"孤岛"居民的米荒问题。①

其次是维护民族尊严，誓死不当汉奸。1938年8月，日本海军特务部向虞洽卿发函，要求将三北公司与日本在青岛的东海轮船有限公司进行合作，加入由日方控制的船舶联合局，为"中日经济提携"效力。这一要求遭到虞洽卿的果断拒绝，在回函中他明确提出："盖在此中日不幸事件（存）续中，按环境事实，殊难共同经营海运事业，而况三北轮埠公司现在亦并无轮船可资利用。"当时的环境十分险峻，虞洽卿不顾个人安危，明确拒绝日寇提出的无理要求，显示了其维护民族尊严的气魄。后来，日方为了物色在上海具有威望与号召力的人充当汉奸市长，又派人多次找虞洽卿，要其出面担任这一伪职，再次被虞洽卿断然拒绝，日方才拉拢原上海总商会会长傅筱庵，结果傅于1940年被中统刺杀身亡，日方再次对虞洽卿进行威逼利诱，要其出面充任伪市长，汪伪特务头子吴世宝甚至扬言要暗杀虞洽卿，在这种险恶环境中，虞洽卿最终决定离开上海，前往重庆。②

---

① 董振平：《"孤岛"时期的虞洽卿》，金普森主编：《虞洽卿研究》，宁波出版社1997年版，第197—199页。
② 董振平：《"孤岛"时期的虞洽卿》，金普森主编：《虞洽卿研究》，宁波出版社1997年版，第199页、207页。

最后是开展慈善救济活动。上海沦陷后,大批难民无家可归,给租界带来了严重的社会问题。1938年10月9日,虞洽卿等人发起成立上海节约救难委员会,提出要实行节约,解衣推食,共同救济难民同胞。10月18日,又成立了上海难民救济协会,虞洽卿任协会理事长,该协会宗旨为:发挥民众力量,减少赈济委员会对于难民之忧虑与负担;节减赈款,俾得移救内地难民;使难民得安宁受教养,绝无纷扰。上海难民救济协会还成立劝募委员会,虞洽卿任劝募委员会总主任,在短时间内就募得近15万元善款,及时救助了众多难民。上海难民救济协会还在虞洽卿等人领导下,积极统筹难民之居住、衣服、给养、医药、教育及其他救济事宜,制定工作训练、职业介绍及其他善后事宜计划,这些对于稳定"孤岛"社会治安、收容救济难民、救护转移伤兵等都具有很大的实际意义,同时也是对内地抗日的有力支持。①

1941年3月,迫于日伪特务的威逼和恐吓,虞洽卿最终决定离开上海,前往重庆。临行前,他卖掉了南京西路沧州书场的10余亩土地和重华新村的全部地产,共120多万元。他就是带着这笔巨款,转道香港到重庆另辟一番事业的。②

1941年4月12日,虞洽卿由香港借道抵达重庆,他先是以"中央银行监事"身份到抗日大后方的四川、陕西等地考察,为新的实业活动寻找商机。因三北公司四分之三轮船在战时被毁,加之日军封锁了长江和沿海航线,航运业无法开展,故他又改变经营方针,按照王晓籁等人建议,出资20万元,创办三民运输公司,还亲自到仰光,定购了大批运输汽车,并采办了大批日用必需品、汽车材料及电料五金等战时急需物资,经过滇缅公路运返国境。为了保险起见,虞洽卿还不避艰险,亲自参与货物押运,"仆仆滇缅道上"。当时因处战时,在运输沿途设有很多稽查

---

① 董振平:《"孤岛"时期的虞洽卿》,金普森主编:《虞洽卿研究》,宁波出版社1997年版,199—202页。
② 宁波市政协文史委、政协慈溪市委员会编:《三北虞洽卿》,中国文史出版社2008年版,第97页。

机关，动辄留难扣押货物，为此虞洽卿曾多次谒见军统头目戴笠，获得军统支持。此后，"凡车首插有三北公司亚字旗号的汽车，他们就不敢故意同它为难了"。此时的虞洽卿虽然已年届八旬，但据在滇缅路上亲眼见他的人回忆："阿德哥同他的押运员和司机们，一同吃饭喝茶，精神矍铄，毫无倦容，要不是他的白发替他作证明，谁也不会相信他已是将近八十岁的高龄了。"①

除了陆路运输外，虞洽卿还将长江中上游原三北公司的船只整合后继续运转，其中4艘相对较大的江轮不能在川东一带行驶，他就让三北公司在重庆的总经理郑鲁斋筹资90万元，从蜀丰公司购入4艘上水轮船，专门航行于宜宾、万县等地，以此来维持三北公司大批内迁职工的生计。此外，因日军进攻缅甸，滇缅公路被切断后，经西安、甘肃、新疆到苏联境内的西北运输线成了沟通内外的主要交通动脉，虞洽卿为了考察该条路线，年逾古稀，仍风尘仆仆地奔走于沿途，进行考察，当时人都不胜感慨，称赞"此种事业精神，迨为后进所不及"。②

1945年4月26日，因长年奔波劳累，加之年老体衰，年近八旬的虞洽卿因急性淋巴腺炎病逝，享年79岁。虞洽卿去世后，国民政府发布命令，褒扬他"创兴实业，开发交通"的业绩，尤其是对于他"辛亥淞沪光复，劳军筹饷，弗避艰危，抗战军兴，间关西来，耆期爱国，曾不后人"的革命功绩和爱国品格给予了高度赞扬，并且将其生平事迹存备宣付国史馆，"用彰硕德而励来兹"③。

正如日本学者山上金男所言，近代中国买办出身的民族资本家，"一只脚溶化在产业资本之中，可是另一只脚依然联系着买办事业"④，这充分

---

① 圣清：《虞洽卿先生轶事》，《人生月志》1946年第1卷第2期，第24页。
② 洪卓民：《晚年虞洽卿》，金普森主编：《虞洽卿研究》，宁波出版社1997年版，第220—221页。
③ 《国民政府令》，《国民政府公报》，渝字第812号，1945年7月24日，第1页。
④ 山上金男：《浙江财阀论》，东京日本评论社一九三八年版，第四五页，转引自丁日初、杜恂诚：《虞洽卿简论》，《历史研究》1981年第3期，第151页。

显示出买办出身的民族资本家本身具有的两面性。但是，也正因为近代中国买办的特殊身份和多重角色，他们有比一般商人更为敏锐的商业嗅觉和更广泛的关系网络，在替洋人从事经济活动的同时，也为近代中国民族工商业的发展做出了贡献。学者郝延平就认为："买办是中国历史上免受官员勒索和榨取，而靠经商积累起大量财富的第一批商人"，他们成为"把财富和企业家的专长结合起来的一种新型的富人"①。买办是最早转型并成长起来的民族资产阶级的有生力量，他们利用积累起来的财富发展民族实业，进而与外商展开竞争，在客观上为民族工业的壮大和国家利益的挽回起到了积极作用。虞洽卿作为近代中国买办群体的代表性人物，他"在发展本民族资本主义与抵抗外国经济侵略的道路上"②，可谓是"一位奋斗者"，他一生创办的诸多实业大多与挽回利权相关，且在很多领域都是属于首创者，并均取得成功，其对中国实业发展的贡献应予肯定。

---

① 郝延平著，李荣昌、沈祖炜译：《19世纪的中国买办——东西间桥梁》，上海社会科学院出版社1988年版，第3页。
② 冯筱才：《从买办到民族企业家——上海"闻人"虞洽卿》，宁波市政协文史资料委员会编：《宁波文史系列丛书第一辑》，中国文史出版社1998年版，第69页。

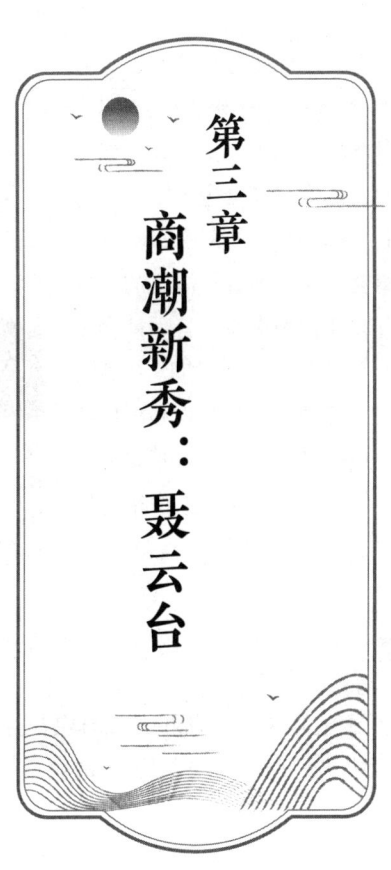

第三章
商潮新秀：聂云台

1920年8月25日，上海总商会进行领导人换届选举，聂云台当选新一届上海总商会会长，当时上海中西人士对此响应积极，并对新一届总商会领导人寄予厚望，认为总商会进入了"新时期"。① 事实也证明，在以聂云台为首的新派商人主持下，上海总商会一改之前暮气沉沉的"贵族商会"作风，厉行改革，积极参与各项社会事务，开启了上海总商会历史上的新时期。② 聂云台作为出身官宦世家，又颇具新知学识和现代商业理念的新派商人，在他身上同时兼具了多方面的特质和品格，是近代上海民族实业家中很有代表性的一位人物。

聂云台（《上海文献汇编》编委会编：《上海文献汇编·史地卷8》，天津古籍出版社2014年版）

一　湘南世家

据聂氏先祖聂焘于乾隆十二年所撰《荆林聂氏述谱源流序》载，聂氏远祖为周朝时卫大夫奭，因"食采于聂"，故以地为姓。聂云台家族为

---

① Chinese Chamber of Commerce-Meaning of Recent Elections-Entry of the Reformers-The New Programme, *The North-China Herald and Supreme Court & Consular Gazette*, Aug 21, 1920, pp. 506-507; C.C.Nieh Elected New Chairman of Chinese Chamber of Commerce, *The Shanghai Gazette*, Aug 26, 1920, p. 5; Chinese Chamber of Commerce- The New Chairman,*The North-China Herald and Supreme Court & Consular Gazette*, Aug 28,1920, p. 556;《总商会互选会长之西报期望》,《申报》1920年8月24日，第3张10版;《总商会选举正副会长纪》,《申报》1920年8月26日，第3张第10版。

② 徐鼎新、钱小明：《上海总商会史（1902—1929）》，上海社会科学院出版社1991年版，第253—288页。

荆林聂氏一支，最早追溯至南宋聂贵洪①。贵洪原居江西抚州，致政归田，由抚州卜居清江板桥，其孙聂觉兴在板桥之西"植紫荆为兆"，后来"荆茂成林，占曰吉"，觉兴之子聂元用遂迁居该处，是为荆林聂氏，以聂贵洪为始祖。②至康熙年间，聂氏十三世聂应禅由江右侨居湖南衡山，后人"就姻衡山，因于衡山家焉"，繁衍生息，进入"道义文学、科名仕宦之盛，愈久而弥昌"时期。③

聂氏家族定居湖南衡山后，自第十五世聂继模始，逐渐成为当地显家望族。聂继模幼时丧父，十七岁入药局，随曾祖父学医，后自开药局。适逢疫病流行，病患"呼号求救于门者无昼夜"，聂继模救人心切，"于贫民及禁犯，尤多施舍"，此善举引起地方官员的重视，县令葛黼煌遂聘他常居署中，诊治病患，对其充分信任。聂继模的善良与真诚，使得葛黼煌深受感动，即谓："翁存心救人，吾无以报翁，教汝子读书成名，即所以云报也！"④便开始教授聂继模儿子读书。雍正乙卯，继模次子聂先焘考中举人，乾隆丙辰进士登第，后被授予陕西镇安知县。聂先焘在任时励精图治，开垦荒田，修通商路，建造社仓，兴办义学，"有利必兴，无弊不革"，取得很好政绩，当地百姓"颂声载道，民口皆碑"。⑤聂先焘年老归家，在衡山"倚庐尽礼，栽培后进，宗理学以衡文，雍睦乡邻"，

---

① 聂贵洪，字心水，南宋景定三年进士，官至司马奏议大夫。
② 聂先焘：《荆林聂氏述谱源流序》，收入聂其杰等撰：《荆林聂氏续修衡山族谱·卷一》，1916年铅印本，上海图书馆古籍部藏，第3页。
③ 瞿鸿禨：《荆林聂氏衡山族谱序》、傅寿彤：《荆林聂氏衡山族谱序》，收入聂其杰等撰：《荆林聂氏续修衡山族谱·卷一》，1916年铅印本，第1—2页；《显考藻庭府君行述》，收入聂其杰等撰：《荆林聂氏续修衡山族谱·卷三》，1916年铅印本，第6页。
④ 《先考乐山大人行状》，收入聂其杰等撰：《荆林聂氏续修衡山族谱·卷三》，1916年铅印本，第1页。
⑤ 《聂环溪崇祀名宦祠录》，收入《荆林聂氏衡山族谱·卷七》，1883年刻印，上海图书馆古籍部藏，第10页。

为当地文教事业发展做出贡献,受地方百姓所称赞。①聂先焘过世后,其衡山家乡民众呈请朝廷准入"乡贤祠",而陕西镇安通邑绅衿亦呈文朝廷,认为他"莅官八载,一邑讴歌,去任百年,四民爱戴,是为循吏之无忝",请允准入"名宦祠"。②此时的聂氏家族,已步入书香世家之列,在当地影响力不断提升。

聂先焘有三子,聂云台高祖父聂肇奎,属三子中最小者。肇奎生于陕西镇安,自幼聪颖过人,"十三经诸书,一经指授,辄能领悟"。③乾隆壬子,肇奎乡试中举,后在湖南雯峰书院、洣江书院、广东端溪书院等处受聘讲学,乾隆戊辰年会试未中,"以大挑二等授教谕"。④聂肇奎虽未中进士,但是他"经术湛深,胶庠噪誉",⑤学养颇厚,对其七个儿子更是教导有方,先后有五子中举,另二子也获授优增生,可谓"一门之内七业俱成",在当时衡山名噪一时,成为真正的显宦家族。⑥聂云台曾祖父聂镇敏,为肇奎第四子,弱岁以弟子员补优增生,性慈孝,曾自祷减寿十年,以增其母寿,后历任南城、东城兵马司副指挥,"以疾终于官舍"。⑦镇敏生三子,行三聂有湳,榜名泰,更名尔康,号亦峰,以聂尔康名世。聂尔康为道光丙午科顺天乡试举人,咸丰癸丑会试进士,"殿试

---

① 《聂环溪公崇祀乡贤祠录》,收入《荆林聂氏衡山族谱·卷七》,1883年刻印,第5页。
② 《聂环溪崇祀名宦祠录》,收入《荆林聂氏衡山族谱·卷七》,1883年刻印,第11页。
③ 《显考藻庭君行述》,收入《荆林聂氏续修衡山族谱·卷三》,1916年铅印本,第6页。
④ 《显考藻庭君行述》,收入《荆林聂氏续修衡山族谱·卷三》,1916年铅印本,第9页。
⑤ 《藻庭公崇祀乡贤祠录》,收入《荆林聂氏衡山族谱·卷七》,1883年刻印,第16页。
⑥ 《显考藻庭府君行述》,收入《荆林聂氏续修衡山族谱·卷三》,1916年铅印本,第6—12页。
⑦ 《菊泉公小传》,收入《荆林聂氏衡山族谱·卷七》,1883年刻印,第18—19页。

三甲，朝考二等"，曾任翰林院庶吉士、国史馆纂修、武英殿协修等职，后以知县拣发广东，历任石城、新会、冈州、濂江、梅关知县，南雄直隶州知州，高州府知府等职。聂尔康之仕途功绩，也主要是在广东任职期间所为。其时粤西民众起义频仍，聂尔康"领兵会剿，克服浔州"，清廷授以道员身份。在地方政绩方面：他捐建储英馆，以地租百石为合邑士子乡试卷费，①为地方培养人才；禁止赌博娼妓，取缔迎神赛会，整饬社会风化；筹资修桥铺路，设局施种牛痘，开展社会公益建设。这些举措均为当地百姓所称道，②其中尤以持正办理新宁余李两姓械斗案与新会赵莫两姓争田案，③避免了更大规模死伤争斗，名噪一时，赢得名宦之声。后世甚且将其与曾国藩并论，认为二人"所致力之大小不同，而志事则一也"。④

正是聂尔康为官地方，政绩卓著，"所至有政声"，遂引起曾国藩之注意，并"夙相推重，约为婚姻"，以其幼女曾纪芬许配尔康之子聂缉椝。⑤聂缉椝，字仲芳，为尔康次子，同治四年捐升郎中，六年因在湖北

---

① 《焘公位下齿录》，收入《荆林聂氏衡山族谱·卷三》，1883年刻印，第45页。
② 瞿宣颖曾称聂尔康作宰粤东时，"煦煦然为其父老型仁讲义，化其争竞，时其疾苦，去其蟊贼，而安其呭晦，使一方得其保障"，"视民事如己事"，"循声卓著，为时名宦"，见瞿宣颖作《跋》，收入聂尔康撰，聂其杰辑：《聂亦峰先生为宰公牍》，1943年版，跋第1页。聂尔康在广东任县时，勤于政务，关注民生，颇有政绩，在民人与幕客效促下，将其为宰时公牍刊刻流布，计为《濂江公牍》《冈州公牍》《梅关公牍》三部，后由其子缉椝续增《冈州再牍》与《高凉公牍》两部，并将五部合刊为《聂亦峰先生为宰公牍》，内收多为"关于政教、伦常、学术、经济"之告谕和批文等，被视为"斯世之救急针砭迷津宝鉴"，民国时缉椝子云台又两次重刊。
③ 聂其杰辑：《崇德老人纪念册》（附：聂曾纪芬自订年谱），收入沈云龙主编：《近代中国史料丛刊》第22册，台北：文海出版社1966年版，第289—295页。
④ 瞿宣颖：《跋》，收入聂尔康撰，聂其杰辑：《聂亦峰先生为宰公牍》，1943年版，跋第1页。
⑤ 聂其杰等撰：《聂缉椝行述》，收入陈建华、王鹤鸣主编，王铁整理：《中国家谱资料选编·传记卷》，上海古籍出版社2013年版，第878页。

镇压捻军起义有功，经湖广总督李鸿章保举，由郎中报捐分部行走并加捐三品衔。①1882年起历任上海制造局会办及总办、苏松太道、浙江按察使、护理江苏巡抚、安徽巡抚、浙江巡抚等职，任内在洋务、外交等方面颇有作为。②聂缉椝青年时科考未中，"遂弃举业，究心政学，博观约取以蕲实用"，奠定扎实的经世基础，加之长期在江南制造总局办理洋务，接触西人与西学较多，熟谙律例、条约等内容，养成"凡外交以礼相接，有事则执理以争"的处事风格，"故凡纷赜莫不迎刃而解，外人亦重之"。③聂缉椝此种重视实务的思想对其教育子女的方式有深刻的影响。衡山聂氏家族到聂缉椝一代，名望兴隆，又因诗礼传家，每一代都有居官入仕之人，成为湖南有名的文化世家。④

二 教育经历

聂云台为聂缉椝与曾纪芬之第三子，生于光绪六年（1880年）九月初五日，取字其杰。次年聂缉椝随其姐夫陈展堂赴南京谋职，不久曾纪芬携子女亦顺江而下赴宁。时两江总督为左宗棠，因同为湘人，加之曾国藩之旧谊，左宗棠对聂缉椝颇为赏识，并于1882年委任其为上海制造局（江南制造总局）会办。⑤1883年聂缉椝迁家眷于上海，自此聂云台

---

① 秦国经主编：《清代官员履历档案全编》第5册，华东师范大学出版社1997年版，第62页。
② 陈三立：《诰授光禄大夫头品顶戴浙江巡抚聂公神道碑》，收入陈三立著，钱文忠标点：《散原精舍文集》，辽宁教育出版社1998年版，第216—218页。
③ 聂其杰等撰：《聂缉椝行述》，收入陈建华、王鹤鸣主编，王铁整理：《中国家谱资料选编·传记卷》，第878—880页。
④ 王勇、唐俐著：《湖南历代文化世家40家卷》，湖南人民出版社2010年版，第358—375页。
⑤ 据曾纪芬回忆，当时委任者众，左宗棠独留聂缉椝小坐，并对其曰："若辈皆为贫而仕，惟君可任大事！"，以为勉励之，见聂其杰辑：《崇德老人纪念册》（附：聂曾纪芬自订年谱），收入沈云龙主编：《近代中国史料丛刊》（转下页）

开始其在沪读书生活的少年时光。

近代以来,上海地区逐渐成为全国最大的棉纺织业中心和长江三角洲地区对外经济联系和商品流通的枢纽。① 自然经济的逐渐解体,商品经济的稳步扩大,加上西方近代科学技术的初步传入,使得上海的家庭教育出现了一些新的特点,主要集中在两个方面:开始重视商业教育与强调近代科技教育。② 这些新的因素,使得中国传统社会中以四书五经为基础的科举考试的读书路径与价值取向受到了很大的冲击,它"突破了传统家庭教育的藩篱,丰富了家庭教育的内容,为家庭教育的新生和多元化发展开辟了道路"。③ 更为重要的是,它为近代上海地区家庭教育的转型创造了思想条件。

19世纪60—90年代,被视为上海家庭教育内容近代转型的起步期,其中一个显著的特点,就是一些高层士大夫官员和部分开明进步的思想家,在与西方人士交往接触的过程中,目睹且体味了传统儒家文化在中西文化激烈碰撞之后出现的不可避免的衰败景象,逐渐意识到要实现"自强"与"求富"的国家目标,首先必须学习西方先进的科学技术,在这种观念的支配下,"上海的一些有识之士也逐渐在家庭教育中渗透了西学特别是西语、西艺等方面的教育内容"。④ 而开启近代上海外语教学序

(接上页)第22册,第322页;左宗棠在此时致上海制造局总办李兴锐函中,亦称聂缉椝"肯说直话","尚称驯谨",且"有志西学","故令其入局学习",以示培养,见沈云龙:《崇德老人及其自订年谱》,沈云龙:《现代政治人物述评》下卷,收入沈云龙主编:《近代中国史料丛刊》第20册,第45页。

① 丁日初主编:《上海近代经济史·第一卷(1843—1894年)》,上海人民出版社1994年版,第4—31页。
② 南钢:《上海家庭教育的近代转型研究》,华东师范大学博士学位论文,2004年,第15—18页。
③ 南钢:《上海家庭教育的近代转型研究》,华东师范大学博士学位论文,2004年,第18页。
④ 南钢:《上海家庭教育的近代转型研究》,华东师范大学博士学位论文,2004年,第90页。

幕的，正是来华传教士，① 傅兰雅即是其中一位。对于在上海译述和传播西方文明的傅兰雅② 来说，他很早就已经意识到语言在沟通中西文化中的重要作用，1886年时还曾就此问题召集一批著名的传教士撰文讨论，初步取得先"以中文向中国知识分子传授通俗的西方知识，从而引起他们的好奇和兴趣"，进而实现"中国有大批学会外语并能用我们的观念来表达思想的知识分子阶层"③ 的共识。

聂云台三岁时随母迁居沪上，至16岁因聂缉椝升任浙江按察使而举家迁杭止，其童少时光皆在上海度过，故他的个人教育也就具有鲜明的上海色彩。首先是学习英语及声光化电等西学知识。聂缉椝于1882年任上海制造局会办，1884年由曾国荃保荐升任总办，至1890年简授苏松太道，其在上海制造局办理洋务达八年之久，期间他与此时在制造局编译新书的傅兰雅相交好。聂傅两家因此之故，关系较紧密。据曾纪芬回忆，

---

① 当时的传教士认为，"基督教的传播，必须有良好的外在环境，而开办学堂、翻译西书、发行报刊，可以减轻社会上对教会的误解和敌意"，见顾卫民：《基督教与近代中国社会》，上海人民出版社1996年版，第221页。关于传教士与近代中国的外语教育关系的讨论，见赵鲁平：《解读上海外语教育：历史与文化语境的嬗变》，华东师范大学博士学位论文，2005年，第156—159页；王伦信：《外语教育：考察晚清上海对外开放的一个视角》，《安徽史学》2007年第5期，第58—62页。

② 傅兰雅（John Fryer）(1839—1928)，英国圣公会传教士、翻译家。1860年毕业于伦敦海伯雷师范学院。1861年抵香港，任圣保罗书院院长，1863年至北京任同文馆英文教习。1865转任上海英华学堂校长，兼中文《上海新报》主笔。1868年转任江南制造局翻译馆译员。1876年创办科普刊物《格致汇编》，同年创办格致书院。1877年起任"益智书会"干事，兼任《教务杂志》教育专栏主笔。1885年又创办格致书室（店）。1896年赴美任加利福尼亚大学东方语言文学教授，后卒于美国。在华主持和翻译著作约130部。在介绍西方科技、确定中国近代科技术语方面颇有成就。见卓新平主编：《基督教小辞典》（修订本），上海辞书出版社2008年版，第283页。

③ 《用中文传授西学》(1886年5月26日)，收入戴吉礼（Ferdinand Dagenais）主编：《傅兰雅档案》（第二卷），广西师范大学出版社2010年版，第360页。

"既而与傅兰雅君之夫人时相过从,傅君即为制造局编译新书者,其夫人娴雅笃厚,与余相得",同时她"感于外国语文与科学之重要,因命其昌其杰两儿逐日从傅夫人学英文",①试图通过傅兰雅夫人的教学,为年少之聂云台培养西学的功底。

其次,聂缉椝夫妇在对聂云台诸兄弟进行西学教育的同时,并没有完全放弃传统家庭教育中优秀的教育方法与内容。聂缉椝夫妇在传统家庭教育的方法中,尤其侧重以经世时务与勤俭朴素为教育重点。

主张"通晓时务,留心经济",注重通经致用之学,是近代湖南士风的一大特色。②聂缉椝在少年时,随其父旅居广东,"勤习举业,尤留意经世之学,好法家言",后科考不中,"遂弃举业,究心政学,博观约取以蕲实用"。在初见左宗棠时,也正是"文襄与谈时事,洞若观火",③才给以左宗棠深刻印象,遂举荐其入仕。聂缉椝在上海制造局任上"勤求利弊,以杜侵欺,躬率廉俭,砥砺工役",厂务大兴,"历八岁,悉弥前任事者亏耗,复赢十万金有奇"。④1890年聂缉椝简授苏松太道,曾多次为傅兰雅等创办的格致书院⑤撰拟课艺题目,其中多涉经世或洋务之学。聂云台不仅学习西学知识,亦曾参加格致书院特课考试,并获超等名次。⑥此外,聂云台还曾先后与张焕纶、赵元益、黄鄥等人共同担任过

---

① 聂其杰辑:《崇德老人纪念册》(附:聂曾纪芬自订年谱),收入沈云龙主编:《近代中国史料丛刊》第一编第22册,第326页。
② 徐亚萍:《曾国藩的经世思想及其实践》,台北:文津出版社2015年版,第128—129页。
③ 聂其杰等撰:《聂缉椝行述》,收入陈建华、王鹤鸣主编,王铁整理:《中国家谱资料选编·传记卷》,第878页。
④ 陈三立:《诰授光禄大夫头品顶戴浙江巡抚聂公神道碑》,收入陈三立著,钱文忠标点:《散原精舍文集》辽宁教育出版社1998年版,第216页。
⑤ 熊月之主编:《上海名人名事名物大观》,上海人民出版社2004年版,第618页;夏征农、陈至立主编,熊月之等编著:《大辞海·中国近现代史卷》,上海辞书出版社2013年版,第45页。
⑥《格致书院己亥夏季课案》,《申报》1900年12月12日,第3版。

格致书院的华董，①在负责书院各项事宜的同时，他对于格致新学方面的知识应该会有更深一层的体悟。

在依托西人教师与格致书院对聂云台进行新学濡染的同时，聂缉椝还为聂氏兄弟聘请诗文功底深厚且倾向维新的江瀚②担任他们的私人老师，对他们进行更为规范和有针对性的教育。江瀚也出生官宦家庭，不仅传统知识功底扎实，而且常年外出讲学或担任幕僚，广泛阅读新学报刊书籍，具有很强的改革维新思想。他对于西学的热衷与偏好，对聂云台亦具有潜移默化的影响。

首先，身为聂云台之师的江瀚并未以僵化刻板之八股文机械式训练聂云台。1898年6月11日，光绪皇帝颁布《明定国是》诏书，推行变法，其中一条便是改革科举考试，改试策论。6月27日夜，"仲芳方伯以停止八股改试策论上谕出示"，第二天清晨，"云台来，不胜欢欣鼓舞"。③与一般传统读书人不同，聂云台在聂缉椝与江瀚的重时务教育方针的培养下，对于时务与西学有着比较好的功底，科举改试策论，表明政府用人风向的转变，这对于年轻而又务实的聂云台而言，不啻是对他所习新

---

① 《格致书院》，吴馨等修，姚文枬等纂：《上海县续志》卷九，第17—18页，收入成文出版有限公司印行：《中国方志丛书》（华中地方第140号），台北：成文出版有限公司1970年版，第652—653页。

② 江瀚（1857—1935），字叔海，别号石翁、石翁山民，福建长汀人。1857年生于四川。1885年入四川、江苏布政使易佩绅幕，1893年任重庆东川书院山长，1896年赴重庆致用书院讲学，1897年受湖南巡抚陈宝箴之邀，主湖南湘水校经堂讲习，1898年应时任江苏布政使的聂缉椝之请，赴苏州入幕并兼任聂氏诸子私人教师，后离聂他往，1901年再次入聂缉椝幕。1904年赴日本考察教育，1905年任江苏高等学堂监督兼总教习，1906年任京师大学堂师范馆监督兼教务提调，1908年升学部参事官。1910年任京师大学堂京学分科教授兼女子师范学堂总理，并入选资政院议员。1912年任京师图书馆馆长。后相继任总统府顾问、国史馆编纂处长、故宫博物院维持会会长、京师大学代理校长等职。其通经史、能诗文，著有《论孟卮言》《诗经四家异文考补》《宗孔编》等。见柳森：《江瀚手札五通考释》，《文献》2015年第2期，第71—72页、第76页。

③ 江瀚著，郑园整理：《江瀚日记》，凤凰出版社2017年版，第97页。

学的肯定。其次,江瀚平时谈学或臧否时事的观念与态度,对聂云台在政局与仕途的认知方面亦有一定的影响。如1903年11月底,聂隽威从北京回杭州,江瀚偕聂云台一起拜访交流,聂隽威"述都门近状,上下酣嬉",江瀚遂"叹国无危,庸可得乎",①表达了对时局的失望与愤懑之情。江瀚在时局和国势前途的发展上抱持的悲观和愤懑,对于向其执弟子礼且具有新学思想的聂云台而言,多少会产生消极或悲观的影响,这或许是聂云台对官场仕途不感兴趣的渊薮之一,聂云台后来忆及其接手复泰时,即直言"因为无意仕进,和旧账的关系,不能不勉强任经理"。②前述二者中,重视时务与西学,为聂云台开阔视野与接受先进奠定了基础,不满时局与无意仕途,又使聂云台能够主动脱离家族的仕宦传统,在体制外寻求另一条成就事功的途径,是他从事实业经营的推动力量,这不仅构建了聂云台的知识结构和时局观念,而且深深地影响了其后来事业选择与发展。

在聂云台早年成长过程中,母亲曾纪芬③对其影响不容忽视,尤其是培养了其勤俭朴素、乐善好施的良好品性。曾纪芬"幼承庭训,知书习礼,不仅娴于闺训,且精女红,勤纺织,崇俭约,守朴素,终身以之,不以富贵而变其初衷"。④1885年,居沪伊始,曾纪芬便请人购买纺棉车,请当地人教授纺棉技术,进而于"每夜饭后纺一二两,共纺三四斤棉,搭于乡人织布者,成土布二三匹"。⑤1887年,曾纪泽夫人"自外

---

① 江瀚著,郑园整理:《江瀚日记》,凤凰出版社2017年版,第240页。
② 俞洽成:《聂云台先生访问记》,《长城》第1卷第17期,1934年,第328页。
③ 曾纪芬(1852—1942),湖南湘乡叶塘人。曾国藩季女。二十四岁与衡山名门之后聂缉椝结婚,相夫教子,侍奉翁姑,和睦亲邻,中规中矩。清宣统三年(1911),其夫去世,遂移居上海,自号"崇德老人"。曾纪芬幼承家学,工书、善诗文,书法笔正谨严。六十五岁后笃信基督教,九十一岁而终。见于王晓天、王国宇主编:《湖南古今人物辞典》,湖南人民出版社2013年版,第675页。
④ 啼红:《曾国藩幼女:书曾纪芬事》,《力报》1943年4月14日,第2版。
⑤ 聂其杰辑:《崇德老人纪念册》(附:聂曾纪芬自订年谱),收入沈云龙主编:《近代中国史料丛刊》第22册,第325页。

聂云台（后排左三）与家人合影

洋携归绒织衣裤线织衣边诸物，颇为当时所不易见"，曾纪芬遂"叩以制法，略得一二"，且"每于暇时，触类旁通，稍出新样"，还为聂缉椝"手制绒衣一袭"，其后不久又在傅兰雅夫人的指导下"悉传其法"，并将该法"传授湘沪多人学习"。① 足见她对于纺织之事的重视，这对于聂云台后来从事纺织实业且亲自赴车间研习改进机器设备，是有一定的熏陶与影响的。当然，曾纪芬也不仅将从事纺织之事作为单纯的个人爱好来看待，在聂云台接办恒丰纱厂且事业兴隆之时，"老人犹日事旧法纺织，直至八十余岁，孙曾满堂，依旧不废常课"，是因为她"初非欲借此增生产，乃借以习动，并示俭于幼辈也"，② 是想以此种行动作为后辈勤俭朴素的榜样与效范。

乐善好施是聂云台家族传承已久的良好品格。聂氏祖上聂继模本为

---

① 聂其杰辑：《崇德老人纪念册》（附：聂曾纪芬自订年谱），收入沈云龙主编：《近代中国史料丛刊》第 22 册，第 326 页。
② 啼红：《曾国藩幼女：书曾纪芬事》，《力报》1943 年 4 月 14 日，第 2 版。

乡医，适逢疫病流行，他"心切救人，于贫民及禁犯，尤多施舍"，①此后这一风气不断传衍。至聂尔康时，更因为官之责，他"每至一地，必捐廉俸兴办地方公益，如办牛痘局，设育婴堂，疏浚城河，修桥筑路，修文武庙"，②为地方公益出力不少。聂缉椝更是继承这一精神，"在皖则捐俸四千金入保节堂，以教机织"，"他如筹赈救荒，捐田赡族，凡里中宾兴、育婴…同仁医院之类，先后捐助数逾十万"，故称他"好善急公，为之若素行也"。③而曾纪芬生性"宅心慈和"，"尤好善不倦，每年自制灵验药品，随时施送，济人无算"，且十分用心，"药料均亲自选制，虽盛暑不辍"。④这些家风传统，对于聂云台的影响是很大的。聂云台在八岁之时，已在其家人安排下名列赈款捐助人行列，在其成年初期更是不断以捐助人身份见诸报端，⑤可见聂缉椝夫妻在培养聂云台乐善好施品性方面，是从小就开始践行的，这为聂云台成年后热衷公益慈善事业形塑了价值基础。

需要特别提及的是聂云台科学素养的形成和表现。聂云台接触西方科学知识比较早，且主要是靠他个人自学而来。前面说到，他在幼年时，即接受傅兰雅及其夫人的科学启蒙，后来随聂缉椝到浙江后，又继续在劳伦斯小姐（Miss M. Lawrence）及几位中国老师的指导下继续学习西学，

---

① 《先考乐山大人行状》，收入聂其杰等撰：《荆林聂氏续修衡山族谱·卷三》，1916年铅印本，第1页。

② 聂尔康撰，聂其杰辑：《聂亦峰先生为宰公牍》，1943年版，附录第3页。

③ 聂其杰等撰：《聂缉椝行述》，收入陈建华、王鹤鸣主编，王铁整理：《中国家谱资料选编·传记卷》，上海古籍出版社2013年版，第880页。

④ 《先妣公世系齿录》，收入聂其杰等撰：《荆林聂氏续修衡山族谱·卷二》，1916年铅印本，第43页。

⑤ 《上海四马路高易公馆内筹振所经收河南皖北三月廿九、三十日第四十八次振款清单》，《申报》1888年6月9日，第9版；《上海六马路仁济善堂筹振公所施子英经收各处水灾振捐十一月初一至三十日第八十七次清单》，《申报》1902年1月29日，第9版；《上海六马路仁济善堂经收统捐施棺给药等代收红十字会四月二十日至七月初十日清单》，《申报》1905年9月21日，第10版；《经收云南旱灾赈款第二、第三次清单》，《申报》1907年1月10日，第9版。

这些教育经历都为他打下了扎实的科学基础。后来他"还是在没有老师的情况下攻读了土木、电气和化学工程的课程",[①] 这是聂云台系统接触并学习西方科学知识的开始,并由此奠定了其科学素养的基础。他对于科学的态度亦是"人必有科学之知识,而后知万物构造之神奇",认为科学乃认识世界万物的基础。

1904年,由聂云台独自翻译的《无线电信及赫氏波浪》一书正式出版,在《申报》的推介广告中,高度赞赏该书的科学价值,认为"原书论理浅显,释器详明,为英文最佳之本课",对于译者聂云台更是称其"为电学专家,于无线电信法皆经实验"。聂云台不仅学习钻研科学理论知识,更是动手自造各种设备,真正做到将理论与实践相结合。在他的书房中,有自己制作的无线电、透物光及其他电气设备,在帮助老家衡山县创办新式学堂时,还专门从日本采购各类科学器械、标本和模型,以便家乡子弟能够学习并练习各类科学设备。可以说,聂云台科学知识的习获与科学素养的形成,乃至对于科学知识的践行,都是其新学知识体系的有机组成部分,这些西方科学知识为他后来经营实业提供了必要的知识与技术支撑,使他更容易关注且接受西方新式实业信息与技术、机械知识,进而增强了其所经营之企业的科学性和现代性,这成为聂云台创办的各类实业机构的一大特色。

聂云台出生湖南书香世家,但在其具有新式思想的父亲及老师的教导与影响下,并未陷入保守封闭的传统窠臼之中,而是学习了英语与声光化电等西学知识,具有扎实的西学功底和务实的进取精神,又在其母的言传身教下,培养了勤俭朴素与乐善好施的精神品格,这些都为聂云台以后从事实业且逐渐形成自己相对系统的实业思想奠定了基础。

三 游历欧美

聂云台共有两次出洋考察经历,分别是1915年4月作为中国游美实

[①] Who's Who in China, *Millard's Review of the Far East*, Oct 25, 1919, p. 326.

中国游美实业团在美考察时留影

业团副团长赴美考察实业,1920年4月赴欧美各国采购纺织机械并考察实业。这两次考察经历对他实业视野的开拓与实业思想的形成有重要影响,通过这两次出洋考察,他了解了欧美等国的商业发展情势,参观了欧美等国的实业工厂,沟通了欧美等国的商业组织,并对实业发展与社会变动的关系有了新的理解与认识,这些都促使他对中国实业发展有了更深的思考与洞见,进而形成较为清晰且完善的实业思想,成为他实业发展与实践的理论指引和内在动力。

辛亥革命后,随着中华民国共和政体的建立,中美两国政治制度开始趋同,美国对于袁世凯统治下的中国充满期望,为美国扩张在华利益提供了政治基础,中国实业团访美为美国传达政治主张、加强双方沟通与了解提供了机会。① 同时,中国得天独厚的自然资源和潜在的庞大市场,对于美国商界也具有很强的吸引力。加之日本提出的"二十一条",

---

① 贾中福:《1915年中国实业团访美述论》,《聊城大学学报》(社会科学版),2007年第4期,第35页。

严重威胁美国等欧美列强在华利益，袁世凯政府亦有意加强与欧美的经济联系，以此遏制日本在华的侵略扩张。在此种背景下，中国游美实业考察团便应时出现了。

早在1910年，美国实业团便曾到访中国，并邀请中国商界组团赴美考察，后因时局动荡，未能成行。1914年，在美国商人大来的一再邀请下，中国借参加巴拿马博览会之际，由中华全国商会联合会组织赴美实业考察团。经过一系列前期准备，在北京、天津、上海、汉口等大城市商会的积极配合下，中华游美实业团正式组成。全团共有十七人，其中团长为著名侨商张振勋，副团长为聂云台，名誉书记员为余日章，团员分别为：陈陞、陈廉伯、朱礼琦、黄炎培、梁焕彝、龚心铭、吴在章、施肇祥、孙观澜、俞燮、余觉、吴任之、王光与卞肇新，皆为各地兴办纺织、矿务、面粉及漆器等实业卓有成效者。[①]1915年4月9日，实业团一行人自上海乘太平洋公司满洲船赴美考察。

美方对于中国实业团此次考察之行十分重视。在实业团到美之前，做了大量准备工作。5月3日，实业团抵达美国旧金山，美国政商各界纷纷派出代表到场迎接。根据美方的行程安排，实业团前五天在旧金山参观博览会及其工厂、市景，自5月9日始，实业团由旧金山启程考察，"先由西美旧金山沿海南行，环其国境而东抵墨西哥湾，乃折而至中美，东行以达东美，复沿其国之北境西行，绕归旧金山"，[②]6月30日实业团返回旧金山，该团解散。整个考察行程中，实业团"每至一地，官商竭诚相待，樽酒酬酢，殆无虚日"，[③]受到高规格之接待。

事后据中方统计，整个实业团考察全程11 740英里，耗时52天，经过美国省份及特别区域28处，游历地点27处，宴会77次，茶会及谈话

---

① 《中华游美实业团团员履历单》，收入农商部著：《中华游美实业团报告》，商务印书馆1916年版，第3—4页。
② 《东西两大陆国民之握手》，《申报》1915年6月16日，第3版。
③ 《农商部佥事游美实业团团员吴在章详农商部报告游美情形文》，收入农商部著：《中华游美实业团报告》，第67页。

会 20 次，演说 131 次，参加音乐会及舞蹈会 2 次，观剧 2 次，参观运动会 1 次，参观立法、行政、司法、教育、农工商矿、军事及其他各项机关 108 处，①实业团考察的城市包括美国各主要城市，如旧金山、芝加哥、费城、纽约、波士顿、圣保罗、西雅图、波特兰等著名城市，考察领域主要包括工厂、学校、市政机构、码头、军事设施及各类俱乐部等，其中不乏世界著名机构，如美孚炼油厂、哈佛大学、圣路易市政厅、白宫、费城俱乐部等。②

尤其值得指出的是，实业团还在华盛顿进见了美国总统威尔逊与美国国务卿勃拉恩，受到了热情接待，威尔逊在欢迎词中表示："诸君来美考察，本大总统非常欢迎，非但形式的欢迎，实系诚意的欢迎；非但政府欢迎，实系全国国民同意欢迎；非但实业界欢迎，实各方面一致欢迎，深望诸君考察回国使贵国各种事业益见进步。"同时还表达了对于中国共和政体的赞赏，认为"共和政体实为文明进化最良之利器也"，期待这种政体能让中华民族"得良好之机会，以发展其无穷之能力"，③随后实业团一行拜谒了华盛顿总统墓并参观其故宅。

中华游美实业团赴美考察，不仅沟通了美国商界，有利于开展中美商贸合作，而且在考察的整个过程中，团内各实业家对于美国先进的现代化企业管理和生产模式有了切实的体认，对他们来说，这不啻一次视野与见闻的双重革命。聂云台作为中华游美实业团副团长，在此次考察中对美国的工商业概况有了一个较为直观的了解，使他对中国实业发展有了更多可资借鉴与思考之处。此外，聂云台在美考察期间，沿途遇到很多美国实业家，询问中美商业情况，并积极地进行了宣传动员，这使得他对于中美贸易的广阔市场与强力后劲有了清晰的认识，促使他开始

---

① 《中华游美实业团游程统计表》，收入农商部著：《中华游美实业团报告》，第 5 页。
② 《中华游美实业团游程日记》，收入农商部著：《中华游美实业团报告》，第 10—20 页。
③ 《游美实业团见大总统纪事》，《欧战实报》第 18 期，1915 年，第 11 页。

思考并推动中外贸易互通。这些都成为他后来开展实业建设的宝贵思想资源。

1920年4月,聂云台第二次出洋考察,只是这次他的身份和任务较前一次更为多元和重要。1919年6月,美国商会电函上海总商会,邀请中方派员参加于1920年5月在美召开的美国海外商业协会周年大会。经上海总商会讨论决定,派出以聂云台为首的中方代表赴美参会。同时,由于1919年五四运动后,各界抵制日货、倡用国货的热情高涨,聂云台借此时机募股创办中国最先进的大中华纱厂,纱厂所用机械设备都采购于英美等国,后因遭遇国外罢工风潮,影响了交货进度,聂云台专意赴美洽商督促购置机械设备事宜。此外,五四以后,华商纱厂联合会计划创办纺织技工学校,后在聂云台的建议下,组建棉铁工业学校,并授权聂云台在赴美考察时,"向英美纺织机制造厂捐募或半价购买各项机器,以备本会棉铁工业学校之用",①聂云台还担负为即将组建的棉铁工业学校购置教学设备之重任。

1920年4月18日,聂云台乘坐大来公司运货船启行赴美。聂云台此番赴欧美之行,经上海至美国,继而英国、瑞士、德国、比利时、法国,然后折返美国后经美回国,共游历欧美六国,此番欧美考察区域广阔、行业众多,对于聂云台充分且全面认识欧美各国实业发展与社会面貌有重要意义。

聂云台在美国受到美国各地商界的热情接待,他在很多场合也发表了演说,表达了对于加强中美商贸往来的期待,同时,他还积极向美国商界进行游说,发表演讲,为华商纱厂联合会创办的棉铁学校争取机械设备,希望美国商界能免费或降价给棉铁学校提供实习所用的机器设备。聂云台还在欧洲考察三个月时间,走访了很多工厂名胜,对于欧美各国实业不同的发展特色有了清晰的对比认识,进而为他在实业发展方面提供了可足借鉴之资。

此外,聂云台对于一战给欧洲各国造成的灾难也有了直观且深刻的

---

① 《会务纪载·议案》,《华商纱厂联合会季刊》第1卷第4期,1920年,第316页。

体悟，他在欧洲目睹了英法德等国战后市场萧条景象和人民困苦的生活，他进而将这一现象的根本归结为"竞私利有以致之"，他认为要避免此种困局，必须"当先扫除私欲"，这也是拯救中国的应行之道，这一认知成为他对人类社会发展的新的思考，也成为他后来思想转变的伏笔。

1920年12月5日，聂云台乘坐俄后号轮船由美返沪，结束其近八个月之久的欧美考察之行。此次欧美考察，对于聂云台的实业思想与实践甚至是社会发展观念都有着深刻的影响。

四　主持恒丰纱厂

聂云台参与纱厂管理时间较早，但其真正完全独立主持恒丰纱厂的经营事宜，则是在1908年由聂氏家族全资购买华新且改组为恒丰纺织新局之后，这家工厂成为聂家独资经营的私人企业，没有股东及董事会的牵绊与掣肘，为聂云台全面开展经营与革新提供了良好的环境。他将由华新继承改组而来的传统老厂恒丰纱厂，经过一系列的改造与升级，使它逐渐转变为一座体现出较多新元素与新内容又保留了诸多旧有痕迹的工厂，在近代中国棉纺织工业的现代化转型中，颇具代表性。

近代以来，欧洲工业革命即发端于棉纺织业，随着机械的不断更新、技术的日益精良，棉纺工业得到了长足的发展。鸦片战争以后，大量外棉织品涌入中国，尤其是甲午战争以后，外国在华棉纺企业数量猛增，对于中国本土棉纺织品和企业造成了严重的冲击。这时的中国棉纺企业，普遍面临着专业人才严重缺乏、机器窳败陈旧、厂屋建筑不善等诸多关涉根本的重要问题，严重影响了企业的发展和与外商企业的市场竞争。

聂云台接手的恒丰纱厂，其前身是1891年清政府创办的华新纺织新局，属于较早开办的官商合办企业。其最初集股45万两，共分4500股，官利为8厘，设纱锭1.2万枚，布机200台和轧花机80台，后来不断新添设备，扩充规模。1890年聂缉椝担任上海道台后，作为官方代表实际介入了该企业的筹办工作。华新纺织新局在最初开办的几年，生产效益较好，但随着外商在上海棉纺企业的不断开办，凭借技术和资金优势，对包括华新等华商企业造成了挤压，华新很快就陷入了经营困境。1894年，聂缉椝离任沪道，在向账房徐子静追索赃款时，获得华新纺织新局百分之十的股票，因当时华新经营不善，股票有价无市，聂缉椝不得已便将该部分股票收入名下，被迫成为华新纺织新局的股东。

1904年，曾任聂缉椝沪道账房的汤癸生出面，拟与聂缉椝组织公司合租正处于亏损状态的华新纺织新局，聂缉椝以居官不便自营婉言谢绝，汤癸生为了报恩，也为了寻找官方后台，便邀请年届二十四岁的聂云台出面担任经理，共同参与纱厂的经营管理。自此，聂云台正式走上了实业经营的道路。

恒丰纺织新局外景（图片来源：https://www.163.com/dy/article/FIG4RNCL05348TJL.html）

汤癸生和聂云台创办的公司名为复泰公司，其合租经营华新纺织新局后，正赶上日俄战争时期，加之中国各大城市掀起了轰轰烈烈的抵制美货运动，这就为他们的棉纺产品提供了很好的商机和市场，一年不到便盈利十万。正当汤癸生为进一步加强与聂家合作，扩大经营规模筹划时，他突然因病去世。汤家便将股票悉数售与聂家，复泰成为聂家独资经营的公司，聂云台在征得其父同意后，开始全面主持复泰公司的一切经营管理。早在汤癸生经营时，他便不断帮聂家购买华新纺织新局股票，加上后来汤家出售的股票，这个时候聂家所持股票总额，已达华新纺织新局三分之二左右，成为最大的股东。

聂家独资经营复泰公司后，由聂云台出任总理，聂管臣出任协理，另聘沈梅柏为经理、蔡晋臣为纱厂厂长、涂小宾为布厂厂长、张慎卿为总账房，并与华新纺织新局董事会签订为期五年的租办协议。1908年底，五年租期已满，华新纺织新局老股东如龚锦章（龚照瑗之子）、周金箴等人皆要求收回自办，"但当时华新的大股东是聂家，而复泰公司又是聂家独资经营的企业，聂家欲罢不能，而当时形势，也只有让聂家办下去，其他股东虽想接办，但没有实力，首先是一时无法偿还欠德和洋行的 8 万两这笔借款"，① 而作为华新大股东的聂家代表人聂云台，亦积极邀请董事会负责人周金箴商议解决办法，但周金箴股权不多，经济乏力，最终董事会决定将全部厂产拍卖。1909 年春，华新纺织新局正式进行拍卖，在三家竞标者中，聂家最终以 317 500 两得标。② 聂家以最高价得标后，首先便是将华新纺织新局更名为恒丰纺织新局，复泰公司旋即取消。恒丰纺织新局系由聂缉椝亲自命名，这也标志着该企业正式成为聂家独资经营的企业。

聂家独资收购并改组成立恒丰纺织新局后，聂云台出任总理，聂管臣任协理，聂云台利用他此前经营管理积累的经验，开始大力整顿革新厂务。

首先是动力的改造与提升。聂云台接手的恒丰纺织新局，其大部分机械设备都继承了早先华新纺织新局的机器，包括蒸汽锅炉等动力设施。由于锅炉的热度升降不易控制，导致引擎运转速度也快慢不一，在很大程度上影响了纺织产品的匀度，且锅炉耗煤甚多，也增加了生产成本。1912 年，上海公共租界工部局电气处推广使用电气动力，聂云台敏锐地把握住这一时机，与工部局签订了合同，租赁工部局电力马达、电缆和变压器等用电设施，由恒丰纱厂负责营建、安置变压器及各类开关站台，工部局以低于市场的价格向恒丰纱厂提供服务。据统计，从 1912 年至

---

① 中国科学院上海经济研究所、上海社会科学院经济研究所编：《恒丰纱厂的发生发展与改造》，上海人民出版社 1958 年版，第 11—14 页。
② 因聂家持有华新三分之二的股份，加上事前议定收买价款中尚须除去德和洋行借款八万两，故经过清理后聂家退还给股东的股款最多不超过四万两左右，且聂管臣也承认"这笔资金来源，都是经营复泰时期的历年盈余，并未因收买华新而处分其财产，也未曾对外借债"，可见聂家在收买华新时付出钱款并不算多，见中国科学院上海经济研究所、上海社会科学院经济研究所编：《恒丰纱厂的发生发展与改造》，上海人民出版社 1958 年版，第 15 页。

1922年，恒丰纱厂从工部局电气处租赁电力，由最初的544马力提升至1 450马力。

纱厂改用电气动力，"价既低廉，又不虞间断，对于厂家，实有甚大利益，因可免除原动机成本，并可减少工人"。① 电气动力在当时的上海各工厂企业中尚不多见，聂云台果断决定与工部局签订合同，是第一位将电气动力引入纱厂的生产过程，替换此前一直沿用的蒸汽锅炉引擎的纱厂负责人。如此不仅租费低廉，且能提高产品质量、节省生产成本，这显示出年轻的聂云台在经营实业方面超前且新颖的远见卓识。

其次是资本与设备的增加。一战时期，西方列强忙于战事，放松了对中国的经济侵略，中国民族工商业迎来了发展的黄金时期。中国的棉纺织业在此一时期也发展迅猛。聂云台接手恒丰纱厂后，最初是将精力放置于改进动力设备和完善技术管理等层面，企业的资本和机械设备的增加并不明显。1919年，恒丰纱厂迎来了史上盈利最多的一年，除股东分红一百万元外，还投入近二百万元扩建了一些厂房、仓库和宿舍。同时，聂云台将恒丰纱厂资本额增长为90万两，到1922年更是扩充到200万两，增长率达到70%，为纱厂的进一步发展准备了充足的资金。

恒丰纱厂旧有设备机械窳败落后，严重影响企业生产效率。直到1919年时，除此前因改用电气动力而淘汰旧有的五千多纱锭及附属设备外，恒丰的机械设备基本没有更新或扩充，仍保持在纱锭15 000枚、织机350台的旧有水平，且这些设备多年久失修、残缺不全，勉强使用，效率极低。从1919年开始，聂云台开始增加恒丰纱厂纱锭设备，初步增至18 144锭，布机增至450台。同年他还开始着手兴建恒丰第二纱厂及布厂，并于1920年先后开工，至此纱锭增至41 280锭，布机增至614台。到1925年止，恒丰全厂的纱锭总数为44 400锭，布机614台。② 此

---

① 沈嗣芳来稿：《纱厂原动力问题之商榷》（续），《恒丰周刊》第28期，1925年，第2页。

② 中国科学院上海经济研究所、上海社会科学院经济研究所编：《恒丰纱厂的发生发展与改造》，上海人民出版社1958年版，第23页。

时的恒丰纱厂较之从华新接手时,在设备方面增长率约为68%左右,这都是聂云台主持恒丰纱厂时所取得的成绩。

聂云台在主持更新恒丰纱厂机械设备时,采购的主要还是以英美等国外机器为主,如织布机上,有近三分之二为英国制造,同时还采购了美国和日本的部分设备,总之是以先进、高效为购办宗旨。此外,聂云台还很有经济头脑地将淘汰或更换下来的机械设备及时售出,以弥补开支。正是在聂云台的全力主持下,恒丰纱厂的机器更换频率不断提高,生产效率也愈加提升。由于聂云台对于恒丰纱厂新厂与旧厂机械设备的更新上侧重点有异,恒丰老厂多旧机,甚至有购于1889年者,而新厂则"全系近二三年新制焉",导致"该厂英美式机器俱备,且极新极旧均有",犹如一个棉纺织机器博物馆。故有人认为"欲知英美机器之优劣,各厂机械之特长者,不可不询之该厂;学纺织之欲觅厂实习者,更不可不求之该厂"。①而事实上,恒丰纱厂也确实承担起了纺织学生毕业实习的重要基地的作用,如1923年6月,中华职业学校师范染织科学生四十余人,除回籍办学者外,基本去恒丰纱厂"再行实习,以增多实地经验"。②

再次是技术与管理的改善。聂云台对于恒丰纱厂的技术与管理模式的改革,是一个循序渐进的过程。在他开始接手恒丰纱厂后,即"事事躬亲,经之营之"。③聂含章亦曾回忆,办厂初期,"真是百废待举,又没有懂技术的工程师来协助,苦闷之极",聂云台在无奈又紧迫的情势下,"乃下决心,投身入车间,努力研究技术,先从动力传动等入手,渐渐得到纺织之原理"。④通过在车间的实际操作与钻研,聂云台自学并掌握了纺织等相关的技术原理,为其对恒丰纱厂的技术革新提供了理论支撑。

---

① 尹明德:《上海恒丰纺织新局实习纪》,第35页。
②《中华职业学校举办毕业》,《申报》1923年6月29日,第14版。
③《中外新闻》,《时兆月报》第13卷第12期,1919年,第1页。
④ 中国科学院上海经济研究所、上海社会科学院经济研究所编:《恒丰纱厂的发生发展与改造》,上海人民出版社1958年版,第20页。

当时的国内纱厂纺纱，普遍采用将纱管从纱锭上取下后，直接上摇纱车摇成纱支，但这种生产技术使得"纱短易断"，又因"每部摇车只要有一纱管用完，即须停顿，影响全部工作"，聂云台对此专事研究并予以改革。他特意"持表站于摇纱车旁计算，平均每分钟停车时间竟达四十五秒，且摇纱车占面积庞大"，故他主张"先将纱管并成筒子再上摇纱车"，这样"不仅摇纱速度加快，效能增进，摇纱车面积可较小，即出纱品质、长度亦可均匀，光洁好看"。但当时其他纱厂由于生产惰性与缺乏对原理的认识，竟纷纷"认为这是多增加一道工程手续，都表示反对"，聂云台便在自己纱厂率先使用，到后来"并筒已成每一纱厂必备之手续了"。[1] 同时，关于机器的修理与保养等事宜，聂云台除责成纱厂技工认真负责外，他还发挥与上海洋人的私谊关系，"特约瑞和洋行装配零件，请光裕洋行（Vacuum Oil Co.）派技师来厂教练加油（润滑油）工作法。又聘请德商瑞记纱厂英籍工程师雷达蒙（Redmond）为工程顾问，随时来厂视察机器保养和指导修理工程"，[2] 通过这些方式，聂云台初步实现了对恒丰纱厂机械设备的装配及保养，并在此过程中让纱厂技工学习借鉴相关技术，在一定程度上缓解了技术与人才的缺位。

1915年聂云台赴美考察归来后，开始逐步深入地进行技术与管理革新。他先是通过与西人私谊，聘请英美技师到厂服务，但是效果不甚理想，此时在沪日厂的高效率引起了他的注意。一战时期，我国出国学习纺织学科者日渐增多，聂云台遂将目光转向了留日纺织人才。

1916年，聂云台致函留学日本在东京高等工业学校学习纺织科学的朱仙舫，欲聘请其担任恒丰纱厂工程师，朱仙舫因在日厂实习"所获不多"，故又实习一年后方归国就聘。朱仙舫到恒丰任职后，在聂云台的支持下开始进行技术与管理之革新。改革初期，恒丰纱厂中的诸多工头（俗称武场）以朱仙舫是留学归国人员而处处刁难，朱仙舫遂利用所学知

---

[1] 青波:《聂云台先生访问记》,《纺织周刊》第9卷第16期,1948年,第234页。
[2] 中国科学院上海经济研究所、上海社会科学院经济研究所编:《恒丰纱厂的发生发展与改造》,上海人民出版社1958年版,第20页。

识,"遇有质疑,辄自动手修理",均成效立现,他还改造使用"包钢丝针布一部,所出棉网亦佳",诸工头见其确有精湛技术,"始为慴服"。朱仙舫便乘机与工头们联络感情,并"将厘订各机保全运转工作方法,颁布施行,并时躬与其役以督导之",这样经过八个多月的实践磨合,恒丰纱厂"清、梳、并、粗、细各机,运转渐趋圆滑,工作效能稍高,产品亦随增进,引起斯业之重视",①聂云台聘请专业技术人员朱仙舫进行技术革新,不仅大大提高了生产效率与产品质量,还引起棉纺业同行的重视。

不久之后,聂云台又相继聘请了留日学生汪孚礼,南通纺织学校毕业生傅道坤、任尚武、廖泰松,以及在恒丰附设纺织学校卒业的黄炳奎、王惕予等人,在恒丰纱厂进行持续性的技术与管理改革。这些技术人才都是学有专长者,远胜此前的工头、总管之类的经验型人才,他们带来了更为先进、科学的纺织技术与管理方法,也更易对此时由聂云台大批购进的英美新式机械进行整装把控,专业人才搭配新式机械,相得益彰。

在纱厂管理方面,聂云台也做了很多改进。聂云台改变过去纱厂管理中简单的以总管、工头等包揽各项厂务的陋规,对纱厂管理层进行了明确定位与权限划分,使不同岗位职员各司其职、各负其责,"权责既一,纷纠自少",②从而提高了恒丰纱厂的管理效率。

聂云台将全厂组织分为五个部门:总务部、制造部、营业部、稽核部与存储部,各部设主任一人,干事若干人,直辖于总理与协理,此外另设司库一职,专司稽核款项,各部门权责清晰,贯穿企业从采购到生产再至销售的全过程,已经初具现代企业的组织模式。聂云台在恒丰纱厂采取的管理结构与工作方法,因其所招纳的纺织专业人才有日本留学经历,故这些举措亦带有浓厚的日本工作法之色彩,当时报道即指出恒丰纱厂"工作法多采取日本式,由职员直接指导监督,免工头包揽克扣

---

① 朱仙舫:《三十年来中国之纺织工程》,《纺织染工程》第9卷第8期,1947年,第8页。
② 朱仙舫:《三十年来中国之纺织工程》,《纺织染工程》第9卷第8期,1947年,第8页。

之弊，管理率取温和手段"。① 这些新式管理举措一改以往工头制带来的许多弊端，一定程度上解除了对工人的人身束缚与剥削，温和的管理手段，有利于缓和工人与厂方的关系，提高工人的生产积极性。

此外，聂云台还对于职工福利与精神生活等方面亦进行了有益的探索。他比较重视对于工人文体生活与情趣的培养，在改革纱厂管理方式的时候，也注意组织相关的文体活动，以提高工人的道德文化与兴趣情操。如1919年元宵节时，恒丰纱厂集合全厂男女工人一千六百多人，在该厂操场开同乐大会，"场设演台，左右设休息室，中设男女来宾席，东西普通席，场西隅设学生贩卖部"，恒丰纱厂工人凭券入场。聂云台登台发表主旨演讲，"略谓：此次敝厂集男女工人千数百人，举行同乐大会，其宗旨为提倡德育、体育，使一般工人有所感化，此种集会中，种种游戏、音乐，实于社会大有利益，并非他游戏场可比也"，他强调同乐会的目的在于提倡工人的德育与体育智识，使工人所有感化。大会还邀请青年会女子体育学校学生表演体操及跳舞，聂云台儿子聂光堃登台演奏西洋胡琴、钢琴等，此外还有魔术表演、武术表演等等，"娴熟异常，观者鼓掌雷动，盛极一时"。② 聂云台还组织成立了纱厂球队，并时常进行比赛，以增进职工友谊。他还从美国购置来大铁床，在职工宿舍装有热气管，为工人提供热水，还在厂中组织职员俱乐部，订约图书日报供职工学习阅读。聂云台对于工人福利待遇的重视和提升，在当时上海的诸多工厂中极为少见，这不仅体现出他用现代企业管理理念来经营企业的进步性，也在很大程度上激发了工人对于企业的认同感和劳动积极性，最终又以正面积极的劳动效率反哺于企业生产发展。

五 创办大中华纱厂

如果说聂云台经营恒丰纱厂是对传统旧有纱厂的现代化改造，那么

---

① 《恒丰纺织新局之现状》，《申报》1925年10月26日，"本埠增刊"第1版。
② 《恒丰纱厂之同乐会》，《申报》1919年2月16日，第9版。

他在五四运动后发起创办的大中华纱厂,就是他试图摆脱原有纱厂"设备陈旧、不易发挥"的桎梏,"立志创建一机器设备新颖、运用最新技术、科学管理的纱厂"①的真切实践,是他创办中国"模范纱厂"理念的最终落实。

1919年爆发的五四运动,使得中国各大城市掀起了轰轰烈烈的抵制日货运动,在作为百姓日常生活用品的纱布方面,因抵制日货、倡用国货的号召,国产纱布需求量猛增,"进一步促进了本已相当活跃的棉纺投资,并且为民族纺织资本家将经济利益与民族利益结合提供了机会"。②正是在这一特殊的时代背景下,聂云台开始着手实施其筹划已久的创办中国一流纱厂的设想。

1919年7月,聂云台在诸多商界同仁的支持下,发布招股简章,初步拟定股本九十万两,仅两月时间便已募足,遂于1919年10月12日,在上海总商会召集股东开创立会,股东三百多人参会。③创立会表决通过公司章程,并按照章程票选各董事、监察人,聂云台、聂其焜、盛炳纪等五人当选董事,俞希稷、金基应当选监察人,并组成董事会。10月14日,再开董事会,遵照章程推定聂云台为董事长兼任总理,并决议创立会委托董事会议决添锭、增股等问题。④这样就初步形成了大中华纺织股份有限公司的组织架构,并授予董事会增加设备、股份等较大权力,也就为随后一系列不断增股、加锭等事项奠定了基础。

---

① 青波:《聂云台先生访问记》,《纺织周刊》第9卷第16期,1948年,第234页。

② 森时彦著,袁广泉译:《中国近代棉纺织业史研究》,社会科学文献出版社2010年版,第193页。

③ "大中华"名称的拟定,最初是由黄首民起名为"中华纱厂",聂云台在前面加了一个"大"字,称为"大中华纱厂",并且从爱国主义的角度出发,反对将纱厂设在租界,要设立在中国地界,故后来选址在宝山蕰藻浜。见"棉纺史料小组第一次座谈会",上海工商联所藏档案,档案号:33-376。

④ 《大中华纺织有限公司呈请注册书》,《华商纱厂联合会季刊》1920年第2卷第1期,第262—263页。

从1919年7月开始募股，到1920年3月28日召开第一届股东年会，到1921年4月17日召开第二届股东年会，最后到1922年4月16日召开第三届股东年会，在不到三年的时间里，大中华纺织股份有限公司随着市场形势、机器购置、资金运转等因素的变动，接连增股、添锭、扩厂。其最初只计划募股九十万两白银，订购二万锭细纱机，厂基、厂屋亦是以节俭、省费为标准，但是因为首次募股过于顺利，这给董事会造成一种错觉，决定增股三十万两，后更是增股至三百万两。随着股额的增多，以及购置机械设备过程中出现的一些其他因素的影响，大中华纱厂订购的纱锭数量也猛增至四万五千锭。就这样，形成了"募股容易—增加设备—设备增加—再次增股"的循环模式，雪球越滚越大，这也为最后纱厂被迫转卖埋下了伏笔。

1920年7月1日，大中华纱厂在农商部正式注册。1921年初，纱厂厂房竣工。1921年11月，大中华纱厂将先期运到的设备装设完毕，并进行试车生产。大中华纱厂从募股、购置设备、选定厂基、建筑厂屋、安装机器到开工生产，整个过程用时不到两年半，进展不可谓不快，规模不可谓不大，设备不可谓不先进，成为名副其实的"模范纱厂"。

大中华纱厂最初选定的厂址在杨树浦张华浜，后来因为考虑到地价、交通及招工等因素，经过再三斟酌，改定为宝山县蕰藻浜，分两批购地八十亩，又将临近胡公瘠田四十亩租下，后来又扩充三十亩左右，共有一百五十亩基址。① 该处距离黄浦江码头和淞沪火车站都很近，水陆运输都极为便利。大中华纱厂聘请了曾设计恒丰第二纱厂的设计师鲁迪承负责制图事宜，同时，厂方还向英国纱厂征求"电机锅炉厂图"，希望以英方丰富且成熟的设计经验来指导建厂。②

大中华纱厂厂房规模宏大，宽为一百二十英尺，长七百英尺，几近

---

① 《大中华纺织股份有限公司第一届股东年会报告书》，《华商纱厂联合会季刊》1920年第1卷第3期，第218页。
② 《大中华纺织股份有限公司第一届股东年会报告书》，《华商纱厂联合会季刊》1920年第1卷第3期，第218页。

有半华里长，总占地面积有十二亩。厂房采用最新式建材和构筑方法，为两层钢筋水泥建筑，底脚全数打定木桩，四周用钢窗镶嵌铁丝玻璃，这样可使受光面积最大化。房门用铁皮包钉，以防止火患。厂内马达全部安置在距地九尺高度的平台上，即节省空间，又保证安全。厂房内外墙壁上均用水泥粉刷，屋顶则建设有气楼，长度与厂房相等，以使得空气流通，光线充足。整个厂房工程历时九个月，在打桩、筑脚、安置钢筋、铺填水门汀等关键环节，纱厂建筑师全程监督，最大可能保证建筑质量。此外，还建有占地五十方左右的两层楼房作为公事房，并设计有足容三百余人开会的大会堂。至于修机厂、什物栈、杂工间诸建筑，都为砖砌结构，三栋相连。中间为修机厂，左边为什物栈，右为杂工间，紧挨着公事房，这样可使得照料、稽查等项工作便易开展。同时，大中华纱厂还建造了二十二幢职员宿舍和六十六幢工人住宅，内设有厨房、晒台、浴室、厕所和饭厅等公共设施，以便家用，这在当时的上海诸多企业中尚属少见。

大中华纱厂采取自行供电模式，从国外订购发电设备，并且在厂区修建了发电厂。发电厂锅炉间底脚均为钢筋水泥，墙体则用砖砌，是考虑到以后增添电力扩充厂房时易于拆移。厂房高爽，光线充足，最大程度保证了发电厂房的干燥。与发电厂同时建筑的，还有打水间及自流井，深度俱在地平线以下二十英尺。打水间位于河边，特意修筑了泥坝用以隔绝河水，修筑过程异常艰辛，多次出现泥坝漏水或遇地底泉穴，几经困难始克告成。自流井为一钢筋水泥大圆筒，深二十英尺，直径十八英尺，水管入地深达三百英尺。①

在机械设备方面，大中华纱厂最初只计划采购细纱机二万锭，后来又增购二千锭，粗纱机一万二千锭，双线八千余锭，共计四万五千锭。考虑到当时中国纺织业多以二十支以下粗纱为主，无法与欧美企业的细纱相竞争，因此，在购置机器上，厂方认为"凡机器愈新，出货愈精愈

---

① 《大中华纺织公司》(转载说明书)，《华商纱厂联合会季刊》1922年第3卷第2期，第202—203页。

速,故能工费省而售价高",因此,订购的都是英国最新改良生产的纺机,后来又订购部分美国产的最新纺机,都是注意到这些新式机器的工作效率较传统纺机要高很多。①

大中华纱厂在动力建设上,采用自行供电模式,建立了发电厂。厂方从德国和英国采购了两架发电机,所发电力可供七万锭织机同时开工。发电厂的锅炉则是订购的英国拔卜考克自动加煤式,共四只,因所选锅炉为最新制品,"煤炭烧透,烟突无烟,而煤渣色白,故能用煤省而效率高",省时又省钱。此外,厂内"除防火装置、给热装置、通风装置外,并采用空气喷雾装置,调节湿度,借以增高产额",用科学方法控制湿度,保证原料及产品的品质,这在当时的上海都属先进。②

在组织架构上,大中华纺织公司在组织上力求名副其实,讲究简单实用,"以得办事上之便捷"为宗旨,引进西方科学管理方法,尽量构造

大中华纺织厂全图(《上海总商会月报》第2卷第5期,1922年)

---

① 《大中华纺织公司》(转载说明书),《华商纱厂联合会季刊》1922年第3卷第2期,第201页。
② 《大中华纺织厂开幕纪》(续),《申报》,1922年4月17日,第4张第15版;《大中华纱厂股东年会纪事》,《新闻报》,1921年4月18日,第3张第1版;《大中华纺织公司》(转载说明书),《华商纱厂联合会季刊》1922年第3卷第2期,第201页。

具有科层结构的专业化管理团队，纱厂设立总协理一职统管全局，总协理下面分设总理处、纺织、电机与建筑三科，每科都特聘素有经验的技师主持该科事务，"其所得成绩、所省工费有足多者"；而总理处又下设秘书、庶务、工账房、什物栈、花纱栈与煤栈，每一处都配备管理员，具体负责该处事务。总的来说，这些机构和人员的设置，是遵循纱厂生产程序与既有机器设备的实际情况而定，比较清晰地体现出现代工业企业治理中科层结构的职业化、专业化、技术化的特点，这样可以最大程度上保证人员职责清晰、分工明确，也较为合理地配置了有限的技术人员。

在人才培养与技术提升方面，大中华纱厂也有很多创举。大中华纱厂不仅聘用日本留学归来的纺织人才如朱仙舫、汪孚礼等人主持纺织事务，更是大量启用纺织学校毕业生担任基层管理和技术干部，在引进科学管理法和标准化作业方面做出了努力，使大中华棉纱成为名牌商标。①此外，在公司成立之初，还专门设有职员养成所，招收工业学校毕业生，授以纺织专门知识，并派在恒丰纱厂及上海各纱厂实地练习管理方法，然后量才任用，担任大中华纱厂的考工员或监工员。至于如装机、平车、揩车等职位，也多以工业学校毕业学生担任，务求各尽其长，发挥才能。聂云台甚至将这些专业人才视为纱厂的无形资产，"即本厂在事各重要职员，如尹任先、薛次莘、汪孚礼、刘锡祺诸君，均能洁己奉公，热心从事"，是大中华纱厂宝贵的财富。②

在引进人才的同时，大中华纱厂对于工作方法的学习也十分重视。针对当时纺纱业界对于日本纱厂工作方式的推崇，大中华纱厂专门聘任在日本学习纺织且在日厂实地工作过的人才担任纺织技师，工作方法也多采用日本制度，如梳棉之抄钢丝、粗纺精纺之接头、络纱双线之打结、摇纱之结头结绞，甚至连成包之装包、清扫保全等，也均采用日式工作

---

① 《中国近代纺织史》编辑委员会编：《中国近代纺织史》，中国纺织出版社1997年版，第391页。
② 《大中华纱厂股东会纪事》，《新闻报》，1922年4月17日，第4张第1版。

大中华纱厂职员医务楼
（图片来源：https://www.163.com/dy/article/FFBNCPDJ0534I0NW.html）

法。经过专业人才的管理与教授，纱厂工人已能较为娴熟地用日式工作法操作。

在工人文化建设方面，聂云台全力仿效欧美现代企业模式，在当时的华商企业中做出了很多创新。厂方认为"职员工人终日勤劳，不得不有康健之身体与活泼之精神"，因此在厂内组织职员俱乐部，分游艺、书报与运动三门。运动有足球、篮球、网球、手球、木马、铁杠与拳术等；书报则有阅书室，各种工商业杂志书册及各种报纸一应俱全；游艺则于每一星期开会一次，职员工人多聚会一堂，表演如活动影戏、幻灯影片等，"以启发工人之智识并引起生活之兴味，冀可勤于工作"。[1] 大中华纱厂对于职员体育活动的重视与提倡，受到社会的认可，亦成为职工增进友谊的桥梁。《申报》不时会有大中华纱厂职员参与各类球赛的报道，并且评论道："大中华纱厂素重体育，职员中学校出身者无论矣，即工人中亦多健者"，"吴淞大中华纱厂对于职员工人之娱乐，非常注意，各种运动，如足球、篮球等，靡不应有尽有"，"运动尤为讲求，其足球组

---

[1]《大中华纺织公司》（转载说明书），《华商纱厂联合会季刊》第3卷第2期，1922年，第204页。

常与外界竞赛"，体育运动已经不仅仅限于强身健体，而是职员与工人、职员与实习生，甚至是大中华纱厂工人与其他纱厂员工联络感情的重要途径。①

大中华纱厂在工人文化建设中比较注重爱国情操的培养。如1923年，日本借口"二十一条"强租旅大港，国内各界义愤填膺，纷纷发表抗议通电，大中华纱厂职工组织"大中华纱厂职工救国团"，通电全国，呼吁各界联合督促政府力争，同时欲"唤醒职工群起挽救"，表达了纱厂职工的爱国关怀与民族担当，这在当时的民族企业工人中间尚属鲜见。此外，大中华纱厂也非常重视对工人文化知识的灌输与增进。厂方不仅组建俱乐部，设立阅书室，还为工人兴建影戏场，不时开演，以求在娱乐的同时增进见识。厂方还在俱乐部内设有学术演讲会，敦请专家学者，轮流演讲，演讲内容多为纺织技术与方法，如朱仙舫演讲"今后纺织家之使命"，论述纱布机械之改良等，伴以该厂俱乐部丝竹会同人奏曲弹唱，寓学于乐，营造了一种较为浓厚的学习氛围。

1922年4月14日，大中华纱厂正式开幕。当日，厂方邀请上海社会各界人士莅厂参观，并向沪淞铁路局预先订备专车，以供嘉宾乘坐。开幕当日，各界前往参观者近万人，总理聂云台、协理尹任先、董事任筱珊、聂慎余等人，竭诚招待，并制定了参观路线。大中华纱厂内机械排列宽展，通路宽阔，不论是从纱厂内容来说，还是从电厂设备来说，都给参观者留下了深刻的印象，评价"其规模之宏大，建筑之坚实，在吾国各工业中，诚为首屈一指"。而大中华纱厂先进的工作方法，科学的管理制度更使参观者钦叹："纯用最新式组织，全厂所用职员，虽不过七八十人，而各科办事上，极便捷，盖工厂组织与工作能率，有密切之关系故也。"各界对大中华纱厂的未来报以高度的自信与期待，认为"其前途尤有无穷希望"。②甚至有人在参观后直言："我国工厂，能如大中华

---

① 《淞滨球讯》，《申报》，1922年2月21日，第4张第15版；《吴淞球讯》，《申报》，1922年6月20日，第4张第15版。

② 《大中华纺织厂开幕纪》，《申报》，1922年4月15日，第4张第13版。

纺织厂者,诚稀矣!"①

大中华纱厂的规模与设备,在当时来说皆为一流,故有"模范纱厂"之称。这家规模宏大的纱厂的创办,"固足以标志聂家经济的发达和聂云台的企业活动的高峰,同时也是标志着中国民族纺织资本发展的顶点",②它所采择的发展方针亦为其后很多中国纺织企业所效仿。正如英国人在1925年观察所得,"诚以华商在花纱之制造与营业,所得教训,日多一日。为厂主者,年来艰苦备尝,亦渐发愤改革,采用新制,装置新机,不适用之人才,从事裁汰",而且"纺织留学生亦多被雇用,故其结果,有数新厂,其成绩几能与日厂并驾齐驱矣"。③因此,这家工厂的创建与发展,表明了中国近代实业界在接受西方先进设备与学习西方科学管理制度上的自觉与努力,具有转型时代民族企业发展的必然性,对于聂家和民族纺织工业都有重大的历史意义。

六　植棉改良以固实业基础

近代中国的民族实业发展,主要集中在轻工业领域,且多是仿效欧美企业的发展路径在探索前进。在轻工业领域中发展最为明显的有两个行业:棉纺织业和面粉业。为了提升近代中国民族实业的市场竞争力,必须想方设法巩固这些显著行业的发展基础,聂云台作为以棉纺织业起家的实业家,在植棉改良以巩固实业基础上,做出了自己的探索和贡献。

1917年10月,聂云台联合郁屏翰、穆藕初、黄首民及尤惜阴等人,成立中华植棉改良社,公推郁屏翰为社长,穆藕初为书记,尤惜阴为会计,其后不久,聂云台又被推为副社长。该社名称蕴含"联络振兴内国

---

① 吴善稽:《吴淞大中华纺织工厂》,《经济汇报》第2卷第1期,1923年,第49页。

② 中国科学院上海经济研究所、上海社会科学院经济研究所编:《恒丰纱厂的发生发展与改造》,上海人民出版社1958年版,第24页。

③ 潞生:《中国之纺织业》,《恒丰周刊》第26期,1925年,第3页。

棉产之同志，交换知识，以求棉业改良之普及"的主旨，明确宣称该社宗旨为"不涉政治，专以研究棉产为范围，冀以天然之地利，施以人力之改良，庶将来东亚棉产成为商战健将，用兴实业而挽利权"，①刻意与政治保持距离，专以研究改良棉业、使中国成为东亚棉产商战健将为目的。中华植棉改良社成立后，聂云台即联合商界同仁，呈文农商部，强烈反对北京政府将农产品种植主权让与外人，同时他们还专门向美国订购美棉种籽，并登报向各农户出售，通过函询通信等方式，为植棉户主答疑解惑，还在浦东杨思桥附近开辟棉种试验场，将改良后的棉种分送各省试种。

1917年12月，聂云台与刘柏森、徐静仁、杨翰西、荣宗敬等人合组华商纱厂联合会，1918年3月，大会正式选举张謇任会长，聂云台任副会长并实际主持工作。华商纱厂联合会作为中国棉纺织业的专业性团体组织，它的成立表明以聂云台为代表的棉纺织企业家，已经清楚地意识到自己在现代化进程中的历史角色，他们开始运用国际资本主义的眼光，努力将活动重心置于提升企业的发展和竞争水平上。②华商纱厂联合会一经成立，即致力于一系列改善中国棉纺织业发展环境的事业，其中植棉改良便是其工作的重点之一。1919年1月，聂云台与穆藕初等人在华商纱厂联合会下成立植棉委员会，由穆藕初任委员长，聂云台、荣宗敬、刘柏森与徐静仁等人担任委员，聘请金陵大学农科毕业生叶元鼎为委员干事，制定进行方针，"对于国内已经产棉之区，专事改良棉种，不产棉之区，专事推广棉产"，③以此作为专门进行植棉改良事业的特设机构。1919年9月，聂云台邀请美国农业专家古克及植棉专家等人赴华考察，聂云台全程陪同，相继参观了上海、南通、天津、直隶、河南、山

---

① 《中华植棉改良社简章》，《东方杂志》第14卷第11期，1917年，第192页。
② 白吉尔著，张富强、许世芬译：《中国资产阶级的黄金时代（1911—1937）》，上海人民出版社1994年版，第146页。
③ 《植棉纪事》，《华商纱厂联合会季刊》第1卷第1期，1919年9月，第222—223页。

西和湖北等省份的植棉发展情况,并请外国专家为中国棉业改良提出切实可行的建议以便遵行。

1921年3月,华商纱厂联合会又与东南大学农科联合,将联合会每年划拨的两万元植棉津贴划归东南大学农科,由东南大学农科具体负责推广植棉、改良棉种事宜,每年收获之棉种,仍归联合会所有。在聂云台等人的支持下,东南大学农科在江浦设立植棉总场,在萧山、郑州、武昌、上海宝山等地设分场,开展棉种改良试种,并将东南大学农科毕业生及富有棉花育种学识经验者分送各场,让他们在实践操作中提升技能。

经过中华植棉改良社和华商纱厂联合会下设之植棉委员会以及后来东南大学农科等单位的不懈努力,在短短的几年时间里,植棉改良事宜取得不俗成绩,改良后的新棉韧力强劲,质量上乘,深受棉农喜爱。据记者在1926年东南大学农科江浦植棉场附近对棉农所做的调查,当时"改良种较本地棉多收上十斤,一亩每担籽花价值又高溢一元,每亩合计可多收五元至六元之谱",更有棉农现身说法,柯君"未种棉以前,山地十二亩种芝麻、黄豆等收入,不过五六十元,改种棉花后,本年能得二百元之收入,增加三倍有几",有棉农"昔耕居山麓,栽种山芋、黄豆等,地积四十余亩,每年收入仅足温饱,且负债近千元,乃将山地出售,偿清债务,去年租田一百亩,以二分之一种棉,获有八百元之净利"。①

以聂云台为首的实业家,为近代中国植棉改良事业做出了实际的成绩,为中国棉种改良探索了有益的途径,奠定了后来棉种改良事业进一步发展的基础。

七 自制机械设备

近代中国工业发展相对于欧美等国而言严重滞后,其中很重要的一个因素,便是中国工业发展中所用机械设备基本完全靠采购欧美等国设备。中国工业界无法自行设计制造机械设备,这成为近代中国工业发展

---

① 《东大农科推广棉作成绩之一斑》,《申报》1926年12月22日,第10版。

的一个痛点。

聂云台自幼即学习声光化电等新式科学知识，不仅翻译无线电方面的科学书籍，且曾动手组装并研究新式机械设备，使得他对于机器设备具有浓厚的兴趣。在成年后从事实业建设过程中，他很早就意识到无法自制机械设备和对于国外机械设备高度依赖性，对于中国工业发展来说是严重的阻碍。1920年，聂云台第二次出洋考察，在实地参观考察了欧美等国机械制造业后，对于自制机器有了更深的思考与体会，他认为："中国实业之整顿，固宜首先推广工厂，然若工厂之机器，仍须仰给于国外，亦属非计，根本上之解决，非自办一大机器厂不可。"①归国后即正式着手创办中国铁工厂。

1920年聂云台出洋考察归国后，便与上海工商界同仁共同发起募股，开始筹建中国铁工厂。由于聂云台当时在商界的影响力，加之自制纺织机器也符合纺织业界的现实需求，因此一时间各厂主纷纷响应，短时间内便将股款认足。1921年7月1日，聂云台等发起人召集创立大会，股东全体出席，一致通过公司章程草案，并推选出董事七人，以荣宗敬为董事长、聂云台为总经理，并在宝山县蕰藻浜大中华纱厂旁租定四十亩土地，开工建造厂房。1922年8月，中华铁工厂正式建成并开工生产。

中华铁工厂所选厂址是吴淞镇蕰藻浜，地接黄浦江，又与淞沪铁路蕰藻浜车站相连接，水陆交通，极为便利。厂房系平房，屋顶作锯齿式，全部用砖砌成，光线充足，空气流通，各厂房还安装了电灯，以便夜间工作。中国铁工厂工人组成与当时一般工厂不同，当时一般工厂为了节约成本，都会大量使用女工和童工，这样可以少付很多工资，但是中国铁工厂中"工人为男工约百五十人，童工甚少，无女工，总计在百六十人左右"，②这些工人"进厂时大都具有联环保证书"，③童工少、无女工成为中国铁工厂工人组成的一大特征。中国铁工厂组织部门共分两大部分，

---

① 《聂云台自美归来之谈话》，《新闻报》1920年12月7日，第3张第1版。
② 《参观中国铁工厂记》，《申报》1925年12月15日，本埠增刊第1版。
③ 《吴淞中国铁工厂罢工续闻》，《新闻报》1923年3月23日，第3张第1版。

职员办事部与工作部,工作部又下设机器间、锭子间、翻砂间、木工间、引擎间、杂工间、物料间、绘画间、打铁间等,每间设管工员一人,直接管理。①厂中组织"悉根据科学原理,并参考欧美及国内各大工厂情状而定者",在董事会与董事长下,设立经理、总工程师、营业部、会计与书记等负责人,各部门和职位者各负其责,共同承担起工厂正常运转的职责。

  在技术人员和机械设备方面,中国铁工厂也最为先进。早在1920年4月,聂云台赴欧美采购纺织机械并考察机器制造情况时,便携带几名技术人员同行,并安排他们在美国纺织机械制造厂中实习。后来这些技术人员学成归国后,都成为中国铁工厂的技术骨干。而厂中所用的各类机械设备,也大都是英德美等国生产制造,是当时世界上最为先进者,如机器间有普通车床十九具,"德制美制居多",六角车床三具,"悉德制",牙子铣床二具,一系德制,一系美国布朗夏普公司(Brown and Sharp Co.)所制,铣床三具,"美制德制",锭子间有六角车床十三具,皆德国柏林舒特(Schutte)厂所造,铣床四具,"德制二,美制二"。②

  正是因为中国铁工厂在生产工艺上采用了最新的先进技术,且力求创新与突破,因此其生产制造的纺织机械质量优良,受到了市场的欢迎和认可。在大中华纱厂开幕时,尚未正式开工生产的中国铁工厂将其试制的纺纱锭子用于试验,其运转之稳定,与舶来品无异,当时在场的慎昌洋行纺织技师马尔丁赞誉不绝,认为该纱锭"锭脚较英制为长,故切面多不易磨损,中心能长久保持,制造优良颇堪称许"。③中国铁工厂最初设计绘制的制模刀具是以英美锭子为标准,以求各厂皆能适用,然后来发现各厂皆有特式,又不愿迁就另购一样,多根据各自纱厂的锭子模式要求先制数枚试用,故中国铁工厂便花费时日,特制刀具图模,以便

---

① 《参观中国铁工厂记》,《申报》1925年12月15日,本埠增刊第1版。
② 聂光墀:《中国铁工厂实习记》,《南洋周刊》第11卷第1期,1927年,第38—40页。
③ 《中国铁工厂之纱锭成绩》,《申报》1922年5月6日,第4张第15版。

为不同的纱厂提供相应的纱锭,后来更是增加六角车床数架,磨床两座,每日约产一百枚纱锭,"另出油管二百支,锭盘若干"。[①] 至1923年初,中国铁工厂已可仿造"纺纱用英美各式锭子、布机、纱棍、牙轮一切配件,以及其他纱厂用各种机件、织绸厂用各式机件,各种翻砂用料"[②]等产品,这些产品不仅质量有保障,且定价从廉,制造迅速,一经销售使用,很快便受到市场的认可,"历经津沪汉锡各大纱厂先后购用,无不来函奖赞,交相推誉,足证出品之精与欧美同一运用"。[③]

中国铁工厂"是中国第一家自制纺织机器的工厂"[④],其规模之宏大、设备之先进,在当时被认为是"应时势需要,由各纱厂集款创办,工作完善,出品精良","不能不叹为我国仅有"[⑤]之机械工厂。直到1930年,在上海大小六七百家机器工厂中,中国铁工厂在资本与规模方面始终稳居首位,[⑥]因此它的产生是近代中国实业家追求机械自制、设备自主的一次伟大尝试。

值得一提的是,1921年底,聂云台与留美归国工程师数人,联合上海及厦门、广州等各埠实业家,如叶沅坪、林尔嘉等人,在上海发起成立益中机器公司,试图通过自制电气设备为中国工业界提供动力基础,改善并提升国民生活。益中公司聘用学识与经验丰富的工程师,用时一年时间,于1924年,研制成功感应马达,设计规格335/220伏,30周,

---

① 《中国铁工厂近讯》,《华商纱厂联合会季刊》第4卷第1期,1923年,第74页。
② 《恭贺新禧中国铁工厂同仁敬祝》,《申报》1923年1月1日,第2版。
③ 《中国铁工厂精造纺织机器》,《申报》1923年3月10日,第1版。
④ 中国科学院上海经济研究所、上海社会科学院经济研究所编:《恒丰纱厂的发生发展与改造》,上海人民出版社1958年版,第25页。
⑤ 《中国铁工厂近讯》,《华商纱厂联合会季刊》第4卷第1期,1923年,第75页。
⑥ 据1930年的调查报告显示,当时上海六七百家机器工厂,小厂居多数,占据十分之七以上,资本多者万元,少者仅数百元,普遍为一二千元,规模狭小,设备简单,中国铁工厂是能够实现全部制造机械的少数工厂之一。见《上海之机器工业调查》,上海社科院图书馆藏,卷号:04-052,缩微与盘号:01-0131:09。

每分钟1 430转,使用时"效率高,马力足,启动功率甚感满意",[1]益中机器公司由此成为中国民族工业制造马达的第一家,其在民族工业史上具有特殊的历史地位。

八 设立银行

近代中国实业发展中,财政金融因素对于一个企业的发展往往具有决定性的影响,资本缺乏是很多企业发展受限甚至最终破产的主要原因。聂云台在从事实业创践的过程中,对此种缺陷与弊端体会深刻,因此他决定联合实业界人士,共同创办实业银行以解决这一问题。

1919年10月,聂云台联合穆藕初、荣宗敬与徐静仁等棉纺织界人士,发起成立中华劝工银行。该银行拟集股本为一百万元,计分五万股,每股银圆二十元。在该银行所发布的《中华劝工银行有限公司章程》中明确规定,其创立宗旨为"专以辅助工业之发达或改良为目的",其经营范围涵括储蓄、借贷、代理厂家产品买卖、发行实业公司股票债券、代行查账等实业范围。1921年11月28日,经过近两年的紧张筹备,中华劝工银行正式开幕,成为辅助中国民族实业发展的有力的金融机构。

在参与筹备中华劝工银行的同时,聂云台还发起成立中国棉业银行。1921年2月,聂云台鉴于上海为棉花集中销行之地,但却无金融机关,严重阻碍了棉业发展,由此产生成立中国棉业银行的想法。中国棉业银行额定资本国币一百万元,共分两万股,每股五十元,并在报端刊登筹备启事,开始招股。1921年5月29日,中国棉业银行筹备会在上海总商会内开创立大会,并推选了董事和监事组成董事会。在收足额定资本之一半即五十万元股本后,中国棉业银行于1921年9月4日正式开幕,许多金融业人士纷纷到场祝贺,据说当时仅存款一项,即高达五百万元,钱行拆出银两也达四百余万,外界对此抱以很高期待。

---

[1] 周琦:《感应马达之制造》,《工程》第1卷第1号,1925年,第6页。

聂云台联合实业界人士，积极参与创办劝工银行与棉业银行，是在当时国势衰弱、政局动荡环境下的无奈之举，更是他们振兴民族实业、追求资本独立的一种不懈努力，体现出聂云台实业思想中脱离传统短视利益观的那种高远见识与战略眼光。

九　开展对外交流，拓展中外贸易

一战时期，欧洲大国无暇东顾，为中美两国加强经贸交流提供了契机。据统计，一战时期，中美贸易总额增速明显，由1914年81 444 710两增至1919年的211 355 383两，在中国与外国贸易总额中占比亦由8%增至16%左右，"实为中美贸易史从来所未有"。[①]当时的上海与天津等港口城市被视为"废弃旧法，而采用新法"之"中心地点"，尤其是纺织机械、建筑所用器械及农具、汽车等商品，更是大批进口者，这就为聂云台欲开展的中美商贸交流与合作提供了广阔的市场需求。

1919年，聂云台联合美国商界，发起组织中美商业公司，用以沟通联络两国经济事宜。该公司规定资本英洋五万元，收足两万六千三百元，聂云台就入股五千元，占比五分之一。聂云台担任总董，郭唯一担任副总董，并且聘任美国人容克担任经理，具体经营范围包括进口五金、纸张、机器等商品，出口桐油、豆油、茶丝、牛羊皮等中国土货。因为此前中美没有专门经营两国商贸的跨国公司，因此当时著名的商人如朱子桥、温钦甫、黄伯平等人皆投资入股，加入其中。后来随着公司业务的逐渐拓展，中美商业公司又逐渐经营起船牌纸张、五彩油墨、面粉机械、大小军械、电机锅炉等，甚至连匹头颜料、漆油、玻璃、化学用品等也在其经营范围内。经过一年多的发展，中美商业公司又在汉口设立代理处，聘定协兴公司办理，"凡扬子江上游各埠客商，欲向本公司订购货物者，请与协兴公司接洽便妥"。同时在国外设立分行或代理处，如"分行

[①]《近十年中之中美商业》，《农商公报》第7卷第8期，1921年，"选载门·近闻"第33—34页。

设美国纽约、芝加角、旧金山、西爱道,代理设菲律宾、瑞典、伦敦"[1]等处,初步具有了国际商贸网络的雏形,当时的报刊即称中美商业公司"专营出口事业,为华人直接海外贸易之巨擘"。[2]

1921年,聂云台还联合王正廷等人,抓住中国进口颜料供货商改变的大好时机,筹设中华邦达颜料公司,希望通过中美合办的方式,在知识与技术方面向美国学习,进而为中国独立自主发展颜料业奠定基础。该颜料公司额定股本一百万元,分为一万股,每股中国国币一百元,拟先收四十万元,由中美两国资本家各缴足二十万元,当即着手开业,这是聂云台与美国商界进行合作的又一实业活动。

在当时的历史条件下,聂云台能够颇有远见地突破洋行买办的束缚,创办对外贸易公司,积极开展对外商贸交流,在当时起了开风气之先的作用,这也是他实业生涯中值得肯定和赞扬的一个方面。

十 执掌商会,锐意革新

1919年五四运动时期,上海总商会会长朱葆三因致电北京政府,提出中日青岛问题由中日双方派员直接交涉,而受到舆论一致谴责批评,这就是导致上海总商会改组转变的"佳电风波"。1920年8月,上海总商会举行第三届选举大会,通过选举,不仅正副会长朱葆三、沈联芳双双下台,且在当选

上海总商会大楼(《上海总商会月报》第2卷第7期,1922年)

---

[1]《中美商业公司启事》,《申报》1920年1月27日,第1版。
[2]《中美商业公司》,《北京实业周刊》第22期,1920年,第5页。

的35名会董中,前届会董仅两人入选,其他33名会董皆为新人,聂云台被推选为上海总商会新一任会长,这标志着上海总商会新的历史时期的来临。聂云台就任上海总商会会长后,在他的主持下,上海总商会进行了一系列大刀阔斧的革新举措。

首先是成立专门委员会。针对上海总商会此前机构不健全、办事效率低下的特点,聂云台力主对此进行改革,他以分科办事为组织原则,主持审定了委员会组织大纲,在总商会下设八个委员会:财政委员会、陈列所委员会、图书室委员会、出版部委员会、交际委员会、公证委员会、调查委员会与华商道契委员会。各委员会由会长推选委员,参与事务管理,这些委员都是有专业知识背景,或者在某一领域有突出成就者,他们以特有的规范性和专业性,更好地服务商界同仁,得到社会的普遍认可。

其次是开设商品陈列所。早在1902年上海总商会的前身上海商业会议公所创立时,便有筹设商品陈列所之议,但却因种种原因并未有任何实质性活动。1915年以后,上海总商会才在商品陈列所章程拟定、筹募办所资金和选址兴建陈列所场所等方面缓慢进行。1920年夏,上海总商会商品陈列所建筑终于得以竣工。1920年12月,聂云台甫从欧美考察归国,便切实开始推进商品陈列所开办事宜。

1921年3月,在聂云台的督促下,上海总商会推定田时霖、沈润挹、叶惠钧和孙梅堂等九人为陈列所委员会委员,田时霖任陈列所所长,且拟定了《上海总商会商品陈列所章程》,明确规定该所"征集各省商品分部陈列以改良国货、发展工商业为宗旨",每年阳历六七月间征集商品

上海总商会商品陈列所(《上海总商会月报》第4卷第10期,1924年)

一次,"俾资比较,以求进步"。陈列所下设总务科、商品科与编查科三科,分别职掌文件收发和会计设备、商品征集陈列买卖、编制统计调查和采访咨询等事项。1921年11月1日,上海总商会商品陈列所正式开幕,展出了征集到的三万四千四百余件商品,共分十二个部类,内容丰富,质量上乘,每个展室都有专人引介和宣讲,每个商品都有说明。通过商品陈列所的展览,既扩大了中国国产商品的社会影响,又增强了国人购买使用国货的观念,更是激发了商界同仁的忧患意识和奋发图强的心志。

再次是创办商业图书馆和商业补习学校。聂云台两次出洋考察,对于欧美商界设置商业图书馆的举措深为赞赏,在他主掌上海总商会以后,便大力创办商业图书馆和商业补习学校,以增强商界智识和能力,提升商界同仁的学识素养。1921年10月,在上海总商会第二十二次常会上,专门讨论了"图书馆规划案",会议决定在募金团募集的十六余万款项中划拨两万元作为图书馆开办费,且计议在每年一万七千五百元的基金利息中,拨出三千五百元作为图书馆常年经费,同时延请清华学校图书馆

上海总商会商业图书馆内景(《上海总商会月报》第4卷第3期,1924年)

主任戴志骞赴会筹办一切。① 同时，上海总商会发动书报界人士，踊跃捐书，并组成由书业界人士为主体的图书委员会，负责审核受捐图书，保证图书质量。

经过一番精心准备，1922年6月25日，上海总商会商业图书馆正式开馆，其中图书不仅有中文书籍，还有外文书籍，阅览时间为每天下午两点至晚上九点，来馆阅览者非常之多。商业图书馆不断发展与充实，规模越来越大，馆藏越来越丰富。据学者统计：仅1923—1924两年内，上海总商会商业图书馆先后收到各出版单位、各组织机关与私人捐赠的图书（包括期刊）共1 579种，4 478册；从1923年6月至1924年11月，到馆阅览人数亦不断上升，借阅书籍包括会计统计、工艺技术、银行金融、法律管理、科学知识等十几个学科门类。商业图书馆呈现出一片欣欣向荣的景象，这也在很大程度上满足了上海工商界人士渴求工商专业知识和社会经济政治知识的愿望。②

商业补习学校的开办，是上海总商会对于所办之商业图书馆和商品陈列所等事业的配套项目。1921年底，上海总商会与中华职业教育社共同发起组织商业补习教育委员会，在其制定的《上海商业补习教育会简章》里，明确规定改会"以扶助上海商界青年增进商业知识，养成商业适当人才为宗旨"，具体工作内容包括调查上海商业教育情形、调查上海商店需要何种类型人才、研究实施上海商业补习教育方法、筹设扶助上海商业补习学校等。1922年3月，聂云台提出创办商业补习夜校的议案，同时派员与上海商科大学校长郭秉文暨商业补习教育会干事刘树梅厘定简章，并延聘国内外大学名流担任高中初各级教授，规定各级学生所学具体课程内容等。上海商业补习夜校最初招收九十四名学生，根据学生教育水平又分为甲乙两班，根据学员具体情况分类进行、因材施教。此后，上海总商会商

---

① 上海市工商业联合会编：《上海总商会议事录》（第3册），上海古籍出版社2006年版，第1506—1507页。
② 徐鼎新、钱小明：《上海总商会史（1902—1929）》，上海社会科学院出版社1991年版，第257—260页。

业补习夜校不断完善壮大，为上海培育商科人才发挥了一定作用。

最后是创办《上海总商会月报》。聂云台很早就注意到创办报纸杂志对于商业文化的促进作用，还在其主持华商纱厂联合会时，就积极提倡并推动《华商纱厂联合会季刊》的创办，他在为该季刊撰写的创刊缘起中，即指出"在欧美各国，凡一技一艺之微，莫不有专门记述之定期出版物，以备专门人士之切磋观摩者，为效至巨"，他希望中国商界也可以学习欧美等国的做法，通过创办刊物，达到了解世界大势、掌握市场供给需求、改良棉纱界弊端、探求技术学理的目的。

1920年12月，甫一回国的聂云台，便与上海总商会副会长秦润卿两人商议，将二人的车马费拨充总商会，作为办理《上海总商会月报》的经费。1921年初，在聂云台的直接督促下，上海总商会又成立了出版部委员会，并推定汤节之、盛丕华与钱新之为出版部委员，后又陆续增补方椒伯、沈九成等人为出版部委员，专门负责月报创办事宜。经过近大半年的筹备，1921年8月30日，第一期《上海总商会月报》正式出版。该月报作为一种专业性的商业杂志，不仅组建有一套强有力的编委领导班子，还配备由一大批著名经济学家和企业家构成的专栏作家群，更有一批经验丰富、办事认真、能力较强的采编队伍和沟通国内外的信息资源和网络。该月报开辟有专论、译述、国内外商情、调查、通讯、会务纪载十几个等栏目，每一期内容都经过精心设计与编排，集专业性与现实针对性于一体，充分体现了上海总商会明确的办刊宗旨：一是指导商业社会，次是提倡学术研究，三为搜集参考资料。该月报为上海总商会逐步引导中国工商界摆脱传统经济和传统观念的束缚，学习和掌握近代科学技术和工商管理知识，提供了重要且必需的渠道与通径。

聂云台担任上海总商会会长后，运用其丰富的学识、宽阔的见识和高效的统筹协调能力，对上海总商会进行了大刀阔斧的改革，不仅从组织机构上提升了上海总商会的办事效率，而且在宣传国货商品、增进商界学识和了解世界商情大势等方面也做出了卓越的贡献。这些举措在中国商业发展史上皆属首创，也标志着上海总商会这一中国最具影响力的商会组织真正实现了现代化的转型。

十一 开展实业教育

聂云台对于教育有着浓厚的兴趣,其通过提倡号召、捐资助学,甚至是直接参与创办学校、作为校董或委员履行管理校务事宜等方式来开展教育活动,尤其是在发展实业教育方面,做出了很大的贡献。

自办职业养成所。聂云台在主持复泰公司时,就发现纺织技术人才缺乏对于企业发展的不利影响,拟自行培养人才。1908 年他在全面接手恒丰纱厂后,即开始筹组训练班,招收学员。因初期师资和教程缺乏,就从英文、算学入手,同时请厂中外籍工程师教授相关课程。到 1919 年大中华纱厂成立后,聂云台又在该厂创办职员养成所,作为进一步培养纺织人才的机构。职员养成所招收的都是有着高中以上文化水平的成年人,学员既要学习文化理论知识课程,每天还要到车间实习操作。学员毕业后,要为纱厂服务三年,成绩优秀者还被送到更好的学校进一步深造。如他资送员工任尚武卒业于南通纺校,又派其赴美国在北加罗林大学学习纺织,并获纺织硕士学位,[1] 资送傅道坤赴法学习纺织[2],这些人学成归国后成为聂云台经办纱厂的有力臂膀。

捐助成立聂中丞华童公学。1913 年 12 月,聂云台致函工部局,计划将聂家在提篮桥东倍开尔路荆州路转角处拥有的一块 10 亩地捐赠给工部局,希望工部局用此土地建立一所华童公学,专供中国儿童就读。后在工部局的配合支持下,经过近两年的筹建,1916 年 2 月,聂中丞华童公学正式开学。该校立校宗旨为"培植旅居公共租界之华童,造就完全之人才。大之可游学西洋,直入英国大学;小之离校后,可在社会上有自立之资格"。[3] 该校教授课程为"中西文并重",课程内容丰富,还设置

---

[1]《恒丰纱厂派员赴法》,《申报》1919 年 10 月 15 日,第 10 版;《恒丰纱厂加工制货》,《申报》1923 年 12 月 23 日,第 17 版。

[2]《恒丰纱厂派员赴法》,《时报》1919 年 10 月 15 日,第 10 版;《恒丰纱厂派员赴法》,《实业旬报》第 1 卷第 5 期,1919 年,第 45 页。

[3]《工部局立聂中丞华童公学简章》,《申报》1916 年 7 月 9 日,第 3 张第 11 版。

有特种教室如美术室、化学实验室、手工室等,为学生提供实践操作的专门场所。聂云台在一开始就向工部局提出要求,聂中丞华童公学必须重视培养学生的手工操作能力,因为该校招收的学生多为上海东区工人子弟,要想使得这些学生毕业以后能在社会上立足谋生,就必须让他们掌握工业上的基本知识,以及实际动手能力,这样才可以找到一份稳定的工作。这种重视实践操作能力的校风成为该校教育的一大特色。

起草创办棉铁工业学校。1919年9月,聂云台与穆藕初等人共同商讨提出创办棉铁工业学校的计划,并撰写了《棉铁工业学校计划书》,详细阐述了棉铁工业学校的立校宗旨、机构体系、专业设置和教学内容等,明确规定该校是"以工业为目的,以教育为方法",培养专门的工业人才的学校。学校设有一万锭纺纱厂和铁工厂及翻砂厂各一所,学校根据不同教育水平和学习兴趣的学生,分别编入纺纱厂和铁工厂、翻砂厂学习,每一门又分工徒科、技手科和技师科等,循序渐进,全面培养。棉铁工业学校计划的提出,是聂云台发展实业、实业救国理念的一种具体表现,是对当时中国实业发展人才培养的有益尝试。

十二 实业发展的顿挫

随着1918年第一次世界大战的终结,借着一战的时机繁荣发展起来的中国民族经济,在美日等国商品的冲击下逐渐走向萧条。自1921年秋季开始,中国民族棉纺工业出现慢性危机,棉价上涨,纱价暴跌。翌年8月,华商纱厂联合会召开会议商讨对策,一致决定通过停开夜工与减少生产量的方式加以应对,并以135两为售纱最低价,但效果甚微。至1924年,这种萧条景象达到极点,华商纱厂遭受到前所未有之重创。[1]

聂云台创办的"模范纱厂"大中华纱厂在开工不久即遭遇市场萧

---

[1] 严中平:《中国棉纺织史稿》,科学出版社1955年版,第185—188页;赵冈、陈钟毅:《中国棉纺织史》,中国农业出版社1997年版,第154—155页。

条,在经过一次增股和借款后,还是难以为继,终在1923年7月被迫停产。①1924年3月,银行团将不能按期偿还贷款和利息的大中华纱厂起诉至会审公廨,要求对其财产进行拍卖。同年8月,以159万两转售永安公司,"统计各项损失总数为二百十一万余两"。②聂云台参与创办的另一纺织企业华丰纱厂,亦因纱市不景气,"缺乏流动资金,向日商东亚兴业会社抵借巨款",高达一百五十万日元,③终因无力偿还而被日商委托日华纱厂经营,并在1927年正式被标卖,为日华所购,成为日资企业。④与此同时,聂云台为了摆脱对外国棉纺织机械依赖而创办的中国铁工厂,因股款未收足,而各项费用又超额付出,使其开工生产时,"资金周转已感困难,不得不向金城银行押款十万元以维生产",而在全国纺织业整体萧条的环境下,"依附于纺织业的纺织机制造业",⑤发展状况并不顺利。几年后,改造军火枪械,并被淞沪警备司令部查封。⑥1932年,因未能按期偿还金城银行借款,一度被债权方标卖,在"一·二八"事变中,毁于炮火。⑦而聂云台寄望于沟通中美贸易而成立的中美商业公司,因购买德国颜料而亏损40万两,在公司无法偿还上海银行的押汇欠款时,聂云台以个人之力设法陆续偿还,个人经济受

---

① 《大中华纱厂停工与工人》,《新闻报》1923年7月24日,第3张第2版。
② 《大中华纺织有限公司报告书》(七),《纺织时报》第231期,1925年,第123页。
③ 《华丰纱厂曾由王正廷招日本投资》,黄首民回忆,上海工商联所藏档案,档案号:34-800。
④ 《华丰纱厂标卖,不免又为日商所得》,《纺织时报》第429期,1927年,第117页。
⑤ 上海机器工业史料组编:《上海民族机器工业》上册,中华书局1966年版,第276页。
⑥ 《吴淞铁工厂枪械间被封》,《申报》1929年3月27日,第4张第15版。
⑦ 《中国铁工厂标卖》,《工程周刊》第1卷第2期,1932年,第24页;中国科学院上海经济研究所、上海社会科学院经济研究所编:《恒丰纱厂的发生发展与改造》,上海人民出版社1958年版,第43页。

到更大损失。① 在民族纺织业全面衰败的情势下，加之聂云台创办或经营的其他企业均遭受重创，损失不菲，间接影响了恒丰纱厂的经营，在1923—1924年间，恒丰纱厂亦曾减产甚至停工，甚至于1924年还向恒隆钱庄借款60万两，但是因业务持续萎疲，后又相继向恒丰昌钱庄、沙逊洋行、浙江兴业银行等金融机构借款，使得负贷额不断增高，严重影响了其正常发展。② 这些企业的相继失败，对于聂云台精神的打击是非常大的，二十多年后，有记者对他进行采访，他仍"自称'我是纺织界的失败者'，对于所询关于纺织业的意见，绝口不谈"。③

十三　改宗佛教，归老沪滨

在实业发展遭受重创、个人威信大为低落的困窘时期，聂云台的思想出现了明显的转变。1915年，曾纪芬与聂云台夫妇俩共同受洗皈依基督教，聂云台此后更是担任上海基督教青年会的领袖人物，深入参与过基督教青年会的会务活动，为该会做出过很大贡献。1917年，聂云台妻子因病早逝，对人处中年的聂云台打击很大。他的心境和人生观也开始发生转变。1924年，倾注了聂云台全部心血的大中华纱厂最终因资金问题而被迫变卖，这又给聂云台一沉重打击。妻子的离世，事业的挫折，使得聂云台开始信天知命，宗教信仰发生了转变，改宗佛教了。1924年下半年，聂云台已积极参与上海居士界的活动。1926年，聂云台大病一场，几近不起，身心疲惫的他自此更是持斋念佛，闭门著述，除了参与佛教界活动外，他几乎不再过问外间一切事项。

---

① 中国科学院上海经济研究所、上海社会科学院经济研究所编：《恒丰纱厂的发生发展与改造》，上海人民出版社1958年，第43页。
② 中国科学院上海经济研究所、上海社会科学院经济研究所编：《恒丰纱厂的发生发展与改造》，上海人民出版社1958年，第44页。
③《纺织生活：聂云台先生访问记》，《纺织周刊》第9卷第16期，1948年，第234页。

1931年,聂母曾纪芬八十大寿时聂氏家族合影(图片来源:http://finance.sina.com.cn/jjxw/2021-09-04/doc-iktzqtyt4021586.shtml)

聂云台退出实业界后,作为佛教居士,他撰拟了很多文章,用以阐扬佛法。他的文章"多以佛教因果感应事迹与轮回之事,启迪世人",[①]批评基督教所谓上帝主宰论是"泛信敷衍则误己,盲从推行则祸人",[②]认为基督教唯上帝论,违背了道义与良知的底线。此外,他还积极参与佛教界各项事务,尤其是在刻印善书、举办佛教慈善公益活动方面,出力尤多。聂云台编印了《观音咒灵感汇编》《观世音菩萨本迹感应颂》与《德育古鉴》《历史感应统纪》等佛教书籍与善书,广为流传。

抗日战争时期,聂家的恒丰纱厂先是被日军接管,后又被迫以中日合办的方式继续被日方控制。抗日战争结束后,因恒丰纱厂曾注入日本资本,被国民政府作为敌产而加以接收。聂云台弟弟聂潞生因在战时被迫与日方合作,有汉奸嫌疑而不便出面交涉,聂家便推聂云台出面,以他与宋子文、徐寄庼、刘攻芸等负责接收官员的私人关系,向相关机关

---

① 释东初:《中国佛教近代史》,台北:中国佛教文化馆1974年版,第715页。
② 聂云台:《上帝主宰说辨惑》,《聂氏家言旬刊》第111期,1926年,第2页。

申请发还恒丰产业。经过多方交涉，1946年5月，国民政府正式将恒丰纱厂移交聂家。聂家无力独资经营，遂邀请棉商吴锡林、吴柏年加入，将之改组为"恒丰股份有限公司"，由聂、吴二家合办，由聂云台任董事长，但并不实际主持工作，其子聂含章任总经理，吴柏年任经理。① 恒丰聘请任尚武任厂长，黄秉奎为总工程师，廖泰松为纺部工程师等，这些人均为纺织界知名人士。②

早在1943年，聂云台因患骨痨被截去一腿，行动不便，身体每况愈下。1953年12月初，略患感冒，自知不治，他自撰挽联一副："做了几十年怪物，见解不与人同，于今放下诸缘，一心归依净土。哀哉无量数之有情，痴迷皆曰予知，何时彻底觉悟，三界齐现清凉"，③12月11日晚病情加重，家人请灵岩山妙真和尚领众助念，12日午时，安详过世，享年74岁。

---

① 刘绍唐主编：《民国人物小传》（第6册），上海三联书店2015年版，第470页。
② 《本业动态报道：恒丰纱厂近况》，《纺织周刊》第7卷第13期，1946年，第428页。
③ 慧律法师讲述，弟子法宣整理：《净土圣贤录易解》（6），台北：文殊文教基金会2002年发行，第75页。

第四章 衣食天下：荣宗敬

1930年，上海《海上名人传》刊出《荣宗敬小传》一文，内中提到："吾国实业家首推南通张氏，而魄力之伟大与夫营业范围之广，无锡荣氏有过之无不及焉！"[①] 近代以来中国民族实业家人才辈出，南通张謇因其经办实业时间最早、规模庞大且社会影响力较著，而被视为民族实业家的标志性人物，此文却认为荣宗敬经办实业的魄力与范围都远超张謇，可谓是给予了荣氏极高的评价和历史定位。作为近代著名的"面粉大王"和"棉纱大王"，荣宗敬的实业生涯究竟有哪些坎坷与曲折？他在实业发展上又取得了如何的成绩？他的实业经营有何特点？诸如此类问题，正是下文欲以叙述解答的焦点所在。

荣宗敬

一 家世背景

荣宗敬出生于江苏省无锡市西郊荣巷，他祖父在太平天国时已开始从事贩运生意。荣宗敬父亲名熙泰，少时奉父命进入铁肆学习打铁，几年后又学习会计账房，后来因母亲病逝，家境日益贫困，不得已外出谋生。荣熙泰先是到浙江乌镇一家冶坊担任账房，1883年，随太湖水师提督王青山至广东。1884年，在两广总督张之洞营务处，碰到其族叔荣俊业，并在荣俊业的介绍下，随江苏太仓人、候补知府朱仲甫赴任磨刀口厘差、三水口大差等职。1887年，荣熙泰又随朱仲甫到肇庆府知府上任总账房，直到1895年离开广东，先后十余年，颇有积蓄。[②]

---

① 《荣宗敬小传》，《海上名人传》1930年5月，第77页。
② 上海社会科学院经济研究所经济史组编：《荣家企业史料》（上册），上海人民出版社1962年版，第3—4页。

荣熙泰虽然没有功名，但是能力出众，他"精易理，擅计然学，以胞与为怀，提倡民生工业，普济民众，垂为家训"①，荣宗敬兄弟后来从事实业，与此也有一定关系，算是继承其父遗志。荣宗敬母亲姓石，为无锡山北石巷人，因山北农民多以养蚕为业，故石氏到荣家后，仍然利用自己的土地植桑养蚕，因此荣宗敬本身对于桑蚕纺纱等事项并不陌生。

荣宗敬在年少时，即表现出异于寻常的商业天赋。他在私塾读书学习之余，常常会协助其母料理家务，在他七岁时，曾奉母命进城采购杂货，同时还受乡邻委托代办其他物品，各色货物总计达三十多种，但荣宗敬就可以做到"一一交代，毫发不爽"，办理得稳妥清楚，"以故亲戚咸惊其敏慧之不可及也"②。

荣宗敬在十四岁时辍学，到上海南市铁锚厂实习。不久，因患伤寒，母亲石氏闻讯后，亲赴上海雇船接回无锡家中，延医调治，最后痊愈。次年，十五岁的荣宗敬再赴上海，到新北门永安街震康钱庄当学徒（一说源豫钱庄），开始初步接触商业。旧时学徒，受老板督责甚严，偶有不慎，便会遭到训斥责罚。荣宗敬在钱庄做学徒时，"克勤克俭，谨慎行事，颇为师长所器重"，不久便被提升为跑街，负责兜放贷款，虽然受理贷款数量繁多，但他"悉能应付裕如"，但有时因市面不振，款项无从放出，荣宗敬又觉得自己做得不好，"戚戚焉终日不安"③，显示出很强的职业精神和责任感。他的这些能力和品格，被钱庄老板和前辈看在眼里记在心中，都认为此人日后必有大成就。当时的震康钱庄经营的业务偏重于农产品抵押收买和卖出，聪慧机警的荣宗敬在经办业务过程中，时时

---

① 朱章：《工业人物：荣宗敬、德生先生昆仲小传》，《工业月刊》1944年第1卷第3期，第35页。
② 朱章：《工业人物：荣宗敬、德生先生昆仲小传》，《工业月刊》1944年第1卷第3期，第35页。
③ 朱章：《工业人物：荣宗敬、德生先生昆仲小传》，《工业月刊》1944年第1卷第3期，第35页。

留心,处处观察,"这在无形中使他对于中国棉麦的产销情形,增加了不少知识"①,这都为他后来从事的粉纱实业奠定了行业知识的基础。

二 经营钱庄和茧行

1895年,因甲午中日战争影响,荣宗敬所在钱庄经营失利,亏蚀歇业,荣宗敬就此失业,无奈回家。荣宗敬在上海钱庄当学徒时,即因其聪明好学,善于观察思考,在不长时间里,便"洞晓世界经济情势,及奇盈窭窍之道",因此,他对于市场讯息和最新商情有着较为深入透彻的了解,且已掌握了基本的商业经验。

青年时期的荣宗敬(陈文源、荣华源、周维沛主编:《中国民族工业先驱荣宗敬生平史料选编》,广陵书社2013年版)

1896年,回乡在籍的荣熙泰发现当时开设钱庄风气正盛,与其同辈乡人如周舜卿、祝兰舫、唐晋斋和杨珍珊等人都因开设钱庄和经营工商业而发了财,这也刺激了荣熙泰。考虑到荣宗敬和荣德生兄弟二人出身钱庄,有着一定的钱庄管理经验,荣熙泰便与他人合伙,荣家出资1 500元,另外三位合伙人出资1 500元,共计3 000元,在上海创办了广生钱庄,由荣宗敬出任经理,荣德生管正账。不久后,广生钱庄在无锡设立分庄,由荣德生任分庄经理。广生钱庄在最初两年里,营业并不发达,另外三名合伙人对前途渐无信心,最终撤股走人,从1898年开始,广生钱庄就变成荣家独资经营的机构。②经营广生钱庄,成为荣宗敬经办商业

---

① 瞿兆鸿:《实业家荣宗敬先生传略》,《无锡旅刊》1936年第172期,第6页。
② 上海社会科学院经济研究所经济史组编:《荣家企业史料》(上册),上海人民出版社1962年版,第5页。

的开端,他"在商业场中第一步所得之学问经验,都从金融机关中来"①。

广生钱庄开业后,主要经营无锡与上海之间的汇兑业务,收入汇款,每天有数千元,有时也会兼营江阴、宜兴等地业务。1896年6月,荣熙泰因病去世,当时即有人断言,荣宗敬兄弟二人太过年轻,商业信用还不稳固,恐难以持久经营。②因此,荣氏兄弟二人更加小心谨慎,荣宗敬更是"遇事必诚必信,以笃谨蜚声商界"③,在商界初步奠定了良好的声誉。

1898年开始,荣宗敬主持的广生钱庄营业日好,业务已推广至常熟、常熟、溧阳等地,虽然获利并不巨厚,但发展却也较为平稳。1899年,清政府推行新银圆,"内地押用每千搭廿元,后为通津,三七搭。汇款申出厘大,锡补厘小,日有盈余",广生钱庄通过赚取差额,获利不少。④1900年,八国联军进攻北京,北方动荡不安,上海也风声鹤唳,"地价物价大跌,唯小麦装北洋颇好。内地到申不少,汇款甚繁,日有五千以上,占利亦优,日有二百元"⑤,广生钱庄再次获巨利。此后,钱庄汇兑业务持续较好,"至年终余五千两,信用日好,如此连数年均同"⑥,荣宗敬经营的广生钱庄积累的丰厚利润成为他后来创办粉纱实业的原始资本。

1908年,茂新厂运往天津的面粉船在海上触礁沉没,荣宗敬为此向天津各商号赔款约5万元,加之荣宗敬投资的裕大祥号投机失败,亏折严重而倒闭。这样一来,荣宗敬对外信用全失,各钱庄商号纷纷前来讨

---

① 振昌:《扬子江流域实业界大奋斗大成功之元魁荣宗敬小传》,《成功人传》1917年第3期,第11页。
② 上海社会科学院经济研究所经济史组编:《荣家企业史料》(上册),上海人民出版社1962年版,第5页。
③《征文事略》,《杖乡导游录》1932年第十三种增刊,第37页。
④ 荣德生:《乐农自订行年纪事》,《荣德生文集》,上海古籍出版社2002年版,第28页。
⑤ 荣德生:《乐农自订行年纪事》,《荣德生文集》,上海古籍出版社2002年版,第32页。
⑥ 荣德生:《乐农自订行年纪事》,《荣德生文集》,上海古籍出版社2002年版,第40页。

债,只能由王禹卿出面应付。加之此时的广生钱庄,"汇兑已微,放账无力",1909年年初,荣宗敬最终决定彻底关闭广生钱庄,"还是向赚的路走,专心两厂,从此发愤用力"①,由此将所有的精力放在了兴办实业上。

荣宗敬兄弟二人在经营广生钱庄的同时,还兼营茧行业务。无锡本来就是江南著名的蚕丝产地,养蚕和缫丝工业向来发达。无锡荣巷,因背山面湖,非常适合养蚕,当地居民也多以养蚕为业。荣宗敬家中,就有十多亩桑田,并雇用工人养蚕。早在1896年时,荣熙泰就与别人合伙开设茧行,后来荣宗敬兄弟又自己开设茧行。这家茧行就设在荣巷宅院后面。一开始时规模不大,约有十几个烘茧的灶头。后来随着业务的增长而扩大规模,除了无锡荣巷之外,还在宜兴、溧阳等地设立茧行。荣家的茧行业务,一直经营到抗日战争时期才停止。

当时,茧行对蚕农的剥削,主要有三种方式:洋厘剥削,即以小洋支付价款,零数不付大洋;压磅故意减轻重量;杀价降低茧子品质,压低茧价。此外,荣宗敬还利用钱庄汇兑业务,无息使用顾客的亏款,大量收购茧子,这是其他茧行所不具备的优势,再就是荣氏兄弟利用他们与丝业大王薛南溟的私人关系,将收购的茧子售给其开设的丝厂,不存在销路问题。正是有了这些途径与方法,荣家经营的茧行生意不断兴隆,"年年照常,可得二、三千"②,荣家在茧行的营业收入,成为他们实业资金的另一条补充渠道。

三 面粉厂

甲午战争后,随着中日《马关条约》中对外国在华设立工厂条款的实施,各列强资本相继涌入中国,帝国主义对中国的侵略由商品输出转

---

① 荣德生:《乐农自订行年纪事》,《荣德生文集》,上海古籍出版社2002年版,第53页。
② 上海社会科学院经济研究所经济史组编:《荣家企业史料》(上册),上海人民出版社1962年版,第7—8页。

为资本输出。在这一背景下，反对外人在华办厂和"实业救国""设厂自救"的热潮相继兴起，中国民族资本主义工业掀起了第一波办厂浪潮，荣氏兄弟就是在这一时代背景下加入创办民族实业的历史进程中的。

荣宗敬在上海经营钱庄时，"尝有米麦业中人生意往来出入颇繁，以故颇潜心于米麦贸易"，当时的上海只有一家面粉厂，是外商所办。久而久之，荣宗敬与收购小麦的商人熟识后，便经常随同麦商进入外商面粉厂，"借以进窥厂中组织之大概，于是乎向实业场中勇猛进取之大方针一振动"，由此，荣宗敬把对米麦生意的兴趣"一转而潜心麦粉制造业"①。此外，清末以来，实业救国思潮日渐高涨，尤其在商战氛围浓厚的上海地区，很多有识之士都纷纷投资实业，以挽利权而杜漏卮，荣宗敬在此种环境中经商，也多受影响。他曾经回忆经办实业时的思想变化，谓："余年未弱冠，即习商贾之事，往来申锡间。见夫生齿日繁一日，舶来品日盛一日，不禁兴起创办实业思想。"他结合自己之前对市场的考察，认为"衣食为人生要需，解决衣食问题，莫如多办面粉厂与纺织厂"②，这也是他走上创办粉、纱工厂的重要动因。

荣德生在广东帮朱仲甫办理税务时，就发现外国面粉输入量巨大，且获得清政府免征关税的优惠，后来他在经办无锡广生钱庄时，又发现从上海到无锡的汇兑款项中，大部分为无锡增裕、阜丰等粉厂购买小麦之用，荣德生"因知粉厂一业，关系民生亦匪浅鲜，兴业之心，由是而日趋坚定矣。"③这成为他从事面粉业的最初动力。

庚子事变时，荣德生由广东返回，他将自己创办面粉厂的想法告知荣宗敬，这恰与荣宗敬的计划不谋而合，兄弟二人当即决定切实行动起

---

① 崇信：《实业界拿破仑荣君宗敬在工商业上经过种种困难及其成绩谈》，《成功人传》1917年第3期，第14页。
② 荣宗敬：《总经理自述》，《茂新、福新、申新总公司卅周年纪念册》，收入孙燕京、张研主编：《民国史料丛刊续编》第621册，大象出版社2012年版，第33页。
③ 朱章：《工业人物：荣宗敬、德生先生昆仲小传》，《工业月刊》1944年第1卷第3期，第36页。

来。这时，原在广东任职的朱仲甫恰好卸职回家，对于饱经宦情的他而言，正好"有心实业，以顺潮流"，在荣氏兄弟的劝说下，朱仲甫答应合伙办厂，分任招股。经过一番动员和宣传，最终他们募得十三股，每股三千两，合计3.9万两白银，并向清政府呈请立案，取名保兴面粉厂。

但是，对于毫无经办实业基础和经验的荣宗敬而言，当时面临的困境也是很大，"同志难得，集款维艰，而适当地点，急切又未易勘定"，故进展并不顺利。一日，荣宗敬偶然从无锡西门外太保墩经过时，看到一片约二十亩的荒地，"一水潆回，交通便利"①，在经过实地勘测后，发现正好适合建立面粉厂，随即便出资购地，开始建设面粉厂。在建厂过程中，曾一度遭到以图董江导山为首的地方绅士势力的阻挠，他们以破坏地方文风为理由，向无锡县令呈文要求禁止建厂。最终，双方官司一直打到江苏巡抚那里，荣宗敬通过朱仲甫在官厅的门路，才赢得了官司，面粉厂建设工程才重新开始。

在创办保兴面粉厂时，荣宗敬"奔波于外"，荣德生"建筑于内"，兄弟二人"不辞劳瘁，年余告成"。1903年2月，工厂正式开工生产，由于是用机器石磨生产的面粉，质量不佳，销售不畅，加之朱仲甫"官气太深"，且"又浓情于出山，将厂务舍而不问"②，造成企业发展陷入困境。荣宗敬便再募3.5万两新股，将工厂改

茂新面粉厂早期清麦用的木风车（陈文源、荣华源、周维沛主编：《中国民族工业先驱荣宗敬生平史料选编》，广陵书社2013年版）

---

① 朱章：《工业人物：荣宗敬、德生先生昆仲小传》，《工业月刊》1944年第1卷第3期，第36页。

② 崇信：《实业界拿破仑荣君宗敬在工商业上经过种种困难及其成绩谈》，《成功人传》1917年第3期，第15页。

名为茂新面粉厂，以兵船为商标，兄弟二人分工明确，"宗敬驻沪总理销粉，德生经理厂务"①，同心协力将厂务办好。

保兴改组为茂新后，当时的机器"仅石磨四部，每日出粉三百包"，质差量少，连续两年经营都颇为艰难。

茂新一厂前景（孙燕京、张研主编：《民国史料丛刊续编》第621册，大象出版社2012年版）

荣宗敬深知旧式机器的弊端和缺陷，决心订购英国新式钢磨六部，为了筹措购机款项，他亲自负责财政事务。新机器购到后，公司面貌焕然一新，"旧机上亦大换诸件，而新机制品大佳，出货独步，每日夜达三千余包"。但此时的茂新面粉销路尚未打开，为了开拓市场，荣宗敬"竭心力而谋广消，内地外省，各托分销，鼓之吹之，唇为之焦，舌为之疲，而未尝生一厌倦退悔意"，荣德生则专心"经理厂务，日夜经画，一意求出品之精良"。在兄弟二人的协同配合下，茂新面粉厂"出路与出品，双方并进，运出之货，大受社会欢迎"②。

1910年，茂新面粉厂将旧式机器全部拆去，并添造厂房，装置新式美国钢磨十二座，导致企业一时出现资金短缺，周转困难。1911年，全国多地爆发水灾，各地栈房中存放的积存小麦多被水浸湿，因此"制造出来的面粉就发着霉味而不能下咽"，荣氏兄弟发现这一问题后，坚决摒弃受潮小麦作原料，其干燥小麦生产的面粉一经投放市场，"粉气味都比别家好，于是兵船牌的面粉，就风行一时，那时各厂的销数都衰落，只

---

① 《茂新第一面粉厂概况》，《茂新、福新、申新总公司卅周年纪念册》，收入孙燕京、张研主编：《民国史料丛刊续编》第621册，大象出版社2012年版，第46页。

② 崇信：《实业界拿破仑荣君宗敬在工商业上经过种种困难及其成绩谈》，《成功人传》1917年第3期，第15页。

有茂新却供不应求。"①茂新由此大赚一笔，基础也更加稳固。

1913年，厂基已固的茂新又新购美国钢磨十二座，增加产量。不久欧战爆发，"外粉出数锐减，供不应求"，中国面粉出口很多，而且价格也陡涨，茂新更是赚得丰厚利润，进而在1918年又添装美国钢磨十二座，"由是每日夜出粉达八千包"，进一步扩大了其产量和销量。此时的茂新一厂，其资本亦增加至一百二十万元，是当时创办初始资本的三十倍。

茂新二厂厂房侧景（孙燕京、张研主编：《民国史料丛刊续编》第621册，大象出版社2012年版）

此后，荣宗敬在面粉生产领域相继创办了茂新和福新系列工厂，具体如下：

茂新第二面粉厂：1916年，荣宗敬租办无锡西门外惠元面粉厂，进行生产。1918年，租约届满后将惠元悉数盘下，更名为茂新第二面粉厂，并且在原有的十座钢磨基础上，又添加美机十一座，"每日夜出粉共六千包"。1926年冬，该厂曾遭火灾，机器与机房毁于一炬。1927年，荣宗敬又在原址建造钢筋混凝土机房，定购美国最新式钢磨十八座，每日可出粉达一万包，用马达转动，由申新三厂直接放线输电，继续进行生产。

茂新第三面粉厂：1919年，荣宗敬在无锡茂新二厂附设苞米粉厂，是为茂新第三面粉厂。1921年以后，一方面由于苞米粉缺乏原料，一方面又因市场风气未开，销路不畅，获利极微，仅在天津有一定销售，故不久即告停顿。②1926年茂新三厂机器及机房尽数毁于火灾，再未重建。

茂新第四面粉厂：1919年9月，荣宗敬在济南胶站以北、陈家楼以

---

① 瞿兆鸿：《实业家荣宗敬先生传略》，《无锡旅刊》1936年第172期，第7页。
② 上海社会科学院经济研究所经济史组编：《荣家企业史料》（上册），上海人民出版社1962年版，第76—77页。

西，先后购地十六亩，建设五层厂屋及仓库和办公用房，并于1920年5月，购置美国脑大克式磨粉机十二部，及最新式三百五十匹马力的发动煤气引擎一部，招集职工二十四人，创办茂新第四面粉厂。随后又在济南最繁盛的普利门内开设营业处，正式对外营业。该厂开工后，日产面粉三千余袋，"以黄、绿、红、蓝、白兵船为商标"，当时正逢粉价上涨，加之济南当地面粉企业很少，因此茂新四厂的产品"不敷市销"①，大赚了一笔。后

茂新、福新面粉厂面粉商标（孙燕京、张研主编：《民国史料丛刊续编》第621册，大象出版社2012年版）

来，随着工厂机器不慎损害，以及时局动乱、面粉企业增多等外在因素的改变，四厂的生产和发展陷入时作时歇的状态。

福新第一面粉厂：福新一厂的创建，是荣宗敬与浦文汀兄弟、王禹卿兄弟等人合作的产物。浦文汀原为无锡茂新办麦主任，王禹卿则是茂新负责销粉业务的骨干，这两人一个对办麦很有经验，在无锡一带的麦行中很有信用，一个对销粉很有办法。两人都有合伙创办粉厂，图谋独立经营发展的想法。但是，两人东拼西凑筹到的两万元，距离创办经费十万元差距太大，无法开办。荣宗敬知晓这事后，主动联系王、浦二人，表示愿意合伙投资，共同创办新粉厂。就这样，荣氏兄弟共出资两万，加之王氏兄弟八千元、浦氏兄弟一万两千元，共计四万元，作为创办股金。②

---

① 《茂新第四面粉厂概况》，《茂新、福新、申新总公司卅周年纪念册》，收入孙燕京、张研主编：《民国史料丛刊续编》第621册，大象出版社2012年版，第51页。
② 上海社会科学院经济研究所经济史组编：《荣家企业史料》（上册），上海人民出版社1962年版，第33—34页。

1913年2月，荣宗敬委托王祝云向其老板请商，将位于闸北光复路的地皮租与他们办厂，以年利一分的较高租金支付，得到同意。该地块坐北朝南，毗连公共租界，南濒西苏州河，"地当水陆孔道，运输便利"。该厂厂房为长八十四英尺、宽四十八英尺、高七十八英尺的六层楼房，为钢筋混凝土建筑，并配置有蓄水柜、水龙头及保险门。此外，还建设有办公楼和四所栈房，购置有美国新式钢磨，所用动力为四百三十匹马力的马达两部，全厂的构造和设备可谓"极精良"。该厂每日夜共用麦两千四百担，出粉四千八百包，商标为绿宝星、绿兵船、红宝星和红蓝福寿等。福新一厂所用原料，皆"购自江南江北、山东、安徽等省，均选最优之品"，并且在制造工序上悉心研究，力求精良，因此其生产的面粉"色白质韧，驰名遐迩"，经过多年经销，已经占据了稳固的市场，"凡国内各大埠以及东西洋列邦，莫不争购宝星、兵船、福寿等牌面粉也"。①

需要指出的是，在创办福新一厂时，荣氏、王氏和浦氏兄弟筹措的四万元股本，根本不够办厂费用，荣宗敬大胆地提出以"租地、租房、欠机"的办法解决资金不足问题，因此，前述租地和购机的费用，都是由荣宗敬以先欠后补的形式支付的，如地皮租金为四千两，购置面粉机器则是以分期付款形式完成支付的。1925年福新一厂失火，损失惨重，但荣宗敬以福新一厂为其事业发展起点，不可虚悬空缺，遂将福新三厂改称福新一厂。

福新第二面粉厂：随着福新第一面粉厂营业的繁盛，荣宗敬等创办者受到很大鼓舞，他们联合丁梓仁、杨少棠等人，集资十万元，于1913年冬，在上海中兴面粉厂东侧购地十七亩，建造六层厂房，并且购置三十寸机磨二十一部，创办福新第二面粉厂。该厂于1914年底正式开机，每日夜出粉五千五百包。产品一经出厂，销路颇广。

福新第三面粉厂：1914年6月，荣宗敬联合浦、王两家兄弟，合

---

① 《福新第一面粉厂概况》，《茂新、福新、申新总公司卅周年纪念册》，收入孙燕京、张研主编：《民国史料丛刊续编》第621册，大象出版社2012年版，第53—54页。

计商议，购进上海新闸路浜北光复路毗邻福新一厂的四亩多地块，建造六层厂房，并向茂生洋行订购美国爱立司厂出品的六百筒新式钢磨粉机十五部，平筛五部，练粉机、麸皮机、圆筛、收灰机、打麦机和刷麦机等一应俱全，还购置三百七十匹马达三座。1916年6月，福新第三面粉厂正式开工生产，每日夜可出粉约四千五百包，以宝星、蝠寿为商标。该厂雇佣职员为二十人，工人八十人。在产销经营上，也完全与福新一厂合并进行。福新三厂原定股本为十五万元，但因其股东皆为福新一厂创始人，所有购置地基、建造厂房和订购机器的一切费用，都是由福新一厂划拨，所以股东并未实际出钱。可以说，福新三厂是直接建立在福新一厂盈余基础之上的。①

1925年初，荣宗敬将福新三厂改称为福新一厂，填补一厂因火灾而出现的空缺。1926年5月，荣宗敬等人又以规元四十万两收购原兴华制粉厂，更名为福新第三面粉厂。该厂位于小沙渡浜北西光复路，面积三十余亩，前为公事房及东西二楼栈，后为五层楼钢筋混凝土厂房。该厂机器均购自美国华尔夫厂，有钢磨二十四部，每日夜需用麦三千二百余担，出粉六千包。工厂雇用职员三十人，工人一百人。1927年，该厂又在厂东北部扩充基地十余亩，进一步拓展了企业规模。②

福新第四面粉厂：1913年，福新总公司租下上海的中兴面粉厂，改称中兴恒记进行生产。1915年租期已满后，经双方协定，以十二万元总价正式盘让，改称为福新第四面粉厂。福新四厂有机磨十二部，每日夜约可产粉一千七百包，雇有职员二十人，工人四十五人。③

福新第五面粉厂：民国初年，位居南北通衢的武汉，虽有面粉厂，但

---

① 上海社会科学院经济研究所经济史组编：《荣家企业史料》（上册），上海人民出版社1962年版，第37页。
② 上海社会科学院经济研究所经济史组编：《荣家企业史料》（上册），上海人民出版社1962年版，第184—185页。
③ 上海社会科学院经济研究所经济史组编：《荣家企业史料》（上册），上海人民出版社1962年版，第46页。

"面粉不能吃，多石砂也"，荣宗敬考察市场后，认为应该在汉口设立面粉厂，以便占据地位。1916年，荣宗敬等人集股三十万，在汉口硚口购地建厂，一切事宜由荣宗敬大女婿李国伟负责，于1919年十月正式开工营业，是为福新第五面粉厂。该厂由钢磨二十二座，六百匹马力蒸汽引擎一副，每日夜出粉六千包，以牡丹牌为商标。福新五厂任命从欧洲考察实业回来的荣月泉为经理，李国伟为协理，杨少棠负责营业等事务。由于福新五厂非常注重技术研究与改良，"故出品精良，粉色洁白，不数月而畅销于此省各埠及湘赣等省"。当时恰逢欧战结束，百废待兴，欧洲各国对于面粉的需求量暴增，因此"由洋商购运牡丹牌粉数十万包，前往英、荷等国接济，销路益形畅旺"①。1925年，荣宗敬对福新五厂进行扩充。先是在该厂旁购置新的地块，建造新的厂房，又购置机磨十六座、一千千瓦发电机一座，每日夜产粉五千袋，进一步扩大了福新五厂的规模。

福新第六面粉厂：1917年，荣宗敬又租办原由祝兰舫创办的华兴面粉厂进行生产，1919年正式将该厂收购，改名为福新第六面粉厂。关于购厂资金，账面上虽列有四十万元，其实股东并未出资，租金和买价全都是由该厂盈利中提付。该厂原来的机器比较陈旧，改为福新六厂后，荣宗敬对其大加整顿，淘汰旧式引擎，改用工部局电力马达，并且将原来的四十寸的机磨拆除，添置三十六寸机磨三部，又添造三层楼栈房一所，提高了生产效率和能力，每日夜可出粉四千包。该厂职员为二十人，工人一百二十人，以兵船牌为商标。②

福新第七面粉厂：1920年9月，荣宗敬等人在上海公用租界大通路购地三十余亩，建造八层楼房，是为福新第七面粉厂。该厂坐南朝北，南接新闸路，北临西苏州河，地处水陆孔道，交通极为便利。该厂厂房和堆

---

① 《福新第五面粉厂概况》，《茂新、福新、申新总公司卅周年纪念册》，收入孙燕京、张研主编：《民国史料丛刊续编》第621册，大象出版社2012年版，第64页。
② 上海社会科学院经济研究所经济史组编：《荣家企业史料》（上册），上海人民出版社1962年版，第48页。

栈、全部墙壁及梁柱都是钢筋混凝土结构,而且配备了当时最为先进的设施,并在屋顶设置有可容水量达一万加仑的水柜,还在二号堆栈上架设可直达苏州河的面粉输送机带,减少了人工搬运的困难。福新七厂的钢磨机器全是购自美国的新式机械,还装设了原动力为六千伏的次高压,购置了一千二百匹马力的电动马达,每日夜可用麦七千担,出粉一万四千包。该厂产品的商标有绿兵船、绿宝星、红绿天竹、红绿牡丹、红蓝福寿、绿渔翁等,其所用小麦"均选购大江南北各产区最良之品",并且还十分重视生产技术的改良更新,因此所产面粉"色白而质韧,经线长而酵素足",一经推出,即广受市场欢迎,"凡国内各省、南北洋诸大埠,远及东瀛西欧,莫不争购兵船、宝星、天竹、牡丹、福寿、渔翁等牌面粉也"。①

福新第八面粉厂:荣宗敬在创办福新七厂的同时,又与王禹卿、李裕成、杨少棠等人集资六十万元,开始建设福新第八面粉厂。因福新七厂与八厂,都属七八层高楼的大型面粉厂,上海公共租界工部局便多方挑剔,以"厂房地层底脚不固""墙脚不牢"为借口,要强行加以取缔。荣宗敬则据理力争,与工部局纠缠了近八个多月时间。最终福新八厂厂房上层建筑被工部局取缔,到第二年十一月才重新建成。福新八厂雇有职员四十八人,工人二百五十人,定购了三十寸机磨十部,三十六寸机磨十四部,于1921年6月正式开车生产,每日夜可出粉约八千包。不久,该厂又续购三十寸机磨十部和三十六寸机磨十四部,到1922年6月时,该厂新老机器每日夜共可出粉一万六千五百包。②

至于荣氏面粉厂的原料收购与产品销售,也是根据区域不同而有所差异。在茂新初创时期,当时面粉企业还很少,因此小麦原料的收购多在无锡当地即可完成。后来随着面粉企业的增多,"各厂竞争购办,价格

---

① 《福新第七面粉厂概况》,《茂新、福新、申新总公司卅周年纪念册》,收入孙燕京、张研主编:《民国史料丛刊续编》第621册,大象出版社2012年版,第71—74页。

② 上海社会科学院经济研究所经济史组编:《荣家企业史料》(上册),上海人民出版社1962年版,第79—80页。

固倍于从前，收数则反形不足"。在上海的荣氏面粉企业，当国内原料不敷使用时，甚至还得购买进口的外国小麦以为补充。无锡的荣氏面粉企业在无锡当地无法收购足额小麦时，则会扩大收购区域，"至邻近各县，及皖南江北等处，设庄收买"，但这也直接导致"运费既大，蚀耗尤多"，大大增加了企业成本，甚至在原料极度短缺时，被迫停工，这也成为困扰企业发展的至关重要的问题。

面对此种问题，荣宗敬筹划在各地设立麦庄，专门负责收购小麦。至1919年，先后在安徽蚌埠、山东济宁、江苏泰州、东台、扬州、常熟和镇江等地设立麦庄。这些麦庄不是独立核算单位，本身也不计盈亏，一切开支和收麦资金归茂、福各厂拨付。麦庄伸入产区收购时，一般只与当地粮行联系，粮行再向农民收购。至于收购价格、数额和时间等，均听命于上海总公司的指示。而上海总公司根据当时粉市及面粉交易所的行情，在麦、粉交换率有利时，即电报通知各麦庄收购，故麦庄的收购行动其实与上海的粉麦市场和交易所投机活动有着密切的关系。而荣氏面粉企业凭仗收购量大、实力雄厚等条件，也会通过交易所操纵收购价格的涨落，从中赚取差价。①

荣氏面粉企业的产品销售，主要以上海为中心，并且在江西路五十八号设立总批发处，"其销售至国外或他省，大都均由沪转"，而在内地，则在无锡、南京、苏州、镇江、杭州、济南、天津、嘉兴等地，设立批发处，"专为本厂售粉"②。除了自设批发处外，还根据实际情况和各地商号订立经销合同，作为茂、福各厂在各地的代理商。如1917年，无锡茂新厂与嘉兴、湖州增华公司等订立经销合同，利用本地商号成熟且便利的经销网络，以实现更快、更多地推销面粉，节省自设批发处的费用开支。当然，有时也会将批发处交给荣家信任的人办理，办理人按

---

① 许维雍、黄汉民：《荣家企业发展史》，人民出版社1985年版，第34—35页。
② 《茂新第一面粉厂概况》，《茂新、福新、申新总公司卅周年纪念册》，收入孙燕京、张研主编：《民国史料丛刊续编》第621册，大象出版社2012年版，第47页。

推销数量抽取一定的佣金,佣金的高低则根据面粉市场变化而变化,代销量大时,还有特别佣金。如1914年面粉产量比1913年增长80%,为了鼓励推销,争夺市场,佣金支付总额比上年增高达4倍以上。① 可以说,面粉的销路在一定程度上还取决于中间商销售网络、销售能力及销售意愿等多种因素。

值得一提的是,荣宗敬在经历过多重创业危机后,经验与阅历都有了很大提升。他知道面粉市场还有更为广阔的空间,要想实业发达,必须不断扩充企业规模,但他又担心其他股东从中阻挠,丧失良机,因此他"不谋诸众,暗定面粉机第三副,直待机到而后始有人知悉",荣宗敬则驾轻就熟,装设布置如常,很快新机器就投入生产,这时候大众才发现新的机器又出新的产品,且"出品佳良",因此纷纷加入,"成效大著"。而此时也正是振新纱厂最危难时刻,荣宗敬面对"左右包围,仍从容自若,谋定后动,百不失一"②,由此渡过了一个个难关。

正是由于荣宗敬在创办实业的过程中遭遇到多重坎坷,但他都能一一应对,最终取得辉煌成绩,故时人对他颇为赞誉:"荣宗敬之办实业,几遭颠覆,历经磨难,其英迈不挠之精神,方之法帝拿破仑,可无惭色!"③将他比作中国实业界的拿破仑。1920年2月,北洋政府发布大总统令,授予荣宗敬二等嘉禾章,荣德生三等嘉禾章。④

四 纺织厂

1901年,清政府宣布施行"新政",其中很重要的一项内容,就是采取"奖励"民族工商业发展的措施,由此掀起了近代中国民族实业发展

---

① 许维雍、黄汉民:《荣家企业发展史》,人民出版社1985年版,第35—36页。
② 崇信:《实业界拿破仑荣君宗敬在工商业上经过种种困难及其成绩谈》,《成功人传》1917年第3期,第17页。
③ 崇信:《实业界拿破仑荣君宗敬在工商业上经过种种困难及其成绩谈》,《成功人传》1917年第3期,第19页。
④ 《大总统令》(二月四日),《江苏实业月志》1920年第13期,第1页。

的一波热潮。而在半殖民地半封建社会的历史条件下，中国民族实业发展主要集中于轻工业领域，重点则在面粉和棉纱制造业，这也与荣氏兄弟投资衣、食两类工业的思路相契合。

1903年，荣德生到杭州利用面粉厂参观时，夜间住宿于通益纱厂客房，并在该厂总办陪同下参观了纱厂的生产情况，由此激发了荣氏兄弟创办纱厂的想法。① 随着日俄战争的爆发及1905年抵制美货运动的兴起，外在环境的变化为创办纱厂提供了更为便利的条件。1905年8月，荣氏族人荣瑞馨在上海寿圣庵宴请张石君、叶慎斋、鲍咸昌及荣氏兄弟，席间荣德生拿出早已拟好的章程办法，建议众人合力在无锡创办纱厂，取名振新纱厂。众人一致赞成，共七位主要发起人，每人认股三万元，其余另行招股，共集资二十七万元发起建厂。②

具体建设工作中，由张石君负责订购机器，荣瑞馨负责招匠建厂，荣德生监造。在破土施工前，地方保守绅士江导山曾出来阻挠，在双方经过官府起诉、招人疏通后，才最终达成和解，继续施工。新办的振新纱厂有英制纱机28座，共计10 192枚纱锭，于1907年正式开工生产。该厂总管为张笠江，副经理为徐子仪，经理室张云伯，荣德生起初并没有被安排实际职务。③ 但由于经营不善，外欠日多，该厂于1909年进行改组，荣宗敬被聘任为董事长，荣德生任经理，由兄弟二人负责实际经营，发展才渐有起色。

辛亥革命后，荣宗敬敏锐地意识到政体的改变为实业发展提供了绝好的时机，更是倡导建立纱厂，"一面缓发官利，加添纱锭"④，董事会各

---

① 许维雍、黄汉民：《荣家企业发展史》，人民出版社1985年版，第11页。
② 上海社会科学院经济研究所经济史组编：《荣家企业史料》（上册），上海人民出版社1962年版，第18页。
③ 无锡市政协文史资料研究委员会整理：《民族资本家荣氏发展简史稿》（一），中国人民政府协商会议江苏省无锡市委员会文史资料研究委员会整理：《无锡文史资料》第1辑，1980年印，第58页。
④ 崇信：《实业界拿破仑荣君宗敬在工商业上经过种种困难及其成绩谈》，《成功人传》1917年第3期，第18页。

董事也一致赞成并支持他的建议。因此纱厂又添购了一万八千枚纱锭，合旧有一万二千枚纱锭，共计三万枚，并且添购了最新式的脱尔宾电机，扩建了钢筋混凝土厂房。但是，振新纱厂的大股东荣瑞馨，因在1910年的金融风潮中损失巨大，买办生意也不再参与，无事可做，就想通过联合其他董事，排挤荣氏兄弟，将振新纱厂揽入自己手中。

1915年2月，荣瑞馨联合振新纱厂各董事，以账目不清为由，请人查账，并与荣德生发生矛盾，双方进而诉诸公堂。后来因无锡商会会长华艺三的从旁协助，荣德生打赢了官司，但这也导致荣氏兄弟与振新纱厂的各董事彻底决裂。经双方协商，以荣瑞馨在茂新面粉厂的股份交换荣氏兄弟在振新纱厂的股份，荣氏兄弟正式退出振新纱厂。

1915年，荣氏兄弟在上海集资30万元，创办申新一厂。为了避免再次出现股东不和、小股东不敌大股东，进而因分歧而影响经营的情况，在申新一厂创办之初，荣氏兄弟股份占六成，为创办该厂作出很大贡献的张叔和占二成，其余二成为多人分掌，形成了荣氏兄弟绝对控股的局面。

同时，为了避免股东间的相互掣肘，荣氏兄弟决定，申新采取无限公司的组织形式，不设董事会，由荣宗敬自任总经理，由他一手掌握各处办事员的选任和解位，实行集权制，凡企业的经营大权、资金调度、原料采办、产品销售以及人员雇用或调动，均由荣宗敬一人全权处理。这一制度后来推行至整个荣氏企业的茂新、福新、申新三系统之中，成为荣氏企业在短时期内获得迅速发展的重要原因之一。①

在上海名商张叔和的从中牵引下，荣氏兄弟盘购下一旧有厂房，并对其内部进行全面整顿和改用，又通过上海安利洋行订购全副纱厂机器一副，总计有纱锭12 240枚，是为申新第一纱厂。1915年10月1日，申新第一纱厂试车开工，出纱三十件。②

---

① 钱江：《近代民族工业的巨子荣宗敬、荣德生》，《档案与建设》2018年第8期，第55页。
② 上海社会科学院经济研究所经济史组编：《荣家企业史料》（上册），上海人民出版社1962年版，第53—54页。

一战时期，随着欧美进口纱量的减少，以及美棉飞涨、印棉进口锐减和内地纱厂稀少等综合因素的影响，1916—1917年时，中国市场上的棉纱价格由原来的百两一跃至二百两以上，中国很多处于奄奄不振的纱厂顿时获利丰厚，"盈利年余百万，企业者乃踵起而营纺织厂矣"[①]。

此时刚刚创立不久的申新一厂也是连年获利，这给了荣宗敬以很大的信心和鼓舞，他们在1917年又在申新一厂内设立布厂，购布机三百五十架，后来陆续增加布机数量，合计达一千一百架左右。布厂生产的布匹，除销售各埠外，"余悉自制粉袋，供给本公司各面粉厂应用"。

申新第一纺织厂的成功，使得荣宗敬发现了纺织业巨大的盈利空间，因此又开始了申新纺织系统的不断拓展，具体情况如下：

申新第二纺织厂：1917年，荣宗敬获悉上海的恒昌源纱厂有意出售，便与荣德生商议，出价四十万元，将该厂盘下，改为申新第二纱厂。恒昌源本为日本棉花会社创办，于1915年停产后，由祝兰舫等人合资购入，但不久又再次出售，被荣氏兄弟购下。该厂占地二十七亩，屋破机旧，但是区位优势很好，这是荣氏兄弟出资盘下的重要原因。荣宗敬又通过上海三井洋行订购了纺纱机5 200锭，对该厂进行了设备的更新换代。在近代中国棉纺业史上，基本都是华商纱厂因种种原因被外商收购，而"日商纱厂为华商购得者，只有此厂，在棉纺织史上放一异彩"。[②]

福新二厂马达车间（孙燕京、张研主编：《民国史料丛刊续编》第621册，大象出版社2012年版）

申新第三纺织厂：申新

[①] 上海社会科学院经济研究所经济史组编：《荣家企业史料》（上册），上海人民出版社1962年版，第56页。

[②] 上海社会科学院经济研究所经济史组编：《荣家企业史料》（上册），上海人民出版社1962年版，第59页。

三厂是荣氏兄弟在无锡单独创办的第一家纱厂,在购地设厂过程中,还有一番曲折。因为申新三厂的厂址是由薛南溟将其主持的工艺传习所让出的地块,恰好处于荣瑞馨等人的振新纱厂旁边。在得知荣氏兄弟要创办纱厂后,荣瑞馨便联合无锡当地的恶讼师蒋哲卿,以在三厂厂址上建造一座横跨梁溪河的五环洞大桥为由,阻挠申三建厂。荣德生迫于无奈,只能找张謇帮忙,几经周折,最后在江苏督军冯国璋的直接干预下,禁止建造五洞桥,才使得申新三厂顺利开建。①

申新三厂具体位于无锡西门外梁溪河两岸,地跨无锡、开原和扬名三市乡,有申新、劝工和太平三桥架于其上。河东南为纱厂,东北为布厂,西岸为公事房、职员宿舍及发电、轧花机修理部等部门。该厂经过多次扩建后,截止1928年时,总面积已达九十二亩左右。其区位优势明显,"南通太湖,北毗运河",加之又有锡湖轮船和沪宁车站,水陆交通极为便利。该厂开建于1919年秋季,1920年10月全部厂房竣工。但其向英美等国订购的纱锭等机器,由于受到外国工人罢工影响,迟至1921年5月才陆续运到。1922年1月,申新三厂正式开工生产。同年5月,又复建糙布厂,10月开工生产。1928年春,该厂又进一步扩充布厂,添装布机,扩大生产规模。截止1928年年中,申新三厂拥有美机细纱锭两万六百枚,英机细纱锭三万四百枚,好华特大率伸细纱机三千锭,合计共五万四千锭,布机九百台。该厂配套设施十分先进,设有调剂室内干湿度的冷热喷雾机,调和气温的通风穴吸风管电扇等,甚至连使用的电灯都是磨砂及无反射光电灯,以此保护工人视力。此外,还购置了救火机、升降机等安全保障机械,建设了工人宿舍,开辟申新市场,方便工人生活,创设俱乐部、职工保险部以及消费合作社等机构,保障工人权益。②

---

① 上海社会科学院经济研究所经济史组编:《荣家企业史料》(上册),上海人民出版社1962年版,第84—85页。
② 《申新第三纺织厂概况》,《茂新、福新、申新总公司卅周年纪念册》,收入孙燕京、张研主编:《民国史料丛刊续编》第621册,大象出版社2012年版,第85—88页。

申新第四纺织厂：荣宗敬鉴于陕豫湘鄂等省棉花顺江运往上海，而上海生产的棉纱再运往这些地区销售，中间周折，极为不便，产生了在武汉建立申新第四纺织厂的想法。1921年，荣宗敬在汉口购地两千六百余方，开始建厂，并通过慎昌洋行订购一万五千枚纱锭。1922年2月，申新四厂正式开工生产。时逢花贵纱贱，申新四厂开工即遇危机。1923年，上海三新总公司派出专门人才，对申新四厂进行大力整顿，才使得生产量提升。后又订购两千纱锭及二百七十三台布机，扩充了生产规模。同样位于武汉的福新第五面粉厂所用面粉袋，全由申新四厂提供。申新四厂一开始使用的是蒸汽动力，但用煤成本太高，后与福新武昌共同购置一副一千千瓦的透平发电机，从而提高了生产效率，节约了成本。申新四厂在发展过程中，屡次遭遇困难，如1926年夏，武汉遭遇大水灾，厂址周围都成泽国，工厂被迫停工。1927年北伐战争时，北伐军与吴佩孚军队在武汉展开激战，申新四厂又处于双方交战前线，受到一定损失。① 这些因素都在一定程度上影响了申新四厂的发展。1933年3月，申新四厂遭受火灾，损失巨大。荣宗敬向汉口中国银行借款二百一十万元，在原址扩建厂房，并重新定购纱机两万锭，三千瓦发电机和锅炉全套，重新开工生产。②

申新第五纺织厂：该厂原为穆藕初于1914年创办的德大纱厂。1925年夏，荣宗敬出资将德大纱厂盘购，改名为申新第五纺织厂。该厂坐落于上海东区华德路高郎桥，前面及左侧，均有直通黄浦江的小河，水陆运输较为便利。该厂占地共二十七亩，分为南北两厂，北厂装置有英国赫乍灵墩纱机15 720锭，南厂装置美国沙克洛纱机10 368锭和赫乍灵墩线机2 880锭。南北两厂中，南厂为和花清棉间，北厂为摇纱承包间，厂

---

① 《申新第四纺织厂概况》，《茂新、福新、申新总公司卅周年纪念册》，收入孙燕京、张研主编：《民国史料丛刊续编》第621册，大象出版社2012年版，第91—92页。
② 上海社会科学院经济研究所经济史组编：《荣家企业史料》（上册），上海人民出版社1962年版，第394页。

房皆为钢筋混凝土结构的楼房，构造坚固，光线充足。南北两厂，均可互通，管理也较为便利。荣宗敬鉴于该厂的机器设备尚有不完备之处，在接收该厂后，又添购勃拉特清棉机、沙克洛梳棉机和头二三道粗纺并精纺等机器，还对原来的机器进行了适当的改良，使得南厂增加到14 208枚纱锭，北厂增加到16 908枚纱锭。此外，荣宗敬在原有栈房、电气变压所、物料所和职员宿舍外，又新建三层楼公事房和钢筋混凝土的二层楼栈房，还购地近五亩，新建七十二幢工房，以便工人生活居住。因为本来德大纱厂在穆藕初经营时，各项设施和管理等就比较完备，故荣宗敬在对其稍加整顿后就投入生产，该厂出产有三十二支和四十二支双线宝塔牌细纱，二十六支和十支人钟牌粗纱，"备受用户欢迎"①。

申新第六纺织厂：申新六厂本是创办于1920年3月的常州纱厂，因其创办之初，荣氏兄弟曾入股两万元，并由三新总公司代保运机器入厂，后因遇到纱市凋敝，资金短缺而被迫停产。后来由创办人钱琳叔等人请荣氏兄弟出面租办，"以租厂分拆利益，至了清欠款为度"②。1925年6月，双方正式签订租办协议，租金十五万元，租期两年，至1927年12月。期满后，又续租两届，1931年7月，六年租期满后，退回原主自办。申新六厂具体位于武进县小南门外御史桥南首，门临运河，距离车站约六里地，交通便利。该厂计有英锭八千枚，美锭六千六百二十四枚，一切设备，属于当时较为先进的。该厂每年约产纱一万件左右，耗费原料在三万五千担左右。荣宗敬在接手申新六厂后，也对其进行大力整顿，"卒使所出仙女纱，屹然为市上上等牌子"③。

---

① 《申新第五纺织厂概况》，《茂新、福新、申新总公司卅周年纪念册》，收入孙燕京、张研主编：《民国史料丛刊续编》第621册，大象出版社2012年版，第95—96页。

② 上海社会科学院经济研究所经济史组编：《荣家企业史料》（上册），上海人民出版社1962年版，第181页。

③ 《申新第六纺织厂概况》，《茂新、福新、申新总公司卅周年纪念册》，收入孙燕京、张研主编：《民国史料丛刊续编》第621册，大象出版社2012年版，第97—99页。

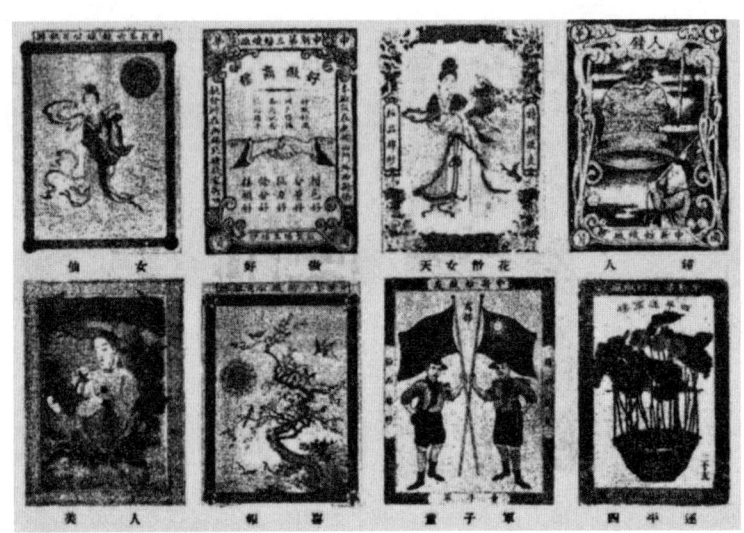

申新纺织厂棉纱商标（孙燕京、张研主编：《民国史料丛刊续编》第621册，大象出版社2012年版）

需要说明的是，在1931年7月，在常州纱厂租期已满，交还原股东后，荣宗敬又于同年10月，以340万两价格，收购了由穆藕初创办的上海厚生纱厂，更名为申新第六纺织厂。此时的厚生纱厂有纱锭7万多枚，布机900台，规模甚大，设备也较为新颖。荣宗敬从申新各厂调派经验丰富、技术娴熟的工程师和职员、技术工人到该厂进行整顿，不久即全厂开工生产，因其速度较快，引起了市场的高度关注。①

申新第七纺织厂：1928年，因国内外棉花丰收，棉价下跌，加之因"济南惨案"而爆发的抵制日货运动，使得日纱滞销，华商纱价有增无减，各厂均获利不菲。在这种背景下，荣宗敬于1929年收购了上海英商东方纱厂，改为申新第七纺织厂。该厂位于上海杨树浦36号，前临马路，后通黄浦江，大小船舶均可直靠栈房码头，交通极为便利。该厂占地面积近69亩，有纱机53 844锭，布机455台，该厂采用马达传动，出

---

① 许维雍、黄汉民：《荣家企业发展史》，人民出版社1985年版，第73—74页。

品有精纺20、16支龙船牌、人钟牌和招财派棉纱,有精织9、10、11、12、13、14、16磅平斜粗细双聚宝盆及四平莲等牌的布匹。此外,该厂还生产三磅至四磅半重之得胜牌各色绒毯。①

申新第八纺织厂:1929年,荣宗敬得知永安购新机后,也想添购新式泼辣脱纱锭,并在申新一厂旁空地建造新屋,为申新第八纺织厂。申新八厂计有纱锭50 400枚,厂房为两层钢筋混凝土结构,光线充足,布置有序。其机械全为英国泼辣脱厂出品,各处重要传动均采用钢珠培令,粗纱机为双铁炮式,并且还适当改进了粗细纱升降度,提升了出纱的品质。该厂主要生产20支、16支棉纱,同时也适当纺其他支间棉纱,在当时申新各纱厂中,申新八厂的机器是最为新式,故受到荣宗敬的高度关注,"对此新厂不得不力求完备"②。

申新第九纺织厂:1931年初,荣宗敬收购三新纱厂,更名为申新第九纺织厂。三新纱厂原为1894年由盛宣怀集资创办的华盛纺织总局,后来数易其名,在辛亥革命后改名为三新纱厂。接收三新纱厂后,荣宗敬同样对内部进行整顿和机器运转测试,于4月29日即开工生产。但到1932年时,申新九厂地主提高租费,逼迫申九迁厂,荣宗敬遂在福新二厂旁辟地六十亩,另建申新九厂。1933年新厂建成,为三层钢筋混凝土建筑,还建有男女工人宿舍及职工家属宿舍、厨房、工人食堂和商店等,设施齐全,并于同年秋完成搬迁工作。③申九收购不久,荣宗敬就为该厂添购新机,截止到1932年,申新九厂共计有纱机68 992枚,布机1 000台,线机2 912锭。为了加强自身实力、与日商纱厂展开竞争,申新九厂极力试织20支为中心的12磅细布和32支以上的印花坯布,当年就开始

---

① 上海社会科学院经济研究所经济史组编:《荣家企业史料》(上册),上海人民出版社1962年版,第222页。
② 上海社会科学院经济研究所经济史组编:《荣家企业史料》(上册),上海人民出版社1962年版,第222—223页。
③ 上海社会科学院经济研究所经济史组编:《荣家企业史料》(上册),上海人民出版社1962年版,第393页。

批量生产，这在当时为各华厂所少见。①

申新系统在原料采购与产品经销方面，与面粉厂相似。1918年至1922年间，申新纺织厂在江苏太仓、常熟等棉花产地分设4个收花处。同时，还在无锡、常熟、九江等地分设申新批发处以推销产品。

1919年，荣宗敬在上海江西路建造房屋，成立由茂新、福新和申新三大系统组成的茂新、福新、申新总公司（简称"茂福申新总公司"，亦称"三新公司"），下设庶务、文牍、会计、粉麦、花纱、五金、电气和运输等部门，总公司没有董事会，股东会也无大权，由荣宗敬任总经理以总其成，一切权力都集中于总经理，除总经理及下设各业务部门外，仅是简单地分为外账房和银账房，外账房办理进货、出货的手续单据，并向各厂汇报，而银账房则专管银钱出纳和资金周转。②总公司下面的各系统分厂主要负责生产制造，在原料采办、产品推销及资金统筹等方面则由总公司负责联络进行，具体来说就是"总公司采购原料，配合各厂；销售则照原售价结给各厂"③，总公司在实质上扮演了各分厂的业务机构的角色，而原来存在于各地的麦庄、收花处和批发处也划归总公司统一指挥。在管理方面，在上海的各厂经理按照规定时间，集议开会，互通信息，消除隔阂，上海以外各厂，则"恒用邮电传递消息"，与总公司保持通畅联系。三大系统下面的各分厂与三新总公司之间的关系，"犹人体之有脑，各厂则五官百骸，其关系视唇齿尤为密切"，总公司在管理各分厂时，"无分轩轾，酌盈济虚，以冀平均发达，所望各厂营业顺利"④。

以荣宗敬为总经理的茂福申新总公司经过多年的开拓和扩展，在面

---

① 许维雍、黄汉民：《荣家企业发展史》，人民出版社1985年版，第73页。
② 上海社会科学院经济研究所经济史组编：《荣家企业史料》（上册），上海人民出版社1962年版，第97页。
③ 上海社会科学院经济研究所经济史组编：《荣家企业史料》（上册），上海人民出版社1962年版，第96页。
④ 《茂福申新总公司概况》，《茂新、福新、申新总公司卅周年纪念册》，收入孙燕京、张研主编：《民国史料丛刊续编》第621册，大象出版社2012年版，第41页。

粉和纺织业两大领域扎下了深厚的基础，成为民族工业在这两大领域中的标杆。据统计，截止1932年底，荣宗敬创办的茂新、福新和申新系统，共有面粉厂12家，粉磨总计347台，占全国关内各省粉厂的30%，上海福新各厂粉磨数占上海全市粉厂粉磨数的54%，全年生产面粉达两千万袋，占全国民族资本粉厂总产量的30%；有纺织厂9家，纱锭总计52万枚，占全国民族资本棉纺厂纱锭数的20%，布机总计5 357台，占全国民族资本棉纺厂的28%，申新纺织企业全年产纱三十余万件，产布280万匹，占全国民族棉纺厂总产量的30%。① 这些企业中，位于上海者有纺织厂7家，面粉厂7家，位于无锡者有纺织厂1家，面粉厂3家，汉口纺织厂1家，面粉厂1家，济南面粉厂1家。此外，还在无锡创办公益铁工厂，在上海、济南和郑州等地建立堆栈打包厂等辅助机构，进而组成了包括收购原料、生产加工、包装存储和运输销售等各个环节的一体化生产销售网络。

  茂福申新总公司的成立，从经营管理上而言，实现了以荣宗敬为总经理的高度集权制管理，一定程度上有利于先进经营管理模式的统一推广；从资本而言，总公司虽然与各分厂并无资本上的从属关系，各厂也都实行独立的经济核算，但要求必须将多余资本存放总公司，存款利息也比钱庄银行略高，这就吸收了很大一笔资金作为总公司的经费，一定程度上起到了调节盈虚的目的；从组织架构上而言，总公司下面的各分厂都采取无限公司组织形式，根据组织条例，股东非经其他股东之全体同意，不得以自己股份之全部或一部转让他人，且不得将股份转让给局外人，只能在股东内部之间转让。这一规定就便利了股东之间的兼并，其结果就是股东人数越来越少，集中在少数大股东之手，这就便利了大股东荣氏兄弟的集权管理。因此，在荣氏企业不断扩张的过程中，由于荣氏兄弟大权独揽，往往不通过集股而是由各厂盈余直接调拨垫付的方式来实现。

  也正是总公司的建立和无限公司组织形式的实行，以荣宗敬为代表

---

① 上海社会科学院经济研究所经济史组编：《荣家企业史料》（上册），上海人民出版社1962年版，第281—283、286—287页。

荣宗敬带儿子荣鸿庆巡视企业（陈文源、荣华源、周维沛主编：《中国民族工业先驱荣宗敬生平史料选编》，广陵书社2013年版）

的荣氏家族在企业中的权力更形集中，进而深刻影响了企业人事任用，各厂的经理人选多是荣家指派的亲属、老友以及子侄女婿之辈担任。据不完全统计，抗日战争前，荣宗敬、荣德生兄弟俩子婿辈在茂、福、申新各企业中担任厂长、经理等职务者至少有15人之多，其中荣宗敬长子荣鸿元担任三新总公司花纱营业部主任，次子荣鸿三担任同仁储蓄部主任，荣德生长子荣伟仁担任申新改进委员会主席，掌管的都是非常重要的核心部门。[1] 又如，在荣氏企业的九百五十七名职员中，无锡人就占据64.5%，荣姓就占12.2%，而且都是重要部门负责人。[2] 这样一来，股东会可谓形同虚设，凡事都由总经理荣宗敬一人独断裁决。1938年荣宗敬

---

[1] 《荣宗敬荣德生的子婿抗战前在茂福申新各企业任职概况表》，陈文源、荣华源、周维沛主编：《中国民族工业先驱荣宗敬生平史料选编》，广陵书社2013年版，第218页。

[2] 无锡市政协文史资料研究委员会整理：《民族资本家荣氏发展简史稿》（二），《无锡文史资料》第2辑，1981年印，第78页。

病故时，总经理的人选也并未经股东会议通过，而是直接由其长子荣鸿元以"父职子袭"的方式继任。①

当然，除前述茂新、福新和申新这三大系统企业外，荣宗敬等人还以粉、纱两业为基础，尝试拓展相关领域的经营。早在1919年创办公益工商中学时，为了方便学生实习，曾附设实习制造机械之工厂。1926年公益工商中学停办后，机器工厂仍然存在，荣宗敬便将其改造成"专为申新、茂新等及对外制造零件及修理机械之需"的企业。在独立经营以后，该工厂年年盈利，生产效益明显。据统计，到1936年时，该厂累计"已有制造母机百余部，储存钢铁材料数十吨，已能代申新制造自动布机及纺纱机"②，成为三新企业不断发展的有益助力。

为了更好地操控粉纱原料与产品的市场价格，荣宗敬还积极参与交易所的创办，以此开展买空卖空的商业投机行为。1920年，荣宗敬联合阜丰厂的宁钰亭和申大厂的顾馨一等人，共同发起组织上海面粉交易所，并规定以福新厂的兵船牌面粉作为标准粉。该交易所采取的是股份有限公司组织形式，荣宗敬出任理事，他就是通过该机构以及在各地的麦花收购和粉、纱销售机构，来控制原料和成品价格，以便从生产过程中攫取最大利润。1921年7月，荣宗敬又联合棉纺织业的穆藕初等人，组织成立上海华商纱布交易所，在创办资本

1926年美国费城博览会赠与福新公司的面粉奖状
（孙燕京、张研主编：《民国史料丛刊续编》第621册，大象出版社2012年版）

---

① 许维雍、黄汉民：《荣家企业发展史》，人民出版社1985年版，第33—34页。
② 上海社会科学院经济研究所经济史组编：《荣家企业史料》（上册），上海人民出版社1962年版，第224页。

300万元中，申新投资43.37万元。纱布交易所成立后，荣家在各地的分庄和批发处的供销活动便直接受到交易所的影响。为了抬高市场棉纱价格，荣宗敬通过纱布交易所大量买进棉纱，再倒逼对方到市场上搜购补进，乘机提高市场棉纱价格，申新各厂再将大量棉纱投放市场，获取暴利。可以说，荣宗敬通过交易所机构进行多方面交易行为，为其企业生产开拓了广阔的粉、纱市场，并获得了丰厚的利润。①

荣宗敬十分推崇科学管理法，他认为："工厂管理，其责任并不下于制造，一厂范围之内，大而整个原料，小而竹头木屑，以及人事之纷纭杂复，何一而非管理之责任，此所以管理重科学化，而于时间经济，均应有严密之注意也！"② 因此，他通过多种方式学习并在各厂改革推行欧美的先进管理方式。

其实，早在一战时期，中国的面粉业和纺织业得到了快速的发展，荣宗敬便深知要想在这两个领域中得到进一步的发展，必须学习欧美国家，更要从实地考察中去获知相关信息。1919年3月8日，荣宗敬选派曾赴海外留学的荣月泉赴欧美考察面粉业和纺织业情况。荣月泉先后到美国、英国、法国等地考察，他在美国考察了明尼波利斯、印第安纳及密尔华纪等处的面粉事业，其中前者是美国面粉业的中心，后二者则以制造粉机和电机著名于世，荣月泉考察各厂之所长，并定购了若干新式面粉机器和一千六百千瓦的发电机，这些机器运回国后，都成为补充福新和申新各厂的重要设备。在英国，荣月泉主要在英国纺织业中心孟哲斯德考察，历时三月，临行前他还向好华特白罗厂定购细纱机三万锭，这些纱锭成为后来申新各厂新补充的主要设备。③

---

① 许维雍、黄汉民：《荣家企业发展史》，人民出版社1985年版，第36—37页。
② 荣宗敬：《交通大学添设纺织科之我见》，《纺织世界》1937年第1卷第17期，第1页。
③ 《荣君月泉派赴欧美考察面粉纺织业记略》，《茂新、福新、申新总公司卅周年纪念册》，收入孙燕京、张研主编：《民国史料丛刊续编》第621册，大象出版社2012年版，第105—106页。

20世纪20年代以后，随着西方列强经济侵略的卷土重来，中国民族工商业的黄金时期过去，民族工业发展面临新的压力和困境。此时，荣氏兄弟在继续扩张企业的同时，把更多的精力花在企业内部管理的革新上，以提升企业竞争力，这种管理方式的改革可以用"恩威并用"概括，主要包括以下几个方面：

管理体制改革。荣氏企业一开始，也与同时代的其他工厂一样，采用的是"工头"制这样一种落后的管理模式。这是最早由外商在中国创办工厂中推行的一种制度，"工头"分为文、武场两个系统，文场主要负责记账、统计、人事、工资和交通运输等工作，而武场则重点掌管全厂的生产技术管理和人事管理大权，文场总管的地位在武场总管之上。因为各部门工头各自为政，其下辖的工人也以此为界限形成各种帮派，工头们在日常生产中为了巩固和扩大各自势力范围，互相之间倾轧、排挤，斗争十分激烈。工头们对内则是利用自己权力对工人进行任意勒索，而且巧立名目克扣工资，甚至打骂和侮辱工人，造成劳资关系的紧张。这种封建落后的管理模式，不仅严重限制了生产技术和先进管理方法的采用，还阻碍了企业生产效率的提升和正常生产秩序的开展，因此，荣宗敬便首先在申新纱厂系统内开始改革。①

1924年初，荣宗敬委派原在日本丰田纱厂工作的楼秋泉，到无锡申新三厂担任粗纱间领班，不久又派杭州甲种工业学校毕业生余钟祥到申三厂担任改良指导员。在改革中，荣宗敬等人提出"旧学为体，新学位用"的改革原则，本着"务实"的精神，采取渐进式的稳妥步骤从两个方面开展改革：一是将生产效率高的英式纱锭交工头管理，技术人员负责生产效率低的老式美制纱锭，一切行政和技术管理都采用两条线分别进行。因技术人员实行了科学管理法，从机器运转到保全，再到行政和技术管理，各项面貌都焕然一新，与工头负责的车间形成鲜明对比；二是成立保全部、实验室等新式部门，健全产品检验和机器检修制度。两

---

① 龚廷泰：《荣氏家族的实业巨子——记荣宗敬、荣德生兄弟》，《江苏文史资料》编辑部编：《江苏文史资料》第34辑，1989年印行，第119页。

种管理系统的优劣很快便显现出来,技术人员负责的效率低下的美制纱锭,其实际生产效率反而比工头负责的英制纱锭要高很多,这就进一步增强了荣宗敬厉行改革的决心。在技术人员支持下,他取消了文场和武场的管理组织形式,统一了全厂的行政和技术管理,整顿车间生产管理制度。①

但是,改革的进程并非一帆风顺,也伴随着激烈的新旧斗争。1925年初,荣宗敬又聘用留日学生汪孚礼为申三厂工程师,更是雇佣纺织专门学校毕业生多人为职员,仿照日本纺织厂制度,对于工人厉行科学管理法。但是,由于这触犯到工头的切身利益,加之新制度也抓紧了对工人的约束和监管,在工头的挑动下,工人们"均怀怨望,互相结合"。1925年4月21日,工人们在散工后,纠集多人涌入工厂职员宿舍,围殴新派职员,其中包括副工程师余钟祥、管车范文卿、布厂主任张公威等人,都被殴伤,由此酿成新旧两派的严重对立事件。②这一事件在荣德生亲自调解下得以处理,虽然肯定了管理改革的成绩,也强调了任用工程师和技术人员是厂方的事,但同时也对不称职的新职员进行调离,最重要的是保留了原有的领班和工头的权益,其本质是放慢了改革的步伐。

1927年以后,工头沈阿富因年老不能工作,由荣家每月补贴三十元,工头王阿宝因参与组织黄色工会,抽上鸦片,逐渐堕落,失去影响力。工头们的权力慢慢由汪孚礼等改革派掌握,这样改革的步伐才顺利进行,改革成效也愈见明显。据统计,至抗日战争前夕,申三七万纱锭经过改良后,"车速前罗拉从过去工头制时的一百一十几转(还是纺16支纱)提高到二百二十转(纺20支纱)。加油、生线机工从十几人减至几个人。每件纱的开缴成本仅为二十四元(棉花和利息不在内)。"成本的降低意味着利润的提升,人事问题虽然没有彻底的改变,但技术与管理环境的改良还是不少,这使得荣宗敬比较满意,据汪孚礼回忆,此时的"总经

---

① 许维雍、黄汉民:《荣家企业发展史》,人民出版社1985年版,第76页。
② 上海社会科学院经济研究所经济史组编:《荣家企业史料》(上册),上海人民出版社1962年版,第161—163页。

理昆仲睹此气象，颇觉可喜"①。

技术管理上的改革。 对于企业而言，提高产品产量和质量，增加花色品种，节约原材料消耗，节省人力、物力和成本，提高利润空间，这是企业技术改革的中心内容。申新纱厂的技术改革，除了前述的设立实验室、质量检测部门外，还按照泰罗制原则，制订和推行各工种的"标准工作法"。厂方非常注重加强工人的技术培训和技术指导，申三厂于1932年设立工人养成所，招考15—20岁的童养工，这些童养工要通过相当于高小程度的识字和算术测验，经过持续性、记忆力、注意力、插拔筒管、个别谈话和体格测验才决定是否录用。这些工人一经录用，还要进行为期三个月的文化教育和技术培训，期满后再被分配担任相应工作。厂方通过这一手段，大大提高了工人的技术水平和劳动熟练程度，进而大大提升产品的质量和生产效率。②

设备管理改革。 荣宗敬主持的申新各纱厂，虽然情况各有差异，且负担巨债，但在"换机添锭，增产细纱"方面，却较为一致。据1934年国民政府实业部的调查，申新各厂，无论是自创还是收买，其规模最初都比较狭小，设备简陋，但各厂能顺应时代潮流，逐渐更换设备，"即如极旧之恒昌源、东方，及今观察二厂、七厂之陈设，则远非昔样矣。其余各厂，几无一而不扩充之"，如"Reiter细纱机该公司购置不少"，申新八厂的新式设备，

申新电器厂（孙燕京、张研主编：《民国史料丛刊续编》第621册，大象出版社2012年版）

---

① 上海社会科学院经济研究所经济史组编：《荣家企业史料》（上册），上海人民出版社1962年版，第165—166页。
② 龚延泰：《荣氏家族的实业巨子——记荣宗敬、荣德生兄弟》，《江苏文史资料》编辑部编：《江苏文史资料》第34辑，第120—121页。

"其机器悉购自 Platt 公司",又如汉口申新四厂,在遭毁重建后,"其机器纯为最新式之大牵伸机,不独华中无其伦,即华东亦鲜有其匹"①。注重对机器设备的及时更新,是申新各厂发展的一大特点,这也保证了其产品的质量和生产的效率较同时代其他各厂为优。

当然,机器设备的及时更新只是荣氏企业设备管理的最重要内容,但并非全部。荣氏兄弟还在组织和制度方面对设备管理进行补充。一是按照科学方法调整各种机器设备,进行合理配置;二是专门设立机器保全部,委派得力技术人员担任领导,负责各种机械设备的维修和保养;三是建立提取设备折旧费制度,创办铁工厂及其它工厂,以便制造和更新设备;四是在各企业中建立严格的机器保养、维修制度,确保设备的正常运转。②

劳动管理改革。荣氏兄弟在各厂建立起劳动管理部门,专门负责工人管理,加强劳动监管。其主要施行的措施有三个方面:一是制订严格的《工务规则》,严禁工人迟到、早退、旷工、停工、怠工,违反者扣除工资;二是实行严格的定额管理,限定人员、规定任务,如申新四厂原来有 3 万纱锭,工人 1 900 人,但在实行定额管理后,4 万纱锭却只用 1 100 人,企业节省了人工成本,但工人的劳动量异常增大;三是实行奖金制,奖励出勤率高、劳动效率高的工人,激励工人的劳动积极性。③

财务管理改革。为了加强荣氏企业财务的统一管理,荣宗敬设立会计部。在总公司成立前,三个企业系统权力比较分散,企业管理也较为涣散,财务方面更是缺乏严密完整的规章制度,各企业财务收支凭证非常简单,票据出现漏签、错签甚至遗失者,屡见不鲜。这种混乱的财务

---

① 上海社会科学院经济研究所经济史组编:《荣家企业史料》(上册),上海人民出版社 1962 年版,第 532 页。
② 龚廷泰:《荣氏家族的实业巨子——记荣宗敬、荣德生兄弟》,《江苏文史资料》编辑部编:《江苏文史资料》第 34 辑,第 121 页。
③ 龚廷泰:《荣氏家族的实业巨子——记荣宗敬、荣德生兄弟》,《江苏文史资料》编辑部编:《江苏文史资料》第 34 辑,第 121 页。

管理，不仅容易造成贪污浪费，还对企业财务核算和成本计算产生严重干扰，是企业发展的一大障碍。1919年茂福申新总公司成立以后，荣氏兄弟对下属各厂的财务管理制度进行系列的整顿和改革，主要有两个方面：首先，是制订了相对完善的财务规章制度，对于各厂的会计账册、会计科目和各种统计报表等，进行格式和填报流程的统一；其次是实行产品成本核算，规定年终决算必须编制各企业的资产负债表和损益计算书，以加强财务的统一管理，提升各厂经营管理水平。这些改革在很大程度上纠正了过去混乱的财务管理的弊端，提高了企业财务核算的精准度和透明度。①

但是，因荣宗敬对旧式账簿的偏爱，加上荣氏企业各厂分散各处，因管理习惯和历史原因等，仍然存在着新旧两套财务登记系统。荣宗敬曾对于总公司采用外账房和银账房两套系统做过自己的解释，他说："从来旧学为体，新学为用，最合时宜。我不采用银行的纯新式，我们是旧账新表，中外咸宜。"②总公司内部组织两班人，一班人负责旧式账簿，一班人负责新式簿记。总公司会计部的工作，就是根据银账房每日流水账翻制传票，而且还特别印制直式毛笔书写的传票，然后再登记日记账、分类账等，最后制成试算表。③这种新旧两套账册并用的管理办法，不仅造成重复工作，影响工作效率，还容易形成形式主义，这是其财务管理改革不彻底的表现。

当然，在规范工人管理的同时，荣宗敬也在**改善或激励工人**方面，采取了一定措施。1933年，荣宗敬在申三厂率先建立"劳工自治区"，在自治区内，有男女单身工人宿舍和职工家属宿舍，按区、村、室三级构成，并且设立工人子弟小学、工人晨校和夜校，设立女工养成所，创办

---

① 龚廷泰：《荣氏家族的实业巨子——记荣宗敬、荣德生兄弟》，《江苏文史资料》编辑部编：《江苏文史资料》第34辑，第121—122页。
② 上海社会科学院经济研究所经济史组编：《荣家企业史料》（上册），上海人民出版社1962年版，第292页。
③ 许维雍、黄汉民：《荣家企业发展史》，人民出版社1985年版，第81—82页。

身着工作制服的申新二厂女工（陈文源、荣华源、周维沛主编：《中国民族工业先驱荣宗敬生平史料选编》，广陵书社2013年版）

工人医院、食堂、浴室、影剧场、合作社、图书馆以及养兔场等，甚至还设立有国民党县党部的"社会服务处"，负责训练工人与改良风纪，整个自治区俨然就是一个小型社会。"劳工自治区"在方便工人出工、减少劳资纠纷和提升工人技术文化水平等方面是发挥了一定的作用，故该制度很快便被推广至荣氏其他企业中。此外，荣宗敬也在申四和福五厂推行过"惠工措施"，包括发给生活补贴，垫付服装费用，增加假期福利，实行免费医疗和发给因公致死抚恤金等，这些措施在当时的历史条件下，是有一定进步意义的，也确实扩大了荣氏企业的社会影响力，吸引了大批工人入职荣氏企业做工。①

上述以荣宗敬为主导的企业改革措施，无论是规章制度的完善，还是惠工政策的执行，始终贯穿着"恩威并用"的原则，诚如荣德生所言，"三厂对职员主教以习，对工人主恩威并用"。② 这种既有奖励和宽容，又

---

① 龚廷泰：《荣氏家族的实业巨子——记荣宗敬、荣德生兄弟》，《江苏文史资料》编辑部编：《江苏文史资料》第34辑，第122—123页。
② 龚廷泰：《荣氏家族的实业巨子——记荣宗敬、荣德生兄弟》，《江苏文史资料》编辑部编：《江苏文史资料》第34辑，第122页。

有严厉和惩罚的措施,可以说是荣氏兄弟治理企业非常鲜明的特色,当然也在很大程度上提升了企业的生产效率和管理规范,解决了工厂用工需求问题。

荣宗敬在三新总公司内设立的同仁储蓄部,值得特别介绍一番。1928年,荣宗敬与各股东商议,决定汇集各厂职工存款,组织储蓄部以嘉惠职工。在储蓄部发布的《劝告同仁储蓄宣言》中,提出开办储蓄部的目的,在于提倡节俭,为工友提供生活保障,养成节俭习惯,同时也是工友支持公司发展、防止利权外溢的重要举措,还是公司"以储蓄辅助实业,即以实业保障储蓄,社会而有维护实业之决心"①的社会责任感的具体体现。该储蓄部"一切仿银行条例厘订规章",制定了《同仁储蓄部章程》,详细规定了定期储蓄、定期取息、零存整取等各类储蓄方式的操作办法,在当时的实业界实属创新,被称为"将以树金融界与实业界互助合作之先声"。②同仁储蓄部开办后,存款业务竟超过了荣宗敬此前的预期,数额不断增大,据统计,到1933年时,该部吸收存款竟达521万元③,这部分存款对于缓解三新总公司资金短缺,发挥了重要作用。

企业扩张的特点。荣宗敬在经营茂新、福新和申新三大企业系统时,积极扩张,在很多时候都是靠借贷或者欠款来扩张企业数量和规模,走的是一条以借贷为主要手段、以兼并为主要形式来进行的富有冒险性的扩张路径。据荣德生女婿李国伟回忆,荣宗敬对于三新企业的发展有一套自己的见解,他曾多次说过:"茂、福、申新各厂得力于:造厂力求其快,设备力求其新,开工力求其足,扩展力求其多,因之无月不添新机,无时不在运转;人弃我取,将旧变新,以一文钱做三文钱的事,薄利多

---

① 《劝告同仁储蓄宣言》,《茂新、福新、申新总公司卅周年纪念册》,收入孙燕京、张研主编:《民国史料丛刊续编》第621册,大象出版社2012年版,第107页。

② 程文勋:《序七》,《茂新、福新、申新总公司卅周年纪念册》,收入孙燕京、张研主编:《民国史料丛刊续编》第621册,大象出版社2012年版,第17页。

③ 上海社会科学院经济研究所经济史组编:《荣家企业史料》(上册),上海人民出版社1962年版,第278页。

做，竟胜于市场，庶几其能成功。"① 可见，荣宗敬将扩大企业规模和数量作为企业发展图存的一种途径。在荣宗敬看来，举债收买旧厂有几多好处：一是收买旧厂比建新厂便宜；二是旧厂职员被遣散，总公司只需从各厂抽调员工即可开工，不需添新人，可以减轻负担；三是多一个厂，总公司仅需添一本账簿，不必专设经营管理机构；四是减少一家企业，就减少一个竞争对手，就增强了总公司的实力。② 对于扩张企业所用的资金，荣宗敬也有自己的一套理论，他曾说过："你有银子，我有锭子，我的锭子不怕你的银子。"③ 故其扩张企业的资本来源，主要有两条途径：一是自有资本的增加，包括企业销售利润、交易所操控原料获利等；二是借入资本的取得，荣宗敬与中国、上海两银行关系密切，从中取得贷款，加上荣宗敬创办的"同仁储蓄部"吸收职工的存款等。荣宗敬经营喜欢"欠人赚下还钱"，先借款到手，办厂赚钱后再还债，故上海商界都将荣宗敬称为"空心老板"。④

不过，荣宗敬一味扩张企业的做法，也带来了很大的风险。1935年初，申新七厂因资金短缺，不能及时还款，被汇丰银行强制拍卖，荣宗敬对此感慨地表示，这是帝国主义对中国实业摧残的证明。但他面对国内实业风雨飘摇的现状，并不灰心，决定要"抱极大毅心，决将个人毕生经营之事业，力予维持"，这被时人视为"本他四十余年苦干事业的经验，放出他那种老当益壮百折不挠的毅力，维持他毕生经营的事业，为社会人类继续服务造福"。⑤ 在经办实业、扩充规模的道路上，荣宗敬百

---

① 李国伟：《荣家经营的纺织和制粉企业概述》，《文史资料选辑》编辑部编：《文史资料精选》第6册，中国文史出版社1990年版，第455页。
② 无锡市政协文史资料研究委员会整理：《民族资本家荣氏发展简史稿》（二），《无锡文史资料》第2辑，第76—77页。
③ 龚廷泰：《荣氏家族的实业巨子——记荣宗敬、荣德生兄弟》，《江苏文史资料》编辑部编：《江苏文史资料》第34辑，第125页。
④ 无锡市政协文史资料研究委员会整理：《民族资本家荣氏发展简史稿》（二），《无锡文史资料》第2辑，第77页。
⑤ 张若谷：《荣宗敬：人物与事业》，《人言周刊》1935年第2卷第12期，第237页。

折不挠，以异乎常人的毅力不断奋斗着。

五　兴办教育

荣宗敬由于少年时没有受到充分且系统的教育，加上他父亲"立身治家，常须推其有余"遗训的影响，在他事业有成后，他积极投身兴办教育事业，尤其是在实业教育方面，做出了很大的贡献。

荣宗敬从事教育事业始于1906年，此后他在创办学校方面，"由初等而高等而中学，由男校而女校，由男女小学各一校而推广至各四校"[①]，规模越来越大，办学层次越来越高，学生来源也越来越广，而且其创办教育的类型越来越丰富，取得了很大的成绩。

1906年，荣宗敬在无锡荣巷开办公益第一小学校，是为其兴办教育之始。1908年，又在荣巷添办竞化第一女子小学校。后来又相继开办公益第二小学校、公益第三小学校、公益第四小学校、竞化第二女子小学、竞化第三女子小学、竞化第四女子小学等。荣宗敬还十分重视工人子弟的教育问题，1917年，他鉴于工人子弟上学不便，便在上海周家桥购地筑屋，创办私立申新学校，该校设施完善且先进，除教室外，还有成绩室、运动场等，以此"实施工人教育"。1927年起，申新中学又添设高级班，学生达数百人，切实收到了工人教育之实效。[②] 上述这些学校的开办和平日经费全部由荣宗敬个人承担，据说"所耗的资力也有几十万元"[③]。

除了一般的教育机构外，荣宗敬还十分重视企业职工的职业教育和培训。荣氏兄弟在创业之初，有感于企业职工文化水平太低，不利于新

[①]《创办学校略史》，《茂新、福新、申新总公司卅周年纪念册》，收入孙燕京、张研主编：《民国史料丛刊续编》第621册，大象出版社2012年版，第169页。

[②]《创办学校略史》，《茂新、福新、申新总公司卅周年纪念册》，收入孙燕京、张研主编：《民国史料丛刊续编》第621册，大象出版社2012年版，第171—173页。

[③] 瞿兆鸿：《实业家荣宗敬先生传略》，《无锡旅刊》1936年第172期，第12页。

无锡公益第一小学廿周年纪念全体摄影（孙燕京、张研主编:《民国史料丛刊续编》第621册，大象出版社2012年版）

技术、新工艺的采用，阻碍企业的发展，故提出"实教相辅"，即实业和教育是相互促进的观点。

  1919年，荣氏兄弟合力筹资十万元，创办公益工商中学，公益该校以"和平耐劳"为校训，聘请胡雨人为校长，招收八十名学生入校学习。开设工、商两班，学制三年，其中商店、银行等学科为商科练习，工场学科为工科实习。公益工商中学的教学层次较为完备，且对毕业生的出路问题也有完善的规划，实现了"自幼稚生入校，直至高中分科毕业，荐入工厂或商店就业"的目的。因是之故，该校毕业生"蜚声于工商界者，颇不乏人"[①]。特别需要指出的是，该校创办及运行经费，基本都是荣宗敬和荣德生自行支付，荣宗敬将申总公司的经理费和总经理收入，悉数投入该校，每年可注入万余元，保证了该校的持续运转。1927年，因

[①] 上海社会科学院经济研究所经济史组编:《荣家企业史料》（上册），上海人民出版社1962年版，第73—74页。

时局、招生等原因，公益工商中学正式停办。该校共计毕业工科学生两届、商科学生五届，共计二百余人，"其中有不少人后来进入荣氏企业，成为工厂管理及工程技术方面的骨干"①。

荣宗敬始终认为，创办实业最重要的两大要素，一为资金，一为人才，尤其是纺织业中，人才的重要性更为突出，因为"制造管理，必须有相当学识与技术，而后可以胜任愉快"，因此，用他自己的话来说，在创办纺织厂过程中，"人才缺乏，尤时时引以为虑"，故"造就专门人才，尤为当今第一要义"。他对于人才的重视与推崇，甚至有似迷信般的虔诚，他曾认为，对于一家企业而言，"得人则陈旧机器可制造精良之出品，不得人则机器虽极精良，出品依然落伍"。因此，当他得知交通大学添设纺织科以后，十分高兴，不仅撰文鼓励，并且允诺纺织科学生到上海的申新纱厂"随时可参观或实习，俾学理经验合一"，甚至还向纺织科学生提前抛出橄榄枝："现在敝公司各厂正在添设纱锭，扩充至相当程度，于纺织专门人才，尤急需罗致。"②希望这些学生毕业后能到厂效力。

1928年秋季，荣宗敬在无锡申新三厂创办职员养成所，聘请曾留学英、日等国学习纺织技术，并在国外工作十年的沈泮元为主任，专门负责造就国内纺织人才。在沈泮元主持下，养成所率先招考实习生数十名，设校于无锡荣巷工商中学旧址，采取"半日在校练习科学，半日赴厂实习工业"③的实践与知识相结合的教学方式。课堂讲授采用美式教法，用英语讲习，每课前布置有测验，打分严格，笔记也时时抽查，课程内容包括几何、机械绘图、力学、热机学、三角代数等科目。工厂实习则重点在训练手脑并用，在操作过程中老师还要结合理论阐发讲演，对于制

---

① 《荣氏兄弟的教育培训事业》，陈文源、荣华源、周维沛主编：《中国民族工业先驱荣宗敬生平史料选集》，广陵书社2013年版，第240页。
② 荣宗敬：《交通大学添设纺织科之我见》，《纺织世界》1937年第1卷第17期，第1页。
③ 上海社会科学院经济研究所经济史组编：《荣家企业史料》（上册），上海人民出版社1962年版，第224页。

成品也会依质量打分，职员养成所即以此开展技术人员培养。①该校学制以一年为限，学生在学校练习一年后，准予毕业，然后分配至各厂作为专门人才使用。

据统计，申新职员养成所自1928年至1932年共毕业四班四十八人，②这些学生毕业后，大都服务于荣氏各企业，促进了厂务日益发达。但也有不完善之处，虽然他们"能知机器原理，与纺织常识，惜受职时间有限，未能深造"③，即他们可以解决一些基本技术问题，但因掌握的知识还不全面和深入，无法胜任更为精深或繁杂的管理与技术工作，这在一定程度上也限制了各厂技术革新和生产效率的进一步提升。

荣宗敬还积极倡导建立女子纺织学校。当时纺织学校培养的纺织人才多为男性，但尚供不应求，而很多求学毕业的女生却面临就业困境，这种现实的冲突启发了他，他认为"女子性情，于纺织甚近。苟教导有方，不难收事半功倍之效"。因此，他极力主张应该由政府主导，"女子不论中学大学师范，应添设纺织一科，俾明了纺织占实业重要位置，而于纺织门径及工厂管理方法，有相当之智识技能，毕业后受聘到厂服务"④，这样不仅可以解决纺织人才短缺的问题，还可以消除女子就业生活等问题，一举两得。

1916年10月，荣氏兄弟还在无锡荣巷创办大公图书馆，该馆房屋为专门建造，所藏图书、杂志不下十六万卷，并聘任严懋功为馆长，主持馆中一切事务。⑤荣宗敬创办大公图书馆的目的，在于为读书学子提供专

---

① 张荣：《回忆申新职员养成所》，陈文源、荣华源、周维沛主编：《中国民族工业先驱荣宗敬生平史料选集》，广陵书社2013年版，第250页。

②《荣氏兄弟的教育培训事业》，陈文源、荣华源、周维沛主编：《中国民族工业先驱荣宗敬生平史料选集》，广陵书社2013年版，第241页。

③ 荣宗敬：《交通大学添设纺织科之我见》，《纺织世界》1937年第1卷第17期，第1页。

④ 荣宗敬：《论女学应增纺织为必修科》，《纺织世界》1936年第1卷第2—3期，第2页。

⑤《荣氏兄弟的社会事业》，陈文源、荣华源、周维沛主编：《中国民族工业先驱荣宗敬生平史料选编》，广陵书社2013年版，第239页。

门的阅览书报的场所。随着荣宗敬实业规模的不断拓展，其对于无锡乡里的各方面影响亦愈加突出，尤其是在教育文化事业上。史量才就曾指出："夫锡邑具山水之胜，多学人所聚。自先生倡实业，更为吾省富源之所聚。邑人所给瞻者，不特为己足，且建庠序以宏造就，立园林以适游观。"① 由此可见荣宗敬对于家乡教育文化事业的贡献之大。

大公图书馆前景（孙燕京、张研主编：《民国史料丛刊续编》第621册，大象出版社2012年版）

六 社会公益

1896年，荣熙泰病逝前留下遗训："治家立身，有余顾族及乡，如有能力，即尽力社会。以一身之余，即顾一家，一家有余，顾一族一乡，推而一县一府，皆所应为。"② 训导荣宗敬兄弟要服务乡里、尽力社会，这成为荣宗敬后来服务社会公益的重要动因。

在荣熙泰遗训的引导下，荣宗敬虽然以经办实业为主业，但那并非他关注的全部，他在社会公益方面也做出了很多贡献，在时人眼中，荣宗敬是"素以社会国家为重，其经营纱、粉两业，直接间接之资以生活者，无虑数十万人，与彼行商居贾逐什一之利者，固不可同日语也！"③，普通民众认为荣宗敬与同时代的一般商人截然不同，最主要的在于他办

---

① 史量才：《序一》，《茂新、福新、申新总公司卅周年纪念册》，收入孙燕京、张研主编：《民国史料丛刊续编》第621册，大象出版社2012年版，第2页。
② 荣德生：《乐农自订行年纪事》，《荣德生文集》，上海古籍出版社2002年版，第22页。
③《荣宗敬小传》，《海上名人传》1930年5月，第77页。

实业不忘服务社会、贡献国家,并非单纯逐利的市井商贩。

荣宗敬有着强烈的社会责任感,他将创办实业与服务社会视为紧密联系的一体两面,当他事业取得很大成就,别人都在赞美他时,他却怅然若失地说道:"丈夫生世,所贵在能恤人忧患耳。吾恨无力,不克尽发国中实业,衣食天下穷困,使人人得免于饥寒,指困赠麦,不过聊尽吾心,讵足言功德耶?"①在其创办实业的过程中,也非常乐于参与各种社会公益事业,"一以兴公利、除私见为规戒,疏财好义,时人多之"。②

荣宗敬对于家乡路政公益事业极为热心。当时无锡市区至梅园交通不便,荣宗敬便联合地方人士,发起修筑了开原马路,该路以无锡西门迎隆桥为起点,经河埒口荣巷而直达梅园,全线长六英里,"乃开原乡与城市间之唯一要道也"。此外,荣氏兄弟对于无锡通惠路及城乡各支路的修筑,"亦莫不慷慨输将,力助其成"。据统计,截至1928年底,他们单是"历年捐资于建筑道路及桥梁等者,不下二十余万元"③,修筑道路计达八十余公里,还成立千桥建筑公司,聘请工程专家,修筑各地桥梁数十处。④切实践行了他们父亲要求他们尽力社会、服务家乡的遗训。

1913年由荣宗敬捐资修建的开原马路(陈文源、荣华源、周维沛主编:《中国民族工业先驱荣宗敬生平史料选编》,广陵书社2013年版)

1928年,荣宗敬等人又集资创办了开原公共汽车公

---

① 《征文事略》,《杖乡导游录》1932年第十三种增刊,第37页。
② 《征文事略》,《杖乡导游录》1932年第十三种增刊,第37页。
③ 《开原马路以及公共汽车》,《茂新、福新、申新总公司卅周年纪念册》,收入孙燕京、张研主编:《民国史料丛刊续编》第621册,大象出版社2012年版,第167页。
④ 薛明剑:《实业家荣氏昆仲创业史》,《荣德生文集》,上海古籍出版社2002年版,第533页。

无锡梅园盛景(孙燕京、张研主编:《民国史料丛刊续编》第621册,大象出版社2012年版)

司,但其创办该公司的动机并非谋利,而是明确以"促进交通和便利民众"为宗旨,因此该公司的车费票价定得很低,而在服务方面却又很周到,"行驶以来,成绩甚佳,往来城乡者益感便利"①,受到了民众的普遍赞誉。当时就有人指出:"荣先生服务社会事业的热忱,决不是一般剥削他人以肥己的资本家所能及的。"②

---

① 《开原马路以及公共汽车》,《茂新、福新、申新总公司卅周年纪念册》,收入孙燕京、张研主编:《民国史料丛刊续编》第621册,大象出版社2012年版,第167页。
② 瞿兆鸿:《实业家荣宗敬先生传略》,《无锡旅刊》1936年第172期,第11页。

1912年，荣宗敬在无锡开原乡东、浒两山之上，开辟出一块占地百亩、面朝管社，背靠龙山的公园：梅园。该园是在清代进士徐殿一所建桃园故址上扩建而成，随着地形渐高，园内有怪石数丛，矗立在广场之中，两旁种植梅树数千株。园内架设有小桥，立有假山石洞，小溪蜿蜒不绝，更建有花房、餐馆，还开辟有荷池，池前有轩。在园内遥望可见五里湖和太湖，"风帆片片，往来不绝"，湖光山色，风景绝伦。后来，园址不断开拓，又相继建有宗敬别墅、玻璃花房和太湖饭店等房舍，规模庞大，环境幽雅，是休闲游览的好去处。

据记载，荣宗敬时常在梅园招待贤朋、款宴嘉宾，尤其是"每届花时，辄宴四方硕彦文士于豳风堂上，裙屐连翩，觥筹交错，有孔北海'座上客常满，樽中酒不空'之概！"[①]当然，荣宗敬并未将梅园视为自己独享的乐园，他本着服务乡邑、"与人同乐之意"[②]，将梅园"终年开放，不取游资，远近来游者，日必千计"[③]，极大方便了本地民众的休闲生活，成为无锡民众闲暇时光顾最为频繁的消遣中心。

1929年，荣宗敬又出资在无锡小箕山南面一地势平坦的低洼处辟建锦园，并且新辟一条公路，从梅园开始，至管社山麓，沿山西向，过后湾山山嘴，直抵小箕山湖畔北岸。同时，在北岸修筑一条长堤，与山相衔接，汽车可直抵山腹，长堤左右湖面围成宽广的荷塘，堤岸两侧种植柳树。每逢盛夏时节，莲花朵朵，皎如玉琢，远香飘逸，沁人心脾。锦园内不仅建有楠木构造的荷轩，还建有仿西班牙式的别墅。室内空气清爽，布置井然，临窗闲眺，湖中胜景，一览无余。别墅外面还修建了正方形的平台，夏日夕阳西下时，登台小憩，荷香扑鼻，令游客流连忘返。在锦园最东侧，建有嘉莲阁，建筑古雅精细，三面临湖，风景绝佳，飞

[①]《纺织界名人录：荣宗敬》，《纺织染工程》1941年第3卷第3期，第181页。
[②] 朱章：《工业人物：荣宗敬、德生先生昆仲小传》，《工业月刊》1944年第1卷第3期，第38页。
[③]《梅园史料选录》，陈文源、荣华源、周维沛主编：《中国民族工业先驱荣宗敬生平史料选编》，广陵书社2013年版，第257页。

阁流丹，气象轩豁，属全园最有特色者。①锦园成为与梅园相连接，为大众提供休闲观赏与游玩的好场所，这也是荣宗敬为家乡社会所做的又一件公益事业。

此外，前已提及，荣宗敬与同时代的一般资本家相比，尤其重视工人的福利，尽量减少对于工人的剥削，"他非至万不得已时，决不愿无故把工人裁减，或轻易停工"，以此保障工人的正常工作。他还建造了许多工房，使得工人都可以安居乐业，并且"设立职工俱乐部，俾工人得到正当的娱乐"。尤其难得的是，他还"开办职工保险部，消费合作社，同仁储蓄会，使工人一面将日常生活的负担减轻，而一面在失业时有相当的保障"。②这些都可视为荣宗敬在服务社会中所做出的具体贡献。

荣宗敬晚年在锦园留影（陈文源、荣华源、周维沛主编：《中国民族工业先驱荣宗敬生平史料选编》，广陵书社2013年版）

七 商业思想

荣宗敬与同时代很多优秀的民族实业家一样，有着"实业救国"的宏伟抱负和社会理想，而在具体兴办实业的过程中，他又能灵活地根据实际情况，规避风险，捕捉机遇，甚至化劣势为优势，凭借着坚持不懈、勇于开拓的精神不断扩展自己的实业版图，并且还萌发出一些可具操作性的商业理念和思想。同时，荣宗敬没有脱离社会环境单

---

① 《锦园史料选录》，陈文源、荣华源、周维沛主编：《中国民族工业先驱荣宗敬生平史料选编》，广陵书社2013年版，第274—276页。

② 瞿兆鸿：《实业家荣宗敬先生传略》，《无锡旅刊》1936年第172期，第11页。

纯地创办实业,而是将实业发展与改革军制、改良农业和复兴农村等时代主题紧密结合,提出了自己的建议和看法。解读这些商业思想对于我们更为全面和立体地认识荣宗敬这一近代著名的民族实业家不无帮助。

挽救民族利权、抵御列强经济侵略,是荣宗敬创办实业的核心思想,正如他自己所言:"吾创此基业,非以已也,为外人经济侵略之可畏,而国人若惟孜孜焉竞目前之权利,不务实际之生产,流既不节,源复不开,枯涸之期,夫何能免?吾不忍坐视国家经济沦溺绝境,因尽吾一分忠实之心力,作一分忠实之事业。"① 荣宗敬将兴办实业作为抵御列强经济侵略、杜绝漏卮、挽救利权的重要手段,是以其自己之所能,做一份爱国的事业,尽一份爱国的心力,这也是同时代有时代担当和社会责任感的民族实业家普遍具有的共识。

当时的舆论评价荣宗敬创业的特点是"化死产做活泼之财源",称赞他"创办实业,当做自己天职,尽量做去,与艰难战,艰难变做事业,与浮言战,浮言化做赞美",认为荣宗敬成功的秘诀在于"处处把死产变做活泼财源",虽然带有一定的冒险性,但与做投机生意者不同,"他是踏上第一步,进第二步,踏上第二步,进第三步,踏上第四五步,进第六七步,长于计划,善于识人,既经上了那条大路,只有进,没有退;既经遇了真人才,只有使他得发展能力之机会,没有什么棉花耳朵,没有什么刻薄心肠,做出那左右掣肘之事情"。② 可以说,敢于开拓、坚持不懈和用人不疑是荣宗敬创业成功的重要法宝。

荣宗敬对于当时军阀混战、民不聊生的现状非常不满,他认为国家军队人数过多,导致"全国每年所供军储,何可数计,皆食民之食,非自食其食者也。而且波澜起伏,几无宁岁。大兵所至,庐舍为墟,陇亩禾生,东西莫辨,即遇丰稔,犹难足食,一逢水旱,强者铤而走险,弱

---

① 《征文事略》,《杖乡导游录》1932年第十三种增刊,第38页。
② 振昌:《扬子江流域实业界大奋斗大成功之元魁荣宗敬小传》,《成功人传》1917年第3期,第13—14页。

者转于沟壑"。① 连年的军阀混战，导致民众食不果腹，这是出现粮荒的重要原因。

针对当时军队泛滥、横征暴敛的现状，荣宗敬认为应当"使兵随时随地从事生利"，使军人"时不虚度，饷不虚糜，与民分工而不与民争食"，达到"使兵自养"的目的，这样不仅可以"弛人民之负担"，亦可"培国家之元气"，一举双得。具体而言，就是由当政者引导军人从事以下劳动：平治道路，实现"货物无虞壅滞，嘉惠行旅"的目的；疏浚河道，达到"旱不枯竭，水无泛滥"的效果；从事垦牧，取得"地无遗利，即饷有自来"，且化兵为农的成绩。②

南京国民政府成立后，荣宗敬一开始对其是充满了信心和期望的。他曾在1931年发表《振兴实业发展经济以惠民生计划书》，重点提出了希望政府出面，借助政府之公信力与美国签订相关合同，低价进口美国小麦、棉花，并且由政府出面担保，中国纱厂以极低之利率从英美等国购买先进纱锭，以便扩充华商纱厂规模，扶植中国实业发展的计划。他还自信满满地认为，只有采取这项计划，才可以"使灾民无冻馁之虞，实业有蓬勃之象，裕经济即所以杜侵略，兴工业始可以抵外货"，甚至错觉地指出"吾国前途，正可乐观"③。但现实却很快给他当头一棒，政府的担保没有出现，随之而来的却是繁重的赋税和日趋动荡的社会环境，这令他的惠民计划书只能停留在纸面之上。

对于在复兴农村运动中，如何改进棉产，荣宗敬提出了自己的计划。他认为应该由政府与金融界合作，从改进棉产入手，由政府责成各省建设厅积极扩充棉田，指派专员，切实指导，实行强迫生产，并规定各省应产棉额数量，届时由企业出面收购。同时在各棉产区设立合作社，"注意选种施肥及培植方法，以合于现时纺织业之需要为目的"，再就是设立

---

① 荣宗敬：《救济民食刍议》，《太平导报》1926年第1卷第6期，第1页。
② 荣宗敬：《兵工刍议》，《太平导报》1926年第1卷第13期，第25—26页。
③ 荣宗敬：《振兴实业发展经济以惠民生计划书》，《人钟月刊》1931年第3期，"言论"第1—2页。

轧花厂，"就地打包，以绝掺泥和水之弊"，而政府还应对于配套设施加以修整，如对"各省交通、道路、水利、各种建设事项，切实注意整理，予农民以特殊之便利"①，只有这样，才能使农村得以复兴，工商业赖以维持。

针对当时所谓的农村破产，荣宗敬有自己的一番认识。他指出农村衰落，除了社会普遍认可的赋税苛重和外货倾销外，还由于"天灾人祸与夫交通阻梗，运费繁多，小农匪化，官民隔膜有以促成之"，为此他提出了复兴农村的四项主张：创设农民合作社，发行农村复兴公债，由县及省，由省及全国，"务使农民先得经济上之援助"；注意垦荒，由地方官员引导农民开垦荒地，并施以适当优惠政策，奖励开垦行为；修浚河道，加高堤岸，并在堤岸两侧分植树苗，以便保护沟田，便利交通；发展农村教育，将传统老农口授农业经验与欧美先进农学知识结合，"俾学识经验，新旧沟通，以增进农作之兴趣及效力"。他认为只有采取如此方法，才能使得"民有余力，地无遗利，庶有合于以农立国之本旨"②。

荣宗敬认为赋闲失业是人生最为惨痛的事情，一旦失业，不仅要遭遇经济之困顿，家室之交谪，更要承受亲友之冷眼热嘲的压力，因此年轻人必须捧劳自己的饭碗，应该具备"性格温良，面颜和蔼，语言谦恭，做事慎劝，管理细致，待人忠恕，能以己心度人之心，能负责担任，不袖手旁观，作自了汉"③的品质和能力，那么他就不会赋闲失业，会有一番大作为。

荣宗敬还非常重视合作精神，他认为工厂"生产率之能增加与否，全在职员与工人，各厂除聘请少数纺织专门人才外，事无大小，各有所司，全在上级职员之指导与督察，俾收指臂之效。使分工无合作之精神，

---

① 荣宗敬：《改进棉产为复兴农村之要素》，《纺织周刊》1933年第3卷第29期，第923页。

② 荣宗敬：《农村衰落之过程及复兴之管见》，《农村复兴委员会会报》1933年第1期，第44—45页。

③ 《荣宗敬氏阅历经五千言节录》，《兴业邮乘》1936年第47期，第836页。

厂方固受损失，即职员亦何所利。其在工人方面，终岁勤动，温饱有资，论合作原则，亦宜以劳力易金钱，不宜以无谓之要挟，致双方趋于极端之地位".①他还将此种合作精神延伸拓展至救国道路上去，指出要谋求国家富强，必先救济贫困，而救济贫困之道，在于"举国上下，以合作之精神，振兴实业而已"，只有发展实业，才能"无损于国，有益于民，转贫为富"②。

荣宗敬长期担任茂新、福新、申新总公司总经理，又是在无限公司体制内的一把手，这导致他养成了以大家庭家长身份管理企业的思想。荣宗敬将一个大型企业视为一个大的家庭，认为虽然免不了各种琐细的流弊，如男女佣工，饱食终日，三言两语，挑拨是非，各人自扫门前雪，导致公家利益受损，但是整体而言，"家长只要以身作则，不做一些腐化的榜样，公正和平，处分一切，习惯成自然，大家自然知道做人和持家的道理"③。在经办实业的过程中，他也往往视自己为荣氏企业系统的大家长，既总揽全局、决定一切，又以身作则，为下属做出表率，所以，虽然可能因他个人独断而造成企业的风险或损失，但他以大家长身份以身作则的风范和品格确实还是起到了很好的示范效应，工人和职员都对荣宗敬很是认可和尊敬，往往也以大家长视之。

八 社会形象与关系网络

作为近代著名的民族实业家，荣宗敬从一名懵懂少年，凭着自己的商业才华和胆识魄力，终于创办了以面粉和棉纱为主体的实业王国，他的崛起之路和斐然成就，成为时人和后人反复乐道、不断赞颂和持续学习的永恒话题。久而久之，这些话题便在潜移默化中形塑起一个有担当、

---

① 荣宗敬：《国人及纺织业应有之觉悟》，《纺织周刊》1932年第2卷第3期，第100页。
② 荣宗敬：《实业救国刍议》，《实业季报》1933年第1卷第1期，第41—42页。
③ 荣宗敬：《怎样才是家庭的快乐》，《快乐家庭》1937年第1卷第6期，第9页。

有毅力、有智慧的优秀的民族实业家形象,这是我们从另一角度来认识和了解荣宗敬的有效途径。

　　荣宗敬留给时人的印象很是朴素,他的"身躯不很高,也不很胖,可是不能说他瘦",他一生都极为俭朴,"衣饰极不讲究,穿青布大褂的时候最多"。① 荣德生曾如此评价荣宗敬:"家兄性亢爽,少负大志","家兄为人宽然有度,自处以俭,而待人则恕,上自当代伟人以至工友僮仆,与之即,无不觉其蔼如可亲!"② 一幅性格豪爽、不拘小节且平易近人的长者形象跃然纸上。

　　荣宗敬不仅在日常生活中极其自律,对于工作更是能全身心投入,据说他"早晨六时起身,非午夜不寐。事紧之际,往往仅购粗点充饥,绝不稍事宽假,数十年如一日"。同时,他对于家人也是严格管理,如

荣宗敬亲撰的《宗敬阅历谈》(陈文源、荣华源、周维沛主编:《中国民族工业先驱荣宗敬生平史料选编》,广陵书社 2013 年版)

---

① 尹高:《荣宗敬这个人》,《上海人》1938 年第 1 卷第 8 期,第 116 页。
②《征文事略》,《枨乡导游录》1932 年第十三种增刊,第 37 页。

"儿子侄辈偶有不合，即呵责不贷"，因此荣氏一门子侄，"谨严一如其风，绝无时下习气"，故荣氏子弟多能品行端正、学有所成，且很多都在荣氏企业任职。但是对于同仁下属，荣宗敬则甚为宽厚，"纵有过失，每多曲谅，其度量恢宏，实非常人所能企及"①，他对于同仁下属的宽厚仁爱，为他赢得了很高的威望和信誉，这是他能以大家长身份长期掌管荣氏企业的重要基础。

荣宗敬褴褛筚路、披荆斩棘的创业艰途最终取得成功，离不开他百折不挠、坚忍卓绝的创业精神，而这种精神在与他私谊较厚的同时代其他民族实业家口中，多有赞誉和推崇，这也从一个侧面说明了荣宗敬的成功并非偶然或运气。

据与荣宗敬相识甚早的无锡商会会长华文川回忆，在刚创办无锡茂新第一面粉厂时，他常常在往来上海至无锡的车上碰到荣宗敬，此时荣宗敬"屡出图相示，筹所以改良及进行方略，处心积虑，孜孜不倦。"②这给华文川留下了极深的印象，二十年后仍历历在目。华文川还非常推崇荣氏兄弟的创业精神和人格品行，认为他们多年来"奔走劳苦，不自满足，夏一葛，冬一裘，迄未见其拥艳姬，厚滋味，蓄犬马，事挎蒱，以耽安乐者"。③荣氏兄弟艰苦创业，但不沉溺于声色犬马之中的品格深深地感染了他，而这种品格正是荣宗敬创办实业能够成功的重要精神保障。

荣宗敬与虞洽卿同岁到沪，又同为上海商界中坚人物，两人私下过从甚密，友谊匪浅。虞洽卿就曾说过："吾国以实业名家者，南通张氏外，端推无锡荣氏。然其设厂之多，行销之广，以视南通张氏，有范围

---

① 朱章：《工业人物：荣宗敬、德生先生昆仲小传》，《工业月刊》1944年第1卷第3期，第38页。
② 华文川：《序九》，《茂新、福新、申新总公司卅周年纪念册》，收入孙燕京、张研主编：《民国史料丛刊续编》第621册，大象出版社2012年版，第21页。
③ 华文川：《序九》，《茂新、福新、申新总公司卅周年纪念册》，收入孙燕京、张研主编：《民国史料丛刊续编》第621册，大象出版社2012年版，第21页。

广狭之不同。"① 可见虞氏对荣宗敬的推崇之高。虞洽卿尤其赞赏荣宗敬创业时百折不挠的精神，他曾撰文指出，面对外货侵逼，荣宗敬"独竭其智谋起而与之抗，成败利钝，在所不计，险阻艰辛，在所不辞"。② 当然，虞洽卿在关键时刻，也会成为荣宗敬求助的对象。1927年4月，伴随北伐战争的顺利进展，江浙地区工人运动掀起了高潮，无锡申新三厂职员李耀东，因平日行为暴戾，对于工人欺压过甚，被总工会拘捕并游街示众，以作惩罚。这一事件惊动了荣宗敬，他认为这导致工人势力做大，工厂无人负责，陷入停顿，因此除了向上海商业联合会致函控诉外，还向虞洽卿致函，请虞洽卿通过与蒋介石的关系，为其工厂寻求保护，并且压制工人运动的蓬勃发展。③ 这是荣宗敬作为资本家的立场敌视和压制工人运动的具体表现，也是其运用社会网络为其利益寻求保护的生动反映。

刘树森认为荣宗敬与同时代其他实业家的不同之处，在于"涉务则勤于躬亲，而好问必察，遇事有真知灼见之益，往日既卓苦而明习，后虽总绾各厂，席不暇暖而仍不改其常度。于本业大小市场，每按时莅止，探其几先趋势，或与同业虚心商榷，其于琐屑而有关系之役，必身预其间，绝不自异自诿，故凡盈虚消长之理，希微曲折之情，均能入深出显，曾无误会中隔之蔽，而主宰自定，此为吾辈所不及者一也"。此外，他还认为荣宗敬"待人则忍以自抑，而善交信友，随时有得道多助之乐。盖营运既广，则挹注自繁，在交换之际不得不赖易中之维持。然金融家之措施，亦正难以揣测，若不得其情，辄格格不相入，而事业因之顿挫。惟君负重以赴功，忍辱以将事，谦尊而光，同尘而和，能生其欢心而乐为君助。故于泰否相续之交，有指挥若定之素，而形势自固，此为吾辈

---

① 朱章：《工业人物：荣宗敬、德生先生昆仲小传》，《工业月刊》1944年第1卷第3期，第37页。
② 虞和德：《序二》，《茂新、福新、申新总公司卅周年纪念册》，收入孙燕京、张研主编：《民国史料丛刊续编》第621册，大象出版社2012年版，第5页。
③ 上海社会科学院经济研究所经济史组编：《荣家企业史料》（上册），上海人民出版社1962年版，第327页。

所不及者二也"。刘树森还认为荣宗敬先天禀赋也很强大:"脑系之灵敏、手腕之迅速,晕而知风,润而知雨,苟朕兆之微萌,斯玄黄之倏变,譬之走马准时而驰,而目标所赴,必君着先鞭,此更为吾辈所万万不及者三也。"①

与荣宗敬交往甚笃的著名法学家冯炳南,从法理谨慎严密的视角出发,给予荣宗敬创业手法高度评价,他说:"顾君百折不挠、坚忍卓绝,金融之亟迫,其运用之敏如故也;材料之阻乏,其配量之洽如故也;工司之扰攘停滞,其调剂安集似尤日起有功也。"②穆藕初对于荣宗敬的社会责任感钦佩不已,曾直言:"余识荣君于海上有年矣,凡彼半生经营实业以外,如辅助慈善、教育诸大端,余皆视为畏友而自叹弗如!"③

荣宗敬过世后,有人撰文回忆其为人风格,认为他"平素对人,亦和蔼可亲,好施与济众,于人有利者,无不瘁力以为之,故其一生事业,无不以国家社会为前提,置一己厉害于不顾"。④这或许是对真实荣宗敬的为人、品格、行事和社会责任感的高度概括,确为不刊之论。

北洋政府奖励给荣氏兄弟的匾额(孙燕京、张研主编:《民国史料丛刊续编》第621册,大象出版社2012年版)

---

① 刘树森:《序六》,《茂新、福新、申新总公司卅周年纪念册》,收入孙燕京、张研主编:《民国史料丛刊续编》第621册,大象出版社2012年版,第13—14页。
② 冯炳南:《序四》,《茂新、福新、申新总公司卅周年纪念册》,收入孙燕京、张研主编:《民国史料丛刊续编》第621册,大象出版社2012年版,第7页。
③ 穆湘玥:《序五》,《茂新、福新、申新总公司卅周年纪念册》,收入孙燕京、张研主编:《民国史料丛刊续编》第621册,大象出版社2012年版,第10页。
④《纺织界名人录:荣宗敬》,《纺织染工程》1941年第3卷第3期,第181页。

当然，荣宗敬也并非完全超然于政治之外而只做商人，他在经办实业的同时，或主动或被动地参与或扮演了不同的政治和社会角色，这些身份或角色为他编制了一张复杂且有效的社会关系网络，成为他实业发展和扩张的有益助力。

荣宗敬与政府接触，且被政府授予各类职衔，主要还是在国民政府时期。据统计，他在南京国民政府成立后，相继担任了国民政府财经系统的一系列职务，具体有：1928年，担任国民政府工商部参议；1929年，出任国民政府中央银行理事；1931年，担任国民政府全国经济委员会委员；1932年，担任国民政府招商局监事；1933年，更是被委任为国民政府棉业改进委员会委员和农村复兴委员会委员。① 这些官方身份使他能够接触到更多有权势的政治人物，进而为自己兴办实业提供各方面的有利条件。

为了从银行贷款方便，荣宗敬还积极涉足金融界。他与上海的中国银行、上海商业储蓄银行都有着密切的关系。荣宗敬还以申新纺织总公司名义在中国银行投资25万元，在上海银行先后投资达45万元，成为上海银行的大股东。② 1931年5月，荣宗敬当选为中国银行董事，与张公权、宋汉章等人关系密切，且宋汉章之子宋美扬为荣德生女婿，双方关系又进了一步。1932年时，荣宗敬又担任上海商业储蓄银行董事，与陈光甫、孔祥熙、徐静仁等过从甚密。③ 此外，需要特别说明的是，荣宗敬除了中国银行和上海银行外，还以其个人名义在其他行业或领域有一定的投资，其中最为主要的仍然是钱庄或银行投资，如他投资信康钱庄3.5万两，荣康钱庄2万两，振泰钱庄4.8万两，上海正义银行20股，上海

---

① 上海社会科学院经济研究所经济史组编：《荣家企业史料》（上册），上海人民出版社1962年版，第204页。

② 龚廷泰：《荣氏家族的实业巨子——记荣宗敬、荣德生兄弟》，《江苏文史资料》编辑部：《江苏文史资料》第34辑，第125页。

③ 上海社会科学院经济研究所经济史组编：《荣家企业史料》（上册），上海人民出版社1962年版，第273—274页。

正大银行120股等，由此成为这些金融机构的股东。①

与银行金融界的紧密关系，为三新总公司发展提供了重要保障，正如荣宗敬自己对于投资银行股份一事的解释："我搭上一万股子，就可以用他们十万、二十万的资金"②。荣德生也曾回忆，当各企业"越转越紧，往来银行，屡屡帮忙"③，多次帮助荣氏企业渡过了难关。

如1929年10月，宋美扬向荣宗敬兜揽汉口的贷款生意，荣宗敬"因戚谊关系而情难却"，竟冒着与上海银行违约的风险答应了宋美扬的要求。④又如1932年，美国政府推行所谓"杨格计划"，先后贷给国民政府小麦六十万吨，国民党政府又将这些小麦分配各粉厂代磨，先用小麦，后付麦款，磨成的面粉则照市价结算给国民政府。当时负责经办此事的人为陈光甫和美国人贝克，因荣宗敬与陈光甫关系匪浅，加之茂新和申新面粉企业的实力，故这批小麦的三分之二被茂新和申新各厂所得，这对于"九一八"后普遍陷入经营困难的荣氏面粉企业而言，无疑是久旱逢甘霖，不仅解决了原料问题，而且控制了大量成粉，赚取了高额利润。⑤当然，这种私谊关系网络也会为银行带来潜在的巨大风险，1934年，三新总公司遭遇危机，加之荣宗敬与王禹卿之间因管理问题产生分歧，荣宗敬压力很大、状态极度不好，据说陈光甫与宋汉章曾在荣宅陪荣宗敬整整一个通宵，生怕荣宗敬经受不住压力而倒下，这种行为后面既有老友之间的关切，也有企业利益的

---

① 上海社会科学院经济研究所经济史组编：《荣家企业史料》（上册），上海人民出版社1962年版，第554页。
② 上海社会科学院经济研究所经济史组编：《荣家企业史料》（上册），上海人民出版社1962年版，第554页。
③ 上海社会科学院经济研究所经济史组编：《荣家企业史料》（上册），上海人民出版社1962年版，第377页。
④ 上海社会科学院经济研究所经济史组编：《荣家企业史料》（上册），上海人民出版社1962年版，第276页。
⑤ 上海社会科学院经济研究所经济史组编：《荣家企业史料》（上册），上海人民出版社1962年版，第373—374页。

瓜葛。①

1932年9月2日，荣宗敬与陈夫人六十双寿，在荣巷家宅、梅园、小箕山锦园设立寿堂，举办庆典，摆设寿宴，招待宾客。为了有序搞好庆典，荣宅成立由荣尔仁、薛明剑等二十三人组成的"寿庆筹备处"，分设总务、布置、电汽、饮食、招待、庶务、交通、消防、卫生、警卫和会计各股，分头有序布置。据说这次寿庆庆仪之隆重，规模之宏大，在当时的江浙沪一带，甚至民国时期任何一位名人的寿诞庆典，都难以与之伦比。寿庆几天，前来祝寿的除亲朋好友外，很多军政商学各界头面人物也纷纷到场，如全国商联会主席林康侯、海军司令杨树庄、实业部司长穆藕初、上海市商会主席王晓籁、火柴大王刘鸿生、永安公司纺织厂主郭乐、中国银行经理张公权、中央研究院院长蔡元培、江苏省政府主席顾祝同、实业厅长何玉书、"海上闻人"杜月笙、张啸林、季云卿以及电影明星阮玲玉、王人美、林楚楚等人，都专程前来祝寿。②

据统计，9月2日从无锡火车站接待外地来无锡祝寿的宾客超过两千人，从无锡西门到梅园去的有八千人。为方便外地宾客，沪宁铁路专门开通专列，火车站设招待处，荣家还包定无锡全部汽车，又从上海运来利利公司黄色皮蓬大车二十辆、小汽车十辆，租用汽船二十九艘，甚至无锡城内各旅馆也悉数被荣家为外地前来祝寿的宾客所订用。寿堂正厅，还悬挂了孔祥熙、马相伯、宋子文、黄炎培、李济深、虞洽卿等名人的寿联、贺电。寿筵的规格也极高，由无锡名店迎宾楼及薛宅大厨包办，标准为中菜每席十二元，特别格式，四盆八大碗，西餐为外宾每客两元，最后开席竟达五六百桌之多。③

---

① 上海社会科学院经济研究所经济史组编：《荣家企业史料》（上册），上海人民出版社1962年版，第407页。
② 《梅园史料选录》，陈文源、荣华源、周维沛主编：《中国民族工业先驱荣宗敬生平史料选编》，广陵书社2013年版，第262页。
③ 《梅园史料选录》，陈文源、荣华源、周维沛主编：《中国民族工业先驱荣宗敬生平史料选编》，广陵书社2013年版，第262—264页。

1932年荣宗敬的这次六十寿庆，其实不仅只是一次普通的祝寿活动，更是为荣氏企业所作的一次大规模的广告宣传，军政商学各界名人纷纷到场祝寿，或赠送寿联与贺电，"海上闻人"与电影明星也纷纷前来捧场，这充分显示了荣宗敬的人脉善缘与社交网络是非常庞杂的，这既是他兴办实业三十多年获得的社会认可的具体表现，又是助推他实业进一步发展扩大的无形资本，这在近代民族资本家身上多有体现，是那个特殊时代的固有特质。

九　壮志未酬身先死

1931年"九一八"事变后，日本在很短时间内占领东三省，并且对华北地区亦开始采取蚕食鲸吞的方式逐步加以控制。随之而来的是日本对东北、华北地区的大量商品倾销，这对于中国民族工商业的发展是一种严重的冲击。1932年"一·二八"事变爆发，上海被迫停市达三月之久，申新各厂也暂时停工。荣氏企业从此时开始，逐渐进入了连年亏损、资不抵债的艰难困境之中。

1932年，茂新和福新面粉厂因获国民政府代磨美麦的机会，在一定程度上挽回了颓势，获得了一定的利润，但是申新纺织各厂却面临入不敷出、债台高筑的危机。此时，荣宗敬的合伙人王禹卿等人为了不使申新牵累福新面粉厂，便从茂新、福新、申新总公司中独立出来，另设福新总公司，由王禹卿任总经理。荣宗敬与王禹卿的分裂，进一步加重了荣氏企业面临的危机和困境。据统计，到1934年6月底，申新系统资产共值6 800万元，而其负债总额竟高达6 300万元，可以说已经到了濒于破产的危险境地。①

为了摆脱困境，荣宗敬于1934年6月，正式向国民政府提出请求，希望由政府保息，发行公司债券，解决荣氏企业的资金短缺问题。但是，

---

① 龚廷泰：《荣氏家族的实业巨子——记荣宗敬、荣德生兄弟》，《江苏文史资料》编辑部编：《江苏文史资料》第34辑，第130页。

国民政府却以救济申新为名,一面派员到申新厂开展调查,炮制"申新纺织公司调查报告书",恶意贬低产值,指责申新组织管理混乱,资不抵债,一面又授意中国银行等金融机构全部停止对申新的贷款,加剧申新各厂的资金问题。国民政府如此费尽心思的操作,其背后的根本目的在于借"整理"和"清理债务"为名,通过改组和接收申新总公司,将其"变私营为国营",成为国民政府掌控的官僚资本企业。国民政府此举,立马遭到荣宗敬等人的抵制,各地同仁也纷纷发声全力声援申新公司,最后慑于社会舆论的压力,国民政府才放弃这一计划,改为由中国、交通和上海三银行组成银行团,实行监督管理,由荣宗敬本人负责改组整顿。①

可是,申新的困境与危局并未因此而有所根本的好转。1930年代,因为美国实行购买白银的政策,导致中国大量白银外流,银行利率不断升高,银价上涨。同时,美国的棉花价格却一路猛涨,而国民政府却在此时修改进口税率,大幅降低布税而提高棉花税率,这导致中国市场上出现了棉贵纱贱布更贱的反常现象,对于外棉需求量巨大的申新各厂而言,这无异于雪上加霜。荣宗敬在万般无奈之下,相继向蒋介石、孔祥熙等人写信求援,又向外国银行借款,但都以失败而告终。1935年,因申新七厂无力按时归还汇丰银行的200万元借款,汇丰银行在未经法律手续的情况下,以债权人资格公开拍卖申新七厂。汇丰的这一违法行为立刻遭到社会各界的批评指责,申新七厂工人也纷纷联合起来进行自觉抵制,国内的厂商联合会也号召全体会员联合起来,与外商银行断绝往来。终于,在各界的支持与社会舆论压力下,汇丰银行取消拍卖,押款转期,申新七厂拍卖危机总算过去。但此时的申新各厂全部资产总额已降为6 200万元,而全部债务总额竟高达6 500万元,出现资金倒挂,实际上已处于破产状态。②

---

① 龚廷泰:《荣氏家族的实业巨子——记荣宗敬、荣德生兄弟》,《江苏文史资料》编辑部编:《江苏文史资料》第34辑,第130—131页。
② 龚廷泰:《荣氏家族的实业巨子——记荣宗敬、荣德生兄弟》,《江苏文史资料》编辑部编:《江苏文史资料》第34辑,第131页。

1937年，抗日战争全面爆发，上海、无锡等地相继陷落。荣氏兄弟在上海租界以外的企业，要么在战争中毁于炮火之下，要么被日军强行占领，造成的经济损失更是不可计数。荣宗敬在遭受严重打击后，曾一度消极悲观，对民族前途和企业的复兴丧失信心，将大部分精力和心思放在如何保全荣氏企业及财产方面。在上海沦陷后，日军网罗汉奸变节者组织伪维持会组织"上海市民协会"时，焦虑过甚的荣宗敬也曾列衔挂名。但他此举很快就激起上海各界人士的反对，纷纷集会声讨，警告他"切莫自绝国人，自毁人格"，加之不久后，与荣宗敬同列"上海市民协会"的上海南市华商电气公司经理陆伯鸿被人暗杀，荣宗敬的住宅也被人监视起来，这使他受惊不小。1938年元旦日，荣宗敬在报端刊登声明，宣布所谓他参加市民协会的传言"与事实不符"，并要求各报"赐予更正"。随后，荣宗敬便匆匆离沪赴港。1938年2月10日，在港水土不服的荣宗敬，在惊悸忧郁中去世，终年66岁。① 荣宗敬重振荣氏企业的梦想也就此停止，他的豪情壮志终未在他有生之年得以实现。

荣宗敬去世后，国民政府颁发褒扬令，内称："荣宗敬兴办实业，历数十年，功效昭彰，民生利赖。此次暴敌侵入淞沪，复能不受诱胁，避地远引，志节皭然，尤堪嘉尚"②，对其在曲折复杂的社会环境中，经办实业的一生予以高度赞扬，并对其晚年不受诱胁，避地远走，不做汉奸的义举给予了肯定。

纵观荣氏兄弟历经数十年创办的茂新、福新和申新各企业的发展历史，荣宗敬无疑是其中的灵魂与核心人物，荣氏企业的扩展与壮大，与其经营意愿和经营风格有着紧密的联系。诚如荣德生后来评价所言："先兄气魄宽广，大度磅礴，遇事勇往直前，自奉俭约，除生活必需外，全部资财放在扩充事业上，不足则借款为之。余时加力阻，主稳扎稳打，

---

① 龚廷泰：《荣氏家族的实业巨子——记荣宗敬、荣德生兄弟》，《江苏文史资料》编辑部编：《江苏文史资料》第34辑，第132页。
② 《国民政府令》(1938年2月17日)，《国民政府公报》1938年渝字24号，第1页。

兄辄不顾,力图扩大。因此,一遇逆风,即难收拾。但事业之大,实由兄主持,才有此成就也。"①这份点评较为客观持正。荣宗敬经办实业的手法和思想,并非十全十美,其冒险性和投机性也曾给荣氏企业带来了很大的危机和困扰。但不可否认,在近代中国动荡曲折的民族工业发展史上,荣宗敬正是凭仗这种冒险精神,带领荣氏企业在荆棘丛生的艰难险途中开辟出一条道路,为中国民族工业发展做出巨大贡献,这在当时和以后,都赢得了社会各界的普遍认可和赞誉。毛泽东就曾说过:"荣家是我国民族资本家的首户……,在国内外起了很大影响。"邓小平在1986年6月18日接见荣氏亲属回国观光团时也指出:"从历史上讲,你们荣家在发展我国民族工业上是有功的,对中华民族做出了贡献。"②从这个意义上讲,荣宗敬作为近代颇具代表性的民族实业家的历史地位,是值得我们肯定和纪念的。

---

① 荣宗铨:《先兄宗敬纪事述略》,陈文源、荣华源、周维沛主编:《中国民族工业先驱荣宗敬生平史料选编》,广陵书社2013年版,第296页。
② 龚树标:《荣宗敬的爱国创业精神》,陈文源、荣华源、周维沛主编:《中国民族工业先驱荣宗敬生平史料选编》,广陵书社2013年版,第333页。

第五章 知识创业：穆藕初

穆藕初,作为近代中国少有的靠专业知识和技能创业成功的民族实业家,是诸多民族实业家中较为特殊又极具影响力的人物。他一生经历传奇,事业丰富,早年投身花行,后相继入职海关办事员、龙门学校学监、江苏铁路警察长等职;中年远赴美国留学,获得硕士学位;归国后,以所学知识开启创办实业的艰辛探索,且取得不俗成绩;他还围绕棉纺织业,在农业改良、金融发展等方面多有创意;晚年他又沉浮政界,依然用自己所学贡献国家农工商业发展,在技术改良、机械推广和知识传播等方面出力不小。可以

穆藕初(穆家修、柳和城、穆伟杰编:《穆藕初文集》,上海古籍出版社2011年版)

说,穆藕初的经历是独特且很难复制的,正如老友黄炎培曾概括穆藕初兴办实业历程的特点为"其物由棉而纱而布,其事由农而工而商而金融,其地由海疆而中州"①。如此不同寻常的人物,是我们了解近代中国民族实业家无法绕开的关键话题。

一 家世背景

穆藕初,谱名湘玥,字藕初,晚年自号恕园,1876年生于上海浦东川沙杨思乡。穆氏祖上世居洞庭东山,其曾祖云江公为避战乱,始迁居浦东务农。到穆藕初祖父穆子芗时,开始经营棉业,移居上海大南门外,穆藕初父亲穆琢庵共弟兄五人,皆从事于棉业。因穆琢庵精明能干,将穆氏产业不断扩大,在南市开设了穆公正花行,穆家也就此由棉农转变

---

① 黄炎培:《追忆穆藕初先生》,《农业推广通讯》1943年第5卷第11期,第75页。

为棉商。穆琢庵经营棉业四十多年，在上海棉商界声名卓著。穆藕初母亲朱氏，出身于浦东南汇新场镇旧家，"性慈祥，能书算，善治家政"，①朱氏性格宽仁，能写会算，勤于家政，这些品质对于穆家而言非常重要。光绪初年，在朱氏的精心襄赞扶持下，穆琢庵事业兴隆，无内外之忧，穆家花行发展达到鼎盛。

穆藕初自幼体弱多病，在三岁时曾患了一场大病，险些不治。此后，他就变"精神颓唐，绝少活泼气象"，②并且胆小敏感，甚至"听见了雷响立刻会掩耳欲泣，谈到妖狐鬼怪的事就惊骇到不能成寐，见到陌生客，非但默无一语，并且是不胜其腼腆，因此他的家里人都叫他五小姐。"但是，也正是因为其从小胆小的缘故，在无形中养成了穆藕初"处处在虚心地观察，从小就有了很大的志向，羞恶之心更来得厉害"③，这在一定程度上影响到他后来选择实业救国的道路。

穆藕初父母的品德言行对于年幼的穆藕初影响至深。穆琢庵虽然以经商为业，但为人乐善好施，"于穷而无告之鳏寡孤独，尤所怜惜，时时就力之所及以周济之"，④因此赢得周遭亲朋近邻的高度赞赏和信任。穆藕初母亲朱氏在协助丈夫处理生意的同时，对于子女成长也费尽心血，穆藕初就曾将他日后能"贡献社会，服务实业"的成绩归功于其母"诱掖督责，靡所弗至"⑤的教养之恩上去。穆藕初虽然出身农商家庭，但其父母对其教育却十分重视。穆藕初六岁时，便被送入学堂学习，至十三岁

---

① 穆家修、柳和城、穆伟杰编著：《穆藕初年谱长编》上卷，上海交通大学出版社2015年版，第1—2页。
② 穆藕初：《藕初五十自述》，穆藕初著，穆家修、柳和城、穆伟杰编：《穆藕初文集》，上海古籍出版社2011年版，第4页。
③ 倪大恩：《实业家穆藕初先生传略》，《教育与职业》1937年第181期，第67页。
④ 穆藕初：《藕初五十自述》，穆藕初著，穆家修、柳和城、穆伟杰编：《穆藕初文集》，上海古籍出版社2011年版，第4页。
⑤ 穆藕初《思萱永感》，穆藕初著，穆家修、柳和城、穆伟杰编：《穆藕初文集》，上海古籍出版社2011年版，第1页。

出校,他在学堂中共学习有八年之久,先后习读了四书、《诗经》、《礼记》和《古文观止》等传统经典,并练习诗歌韵文写作,这为穆藕初打下了相对扎实的传统文化基础。①父母的以身作则、严格督导,为穆藕初健康人格的养成提供了重要的参照对象,他事业有成后能积极从事于公益慈善和教育事业,其根源正源于此。

1900年,二十五岁的穆藕初,迎娶苏州人金氏为妻。金氏贤惠谦和,在穆藕初年轻时出洋求学、创办实业方面,提供了很大的助力,其育有家菁、家骥二子和怡如、恂如二女。1921年,金氏自己出钱,为穆藕初纳侧室苏州人许氏,育有家麟、家修二子及惠秋、丽君和宁欣三女。许氏也成为陪伴穆藕初度过晚年时光的人。②

二 早年生涯

1884年,因穆藕初大哥、二哥不甚得力,开销浩繁,入不敷出,加之穆氏族人巧取剥削,穆藕初家族开始出现家道中落之象,虽有穆琢庵苦力支撑,但已远非昔日可比。1889年秋,十四岁的穆藕初在堂兄穆襄煌的介绍下进入上海南市一花行做学徒,从此开始其自立自强的一生。

近代以来,西方棉商从中国收购棉花时,因不熟悉中国商情,多有被奸商坑骗之事发生。当时售于西商之棉花名"夷花","其潮分亦特别加重,而交通不便,一往还间,动需半载,运棉到彼往往霉烂",奸商就是利用了中西两国间隔万里的条件,即使洋商发现也不能追究其责而大搞掺水加重的行为。尤有甚者,掺水之外"更有杂入敲扁棉子,以便至轧车上随花混过,借以增加重量;黄花僵块,都不剔除,苟有净花,亦且故意掺入,希图厚获。"不仅如此,穆藕初还由此推想到其他行业也存

---

① 穆家修、柳和城、穆伟杰编著:《穆藕初年谱长编》上卷,上海交通大学出版社2015年版,第5页。
② 高俊:《论穆藕初的实业振兴思想》,复旦大学博士学位论文,2006年,第17页。

在此种掺假行为,"如食盐中搀陈石灰,米麦中加小石屑,豆蔲中和粗泥粒,几乎无业不有弊,无货不作伪",①这让初入商界的穆藕初亲眼见识了商界存在的陈规陋习,也对当时商人职业道德和商业信誉产生了深深的怀疑和担忧,这成为后来穆藕初重视倡导和实践商业信用的重要原因。

在花行习业的穆藕初,并未满足于碌碌无为、虚掷光阴的琐屑之事中,而是产生了进一步求学深造的想法。穆藕初想到自己正值青年求进时代,委身花行实有不甘,"屡思改业,苦无机会"。当时,穆家已是家道中落,人口众多,食指浩繁,大有坐吃山空之状。为了勉强支撑家中开销,年过六旬的穆琢庵只能通过典质值钱衣物来筹集生活之资。1892年,穆琢庵因忧愁成疾,不治离世。穆藕初和其兄穆杼斋毅然承担起了奉养母亲的责任。兄弟二人合力同心,量入为出,"不几年家计因之而舒泰",渐进佳境。

1895年,中国在甲午战争中战败,被迫签订屈辱的《马关条约》,割地赔款的屈辱条款给中国有志之士以极大的刺激。是年二十岁的穆藕初虽然"不知我国之所以弱,他国之所以强"的根本原因在哪里,但是"求学心日益切",他认为"盖不学则无知识,无知识则不知彼我之短长,无从与他国竞争",因此,穆藕初"求西学之决心于是时始"。②当时的穆杼斋已在上海社会中享有一定的声誉,他致力于中学,劝穆藕初从事西学,甚至与穆藕初约定"一中一西","分道扬镳效力于社会国家"。这一督劝,正合穆藕初倾心西学的志向,更加快了他专心学习西学的步伐,但是当时上海可供选择的西学机构并不多,在忽忽一年中,穆藕初"竟未觅得一可求西文之学校",③无奈之下,他只能先研习国文。

---

① 穆藕初:《藕初五十自述》,穆藕初著,穆家修、柳和城、穆伟杰编:《穆藕初文集》,上海古籍出版社2011年版,第5页。
② 穆藕初:《藕初五十自述》,穆藕初著,穆家修、柳和城、穆伟杰编:《穆藕初文集》,上海古籍出版社2011年版,第5页。
③ 穆藕初:《藕初五十自述》,穆藕初著,穆家修、柳和城、穆伟杰编:《穆藕初文集》,上海古籍出版社2011年版,第5页。

穆藕初母亲在穆藕初出入商途中，给予他很好的督责和教导，使其养成了良好的职业道德。当时花行中负责向棉农发放购棉钱款的人，存在克扣银钱的陋习，虽然为数不多，但穆藕初对此深恶痛绝，他认为这种行为"造恶孽、损精神，堕人格而已"。当十六岁的穆藕初担任发款一职时，其母朱氏便申诫他："乡人系食力者流，赚钱不易，汝不应克扣他人血汗之资以肥己。多赚不如少用，俾得身心安泰。"①

此外，朱氏还时常训诫穆藕初，要"以少年持身之道，俾不致被恶俗所迁移而默化"。②这就促使穆藕初在青年时期就非常注重定力与毅力的培养，有两件趣事可以证明。当他的花行做学徒时，有一次与同伴收购茧子回来后，同行者极力约请他去清和坊冶游场所，他碍于面子不好推辞，硬着头皮就去了。当时的穆藕初"一副清秀的面庞，服装入时，风度翩翩"，且他沉默寡言，很快就引来了风尘女子的关注。其中有一名年轻漂亮的女子，有意与穆藕初攀谈，且"曲意殷勤，极尽狐媚之能事"，但穆藕初"想到自己的前途，有无限的希望，怎能为了一个卖笑的女子，就此堕落呢"，于是他果断托故还家。此后，无论朋友伙伴，但凡邀他去冶游场所，穆藕初都断然拒绝。后来他跟随勃朗习读英文时，勃朗住在二马路九江里，穆藕初因往返不便，也住在那里。那时的二马路九江里一带，属于上海中等冶游之区，他住的客堂楼面隔壁的一楼一厢为一卖俏妇人居所，"日常上下，同一楼梯，而弄中的莺莺燕燕，见了这一位风度翩翩的佳公子，也不时存窥伺之心"。③但穆藕初即使身处此中达一年之久，始终坚守定力，未曾堕俗。穆藕初后来也直言："余生平临境自持之坚定力，实于彼时养成之。"

1897年，穆藕初开始在夜馆学习英文。此时的穆藕初虽已二十二岁，

---

① 穆藕初：《藕初五十自述》，穆藕初著，穆家修、柳和城、穆伟杰编：《穆藕初文集》，上海古籍出版社2011年版，第6页。

② 穆藕初：《藕初五十自述》，穆藕初著，穆家修、柳和城、穆伟杰编：《穆藕初文集》，上海古籍出版社2011年版，第6页。

③ 潘仰尧主编：《商工人物志：穆藕初（二）》，《新闻报》1937年1月7日。

但他学习用功刻苦,"英文进步则甚速",仅用两年时光,"普通文理已清顺,能浏览西报",具备了初步的英文阅读能力。1899年,穆藕初又跟随华英混血儿勃朗学习英文。在近一年的时间里,穆藕初白天自修,晚间上课并兼任帮教,他的英文水平有了更显著的提高。①

1900年春,穆藕初通过考试进入上海江海关任办事员。穆藕初在江海关职任上工作认真,将分内事办理得井井有条,精神状态也有了很好的改善。随着工作业务的熟练,穆藕初渐渐感觉到自己的学问已不敷使用,"乃于晚间从西人处读书,研习历史、算术等",以此来补充学识、提升自己。近代以来,中国海关常年为外人所把持,关税主权的丧失严重损害了中国的国家利益,而海关洋人却高高在上,处处予中国人以不平等之待遇。随着新知识的逐渐增加,穆藕初对此开始有了清醒且深刻的认识,"知海关主权完全为外人所把持,且华洋人员所得薪水之高低相差太远"。而且在海关供职的洋人多属无才无能的碌碌之辈,一切具体繁杂事务皆由华人办理,洋人却凭借手中权势签字画诺而已,这种不公平的待遇激发了穆藕初民族主义情绪,他内心涌起了即羞且恼的愤懑之情,"屡思告退关职,欲出洋研究经济学,为他日收回关税主权之预备"。②但是限于财力不济,无法筹措足够的游学经费,他只能郁郁长年,有志不伸。也正是在江海关任职期间,穆藕初因工作关系,开始注意到海关入口状况,发现棉铁两项是入口大宗,也是外人置中国于死命的关键,尤其是棉产品上的漏卮为数至巨,这在一定程度上影响了他后来事业选择的方向。

1900—1901年间,革命浪潮风起云涌,已成历史必然趋势。当时的上海新党人物常常举行各种演说会,发表对时局的看法。穆藕初时常到场听讲,越发觉得自己"事事不如人",故他自发图强,联络志同道合者

---

① 穆藕初:《藕初五十自述》,穆藕初著,穆家修、柳和城、穆伟杰编:《穆藕初文集》,上海古籍出版社2011年版,第6页。
② 穆藕初:《藕初五十自述》,穆藕初著,穆家修、柳和城、穆伟杰编:《穆藕初文集》,上海古籍出版社2011年版,第6—7页。

数十人,每星期都学习演说。经过一年左右的训练,穆藕初已由"向之讷讷不出诸口者一变而为畅所欲言矣",原本的"畏葸羞缩之气质,因之而生一大变化"。也就是在这一年,穆藕初阅读了由严复翻译的赫胥黎的《天演论》一书,知晓了"淘汰之可畏,争存之必要,从自强不息中,锻炼出新吾来"①的道理,被"物竞天择,适者生存"的自然法则所警醒和震撼,他在当时就曾慨叹道:"以余辈之不学,苟国家昌明,人才辈出,行且受淘汰耳!"②可以说,这一时期,穆藕初不仅学会了演说的技巧,而且彻底改变了羞涩寡言的气质,树立起了自强求存的价值观,简直就如换了一个人一般。

1904年,穆藕初加入上海进步团体沪学会,并且联络若干同志在会内设立体育会,任副团长,专习体操,强健身体。与此同时,穆藕初还先后参与创办义务小学、音乐会和开演文明新剧等,对于近代上海新式事业的创办和发展起了一定的推动作用。

1905年,因美国虐待华工和排华事件发生,激起了中国人的一致愤慨,抵制美货运动由此勃兴。当时的穆藕初充任江海关总会董事一职,他积极响应抵制运动,邀集海关内书吏、翻译及当差各华人,召开全体大会,相约演说,合力抵制美货,并且"将美人虐待华人之情状,印成图画,四处分送,俾各华人见之,得以触目惊心","又另刊有禁购各货之名目若干种,一同传送"。③穆藕初在抵制美货运动中的积极表现,遭到了江海关副税务司的忌恨,因其为美国人,故意干预穆藕初的活动,穆藕初"默念立脚点既不利于所抱主义之进展,发在机先,庶无遗憾",④

---

① 穆藕初:《藕初五十自述》,穆藕初著,穆家修、柳和城、穆伟杰编:《穆藕初文集》,上海古籍出版社2011年版,第7页。
② 黄炎培:《序》,穆藕初著,穆家修、柳和城、穆伟杰编:《穆藕初文集》,上海古籍出版社2011年版,第2页。
③ 穆家修、柳和城、穆伟杰编著:《穆藕初年谱长编》上卷,上海交通大学出版社2015年版,第34—35页。
④ 穆藕初:《藕初五十自述》,穆藕初著,穆家修、柳和城、穆伟杰编:《穆藕初文集》,上海古籍出版社2011年版,第7—8页。

遂毅然辞去江海关的工作，受聘至龙门师范学校，担任英文教师，兼任学监一职。但穆藕初出洋游学的志向未曾松动，他利用在龙门师范学校任教之机，积蓄资财，且在妻子金氏资助下，进入上海万国函授学校学习英文和算学，以为出洋求学做准备。

1906年，穆藕初辞去龙门师范学校教职。原本他认为出洋留学之机会已成熟，正待出发之时，因故未能成行。这一年，穆藕初外出游历，"游京津，过武汉，默察平民生计，其凋疲情形已有不可终日之势，计非振兴实业不足以解斯困状"。① 这次游历的见闻，更加强化了穆藕初振兴实业的紧迫感和必要性。

1907年春，因江苏省铁路公司计划组织铁路警察，经铁路公司协理张謇委派，穆藕初专门赴北方调查铁路警察事宜。这年夏天，穆藕初沿着京张铁路调查路警，远至居庸关。也正是在此次调查途中，他看到西北一带地广人稀，经济落后，交通不便，货弃于地，"触目皆激起余振兴实业之观念"。② 调查事竣，江苏省铁路公司总协理任命穆藕初担任江苏铁路警察长。穆藕初由此又穿上制服，佩戴指挥刀，往来于淞沪间指挥铁路警察。1908年冬，因路款日绌，穆藕初建议将铁路警察酌情裁减，并将其归并于车务处以节省经费。穆藕初至此才抽身辞职，开始从容准备赴美游学事项。

一直以来，阻碍穆藕初出洋游学的最大因素便是资金不足。当穆藕初在海关及学校等机构任职时，月薪虽达百元之多，但家中人口增多，支出浩繁，并未有多少积蓄。当得知穆藕初有出洋游学的计划后，其亲友朱志尧和朋友王宝伦积极奔走，为他筹得两千元资助，顾馨一和陈伯寅也都量力资助，始得凑足学费。1909年6月23日，穆藕初拜别母亲及亲朋故友，独自乘坐天洋丸二等舱西渡赴美，开启了他长达六年的留学生涯。

---

① 穆家修、柳和城、穆伟杰编著：《穆藕初年谱长编》上卷，上海交通大学出版社2015年版，第38页。
② 穆藕初：《藕初五十自述》，穆藕初著，穆家修、柳和城、穆伟杰编：《穆藕初文集》，上海古籍出版社2011年版，第8页。

三 出国留学

1909年7月20日，经过近一个月的舟车劳顿，天洋丸号轮船抵达美国旧金山，穆藕初终于踏上了美国的土地。甫到美国的穆藕初，对于周遭的一切都显得即惊奇又艳羡。当他进入旅馆，看到"电机一动、蓦然腾空而上"的电梯时，心中"不禁异之"；而在房中看见"窗帘下垂，稍一行动，帘忽卷上"时，他会仔细观察，琢磨其中原理。由封建落后的旧中国来到现代发达的美国后，穆藕初的内心中产生了极大的落差，尤其是在他亲眼看到美国繁华都市中现代化的设施后，"不禁佩服西人研究精深，制造日用百物巧夺天工，俾大众现成享物质文明之福一至于此"，进而再联想到当时中国的状况，"灵机锢蔽，制造简陋。数千年来绝无进步"，他心中"不胜愧沮矣"。① 这种因巨大落差而萌发的自卑和惭愧，成为穆藕初努力求学、不断进步的强大内在动力。

到美国后的穆藕初，首先面临的就是选择攻读何种学科的问题。在经过深思熟虑之后，穆藕初最终决定选择农学作为自己的专业方向。在他写给沪上亲友的信中，具体地解释了他做这一选择的原因：他原本计划学习理财，注重税务，但是考虑到他生性耿介，留学归国后，不免会进入政府供政客驱使，也不能达到他注重税务的目的。因此，他决计改学农学，以求实业上之进步。他信心满满地计划"他日归国，能集亿万金，圈千顷地，烈烈轰轰，为实业界生色"，以实现他留学生的天职。退一步讲，即使不能如愿，他也可以利用所学知识过着"三间茅舍，数亩荒田，汲而饮，耕而食，集数十农家子，复村学究之本相"的惬意又有价值的生活，这样一来"庶不致千辛万苦得来之皮毛学问，等诸流水行云"。②

---

① 穆藕初:《藕初五十自述》，穆藕初著，穆家修、柳和城、穆伟杰编:《穆藕初文集》，上海古籍出版社2011年版，第9页。

② 穆藕初:《由旧金山致沪上诸亲友》，穆藕初著，穆家修、柳和城、穆伟杰编:《穆藕初文集》，上海古籍出版社2011年版，第122页。

1909年夏，穆藕初来到芝加哥附近的惠尔拨沙大学补习。该校为私立学校，陈设简陋，器具窳败，但学费与膳费却为全美最低，"每日三餐，每星期膳金仅美金一元七角五分，抵不到旧金山金门旅馆一餐之用费"，① 这正适合如穆藕初类似的经费短绌求学者。

1909年秋，在惠尔拨沙大学学习数月的穆藕初来到位于美国中西部的威斯康星大学求学。威斯康星大学为公立大学，历史悠久，学风厚重，尤其以教育、农业和生物等学科名冠全美。因穆藕初早年辍学，并未获得中学文凭，无法以本科生身份入学，只能以特科生身份入校就读，如在第一学年成绩优异者，可有机会转为正式本科生。穆藕初专为求学而来，对此不甚介意，欣然以特科生身份入校就读。穆藕初入学后，修读了农业、生物和园林等相关课程，因学习成绩优异，一年后便转为本科生。1911年9月，穆藕初由威斯康星大学转学至伊利诺伊大学农学院学习，该校的农科是优势学科，成为吸引穆藕初至此学习的重要原因。

当初计划赴美留学时，穆藕初认为农学范围狭窄，"研究二三年即可回国"，因此他的留学经费多属从亲友处借贷。到美国后，他才发现"农学范围甚广，苦读十年尚难毕事"，② 加之他年龄较长，精力不济，短时间内势难学成。当时，江苏省有公派留学生名额，经穆杼斋多方奔走，在1910年时，为穆藕初争取到了官费名额，这才解决了学费问题。

穆藕初在伊利诺伊大学留学期间，学习非常刻苦用功，"于实习农事特勤，喂鸟豆，钉马掌，无不身亲其役"，甚至在他毕业两年多后，黄炎培在美国考察期间专程赴伊利诺伊大学参观时，"同学犹盛道先生以老学生而习勤乃若此"③，一时传为佳话。1913年6月，穆藕初从伊利诺伊大学

---

① 穆藕初：《藕初五十自述》，穆藕初著，穆家修、柳和城、穆伟杰编：《穆藕初文集》，上海古籍出版社2011年版，第10页。
② 穆藕初：《藕初五十自述》，穆藕初著，穆家修、柳和城、穆伟杰编：《穆藕初文集》，上海古籍出版社2011年版，第13页。
③ 黄炎培：《追忆穆藕初先生》，《农业推广通讯》1943年第5卷第11期，第75页。

毕业，获得理科学士学位。

从伊利诺伊大学获得学士学位后，穆藕初专门到美国东部地区做了一次实业考察旅行，东部地区为美国传统的工业发达地区，其中尤其以纺织业、肥皂业为基础雄厚，此次考察进一步开阔了穆藕初的眼界，现代化的工业生产令其印象深刻。返回芝加哥后，穆藕初又到挨茂专门学校研究肥皂业与纺织业。当时国内正值二次革命，战耗传来，穆藕初内心焦灼，只能与友人以饮酒和看电影消遣，有时两人四目相对，潸然泪下，此情此景在多年后仍然让穆藕初不能释怀。1913年秋末，穆藕初进入塔克塞斯州（即今得克萨斯州）塔虎脱农场实习三周，研究植棉及纱厂管理法，在这里他认真了解了美国人管理农场的种种方法，认为他们"凡有所利，无不力图，凡有所病，无不力除"，①令他十分钦佩。与此同时，穆藕初还对塔虎脱农场进行了全面的调查，涉及计划、人事、领导、财务、控制、福利等各个方面，还在此基础上撰写了《游美国塔虎脱农场记》，系统总结了该农场兴旺发达的原因，希望中国也能学习。

穆藕初在美留学毕业时摄影（穆家修、柳和城、穆伟杰编著：《穆藕初年谱长编》上卷，上海交通大学出版社2015年版）

1913年9月26日，穆藕初进入塔克塞斯农工专科学校农业系研究生部，学习植棉及纺织，并研究科学管理法。该校作为美国南方的高校，发达程度与美国东部和中部地区高校尚存差距，但该校特殊之处在于非常注意于兵式操，"全校学生由政府特派武员训练之"。穆藕初是该校第一名中国籍学生，他在一年的求学时光里，与教习和同学交往密切，关系融洽。尤其是作为唯一的华人，他每天都用英语交流，无形中将英语水平提升不少，"可以不加思索随口应付，竟与操

---

① 穆藕初：《学理管理法自序》，穆藕初著，穆家修、柳和城、穆伟杰编：《穆藕初文集》，上海古籍出版社2011年版，第111页。

华语同"。穆藕初在这里宛然身处世外桃源,被他称赞为"留学期间最俯仰自得之一时期"。①

1914年5月,穆藕初从塔克塞斯农工专科学校毕业,获得农学硕士学位。5月30日,穆藕初乘大英公司轮船启程回国,结束了六年的留学生活。

四 兴办纱厂

1914年7月2日,穆藕初由美国抵沪,其兄穆杼斋和其子穆家骥到码头迎接。穆藕初阔别家眷六年之久,当他见到儿子穆伯华、穆家骥时,凝视良久,"似有所思"。回到家中,母亲朱氏与妻子金氏,"及诸叔伯、妯娌等相迎",②一家人始得团聚。

穆藕初远渡重洋求学,为的就是习得先进知识服务社会、挽救利权,甫一归国,他马上面临重要的职业选择。张謇获知穆藕初学成归国后,专门致函沈信卿,希望通过沈的劝说,请穆藕初至南通纺织学校执教,被穆藕初婉拒。当初为穆藕初四处奔走筹集学费的王宝伦,力劝穆藕初从政,也被穆藕初果断拒绝。客观而言,如以穆藕初留学美国且获得硕士学位的经历背景,加上其丰富的西学知识和流利的英语水平,在民初中国实属凤毛麟角,如果穆藕初投身政界,肯定备受各方关注,平步青云、前程似锦不是问题,③但这与穆藕初游学初心相悖,他的壮志雄心都投聚于发展实业一途。

穆藕初一开始认为肥皂厂成本较轻,且有较为成熟的规划管理办法,因此进行了一番调查,"拟从轻而易举之肥皂厂为入世津梁"。但在经过

---

① 穆藕初:《藕初五十自述》,穆藕初著,穆家修、柳和城、穆伟杰编:《穆藕初文集》,上海古籍出版社2011年版,第19页。
② 穆家修、柳和城、穆伟杰编著:《穆藕初年谱长编》上卷,上海交通大学出版社2015年版,第74页。
③ 高俊:《穆藕初评传》,上海人民出版社2007年版,第37页。

考察后，他猛然发现，制造肥皂的重要原料碱类，早已被某些外国公司所操纵，且国外输入的洋皂物美价廉，中国本土制造的肥皂也不具竞争优势。因此，穆藕初转换方针，开始调查棉纺织业，发现有着巨大的市场空间，"始知我国纺织业前途，大有发展之希望"，①因此他决定以纺织业为事业发展的方向，在该行业开辟自己的一块天地。

1914年8月，第一次世界大战正式爆发。欧洲列强忙于战争，一时无暇东顾，为中国民族资本主义工业的发展创造了黄金时机。当时，穆杼斋正赋闲在家，也想投身实业，创办一家纱厂，这与穆藕初的想法不谋而合。这时，恰好有一家位处公共租界杨树浦华德路的新建纱厂因资金短缺，处于停工状态。该厂"厂房仅筑至二三尺，而停工已半年余矣，机器虽定，因款项无着而交货无期"。②穆氏兄弟决定通过向社会公开招股的方式筹集资金，买下该厂。经数月筹资，最终以20万两的价格购得该厂，命名为德大纱厂，穆藕初出任德大纱厂经理兼工程师，穆杼斋为总经理。当时的上海社会对于留美归国的农学硕士投身实业寄予很大的期望，纷纷称赞穆藕初此举"足鼓我企业家骁勇之志而开先声，是诚中国实业界之一线光明"。③

1915年6月21日，德大纱厂正式举行开幕典礼。中西人士莅临厂区参观者达五六百人之多，其中既有上海商界人士如王一亭、叶鸿英等人，也有赫直林敦厂代表西尔爱琴凯卫、备装机工程师劳司、三新纱厂工程师黎佛科、西门子电器工程师高龛、工部局电气处戴乐尔、威廉等西人。穆藕初向各界来宾报告了经办纱厂情形，又说"中国人口比日本人多八分之七，中国纱锭比日本少三分之二，照中国现时需用之纱，再添一二百万锭亦不为多，末言中国棉花掺水之弊不除，十年之后中棉将

---

① 穆藕初：《藕初五十自述》，穆藕初著，穆家修、柳和城、穆伟杰编：《穆藕初文集》，上海古籍出版社2011年版，第19页。
② 穆藕初：《藕初五十自述》，穆藕初著，穆家修、柳和城、穆伟杰编：《穆藕初文集》，上海古籍出版社2011年版，第19页。
③ 高俊：《穆藕初评传》，上海人民出版社2007年版，第38页。

不可用，亟宜力戒。"①

穆藕初创办的首家纱厂德大纱厂，占地十四亩多，建筑厂屋一百二十间，有清花间、粗纱间、细纱间、摇纱间、打包间等，厂屋高敞通风，"较之他厂高出七尺左右，楼下较高二尺，上层约高至五尺，空气流通，于夏季卫生有益"。纱厂所用机器设备购自赫直林敦厂，

德大纱厂大门（穆家修、柳和城、穆伟杰编著：《穆藕初年谱长编》上卷，上海交通大学出版社2015年版）

计有纱锭一万支，配备有双股线机器，所有设备机件皆由电力带动，电力由工部局电气处提供，因此工厂运转较有保障，而纱锭数也可多可少。该厂产品"预计每日可出十六支，粗纱三十大包，将来尚可出三十二支细纱"。因该厂位处杨树浦，距离黄浦江江岸约二里，且有支河直达厂旁，厂栈房既有水码头，起卸货物甚为便利。该厂雇用男工一百人，女工四百人，厂内办事员共二十人，因厂址接近引翔镇，工人多居住于此，就地做工，极为便利。②可以说，德大纱厂占据了天时地利人和，成为这一时期华商纱厂中较为耀眼的明星。

德大纱厂开工生产后，穆藕初极力从事改良产品质量，很快就赢得市场的赞誉。当时，市面上棉纱多为舶来品洋货，其纱质精良，售价高昂，尤其以日本纱为最。穆藕初充分发挥自己留学所得之专业知识，悉心搜集市场上最佳的棉纱若干种，逐一检验其优点所在，并吸收采纳各纱优点，汇总于德大纱厂的棉纱生产之中。据穆伯华回忆，当时的穆藕初每天早上一早到厂，就进入各车间督理工程，"抱定只许成功不可失

---

① 穆家修、柳和城、穆伟杰编著：《穆藕初年谱长编》上卷，上海交通大学出版社2015年版，第100页。
② 穆家修、柳和城、穆伟杰编著：《穆藕初年谱长编》上卷，上海交通大学出版社2015年版，第101—102页。

败之坚决情绪,辛劳中含无穷乐趣于此"。① 不出数月,德大纱厂所产之"宝塔"牌棉纱即抢占市场,脍炙人口,其出货精良受到各商号的一致赞美,据媒体报道"连日前往订货者络绎不绝,将来营业发达可操左券也"。②

德大纱厂在穆藕初的悉心经营下,发展愈臻完善。当时因袁世凯称帝,护国战争爆发,政局动荡,市面不稳。但德大纱厂的产品因其质量有保障,在逆境中迎风而上,销路旺盛,获利颇丰。1916年6月,在北京商品陈列所举办的产品质量比赛中,德大纱厂"宝塔"牌棉纱在众多参赛商品中脱颖而出,被评为特等奖,获得"上海各纱厂之冠"的美誉,由此更是声誉鹊起。至1917年8月,德大纱厂已取得很大程度的发展,全厂纱锭数增至两万枚,每天出货平均可得三十包,每包为四百二十磅,每日可得一万两千六百磅。该厂制造的最细之纱为四十二支纱,这在当时华商纱厂中也为翘楚。其所产十六支粗纱销量最大,尤以汉口为销路最畅地区。当时的上海英文报纸《密勒氏评论报》对穆藕初所取得的成绩给予充分肯定,指出:"当时一般人认为,中国是永远不能在棉纱工业方面和日本人竞争的,任何促进这一工业发展的努力也注定是徒劳的。然而穆先生作为经理对德大纱厂的出色管理否定了这个不适宜的结论。"③可以说,穆藕初对于德大纱厂的成功创办,激起了中国人对于民族工业的希望和信心,在当时有着非同寻常的意义。

随着德大纱厂产品的走销,穆藕初成为上海商界耀眼的一颗新星。1916年初,应贝润生、薛宝润、吴善庆等人的邀请,穆藕初参与创办厚生纱厂。一开始,穆藕初对于筹办小规模纱厂不甚满意,他认为必须联合起来组建规模庞大之工厂,只有这样才能有实力与欧美日等外商企业

---

① 穆家修、柳和城、穆伟杰编著:《穆藕初年谱长编》上卷,上海交通大学出版社2015年版,第102页。
② 穆家修、柳和城、穆伟杰编著:《穆藕初年谱长编》上卷,上海交通大学出版社2015年版,第124页。
③ 高俊:《穆藕初评传》,上海人民出版社2007年版,第39—40页。

相抗争。但在他结合中国国情仔细分析了一番后，发现中国企业中因用人问题、经济问题等，股东之间时常发生矛盾，这是干扰联合组建大规模企业的最大障碍。经过多重考虑，新办的厚生纱厂厂址选在杨树浦华德路，紧邻德大纱厂附近，也方便穆藕初两边照管。

1918年6月27日，厚生纱厂正式开工。该厂创办股本一百二十万两纹银，聘穆藕初为经理。机器设备都是通过上海慎昌洋行向美国订购，构造新颖，品质精良，计有纱锭一万八千枚，布机四百部。① 厚生纱厂一经开办，因其设备先进，规模庞大，管理科学，马上成为国内欲办新工厂者争相参观仿效的标杆，"国人欲办新厂者，皆自参观厚生厂为入手，且派员入厂实习，无形中成为在华美国纺织机器之成绩展览会及实习工厂"。②

1919年3月5日，厚生纱厂举行开幕仪式。厚生纱厂具体厂址位于杨树浦桥以北约两公里处，面临小港，可通舟楫，全厂面积约六十余亩。该厂厂屋建筑皆为一层，均系钢筋混凝土建筑，外观壮丽而坚固。穆藕初出任总经理，薛宝润为董事长，时有工人900人，管理人员30余人。

厚生纱厂开工之初，适逢美国卷入第一次世界大战，受此影响，订购的部分美国机器设备迟未能交货，影响了工厂生产进度。穆藕初并未因此懈怠，而是励精图治，积极进取，"厂内所纺十支粗纱每日夜可出纱一磅又十分之九，其出数之速全国中无有出其右"，尤其是

厚生纱厂大门（穆家修、柳和城、穆伟杰编著：《穆藕初年谱长编》上卷，上海交通大学出版社2015年版）

---

① 穆家修、柳和城、穆伟杰编著：《穆藕初年谱长编》上卷，上海交通大学出版社2015年版，第229页。

② 毕云程：《穆藕初先生传略》，《国讯》1943年第350期，第10页。

以该厂生产的双喜牌纱及飞艇、双喜团鹤等品牌粗布畅销全国。至1922年，厚生纱厂纱锭已增至4万枚，工人人数也涨至2 434人。到1923年该厂累计盈利更是高达107万两。①厚生纱厂的成功，再次证明穆藕初经办实业的能力和水平，他在上海社会的声望更加隆盛。

重视在内地建立工厂，发展实业，是穆藕初与同时代民族实业家显著的不同。近代以来，中国的民族工业多分布于沿海或沿江的口岸城市，广阔的内地几属鲜见。这不仅严重滞缓了中国民族经济的均衡发展，更是在很大程度上影响了广大内陆地区的近代启蒙进程。穆藕初很早就认识到发展内陆工业的重要性，他在分析中国工业落后的诸多原因时，即明确指出："振兴实业，须着眼于内地，而我国之实业，仅发达于上海、天津、汉口等各口岸者何也？以有外人之保护也。内国实业，国家不自保护之，而托庇于客籍法治机关之旗下，已甚痛心。乃加之以军队万能，蹂躏地方之军队，布满全国。军队愈多，不但内地实业不振兴，即各商埠甚愿振兴内地实业者，亦无从措手。"②他对于当时因列强治外法权保护而享有特权，中国政府及军队摧残内地实业的现况极为痛心。穆藕初自成功创办德大和厚生两纱厂后，不仅在实业界声誉鹊起，且办厂经验也愈加丰富，他开始着手其内地办厂的实践活动。

穆藕初先是对全国棉业状况进行了一番调查，发现外力侵夺较为严重。他从国家利权和个人事业的双重层面出发，考虑到"为我国棉业争存计，非先将个人事业底定不为功，欲求事业之固定，必先调查原料、人工、市场，务求来源出路节节灵通，更益之以充分之劳力，施之以精密之管理，方能有伟效之可收"。当时上海的纺织企业所用原料，以通、崇、海地区为多，如若碰到歉收年景，则对于企业影响较大。郑州地处中原地区，是陕西和山西等地棉花转运东部的中枢所在，且它处于京汉铁路和陇海铁路交汇处，东西南北四路畅运，交通便利，销场甚广；加

---

① 高俊：《穆藕初评传》，上海人民出版社2007年版，第41页。
② 穆藕初：《振兴棉业刍议》，穆藕初著，穆家修、柳和城、穆伟杰编：《穆藕初文集》，上海古籍出版社2011年版，第50页。

之附近有丰富的煤炭和劳动力资源,是绝佳的建厂地区。此外,穆藕初还设想,如将上海和郑州两厂联为一气,则"原料金融互相调剂,利赖孔多",可以起到分担风险、互相支撑的重要作用。当然,对于在内地办厂的主张,有一些股东并不是很赞同,但穆藕初坚持己见,继续推动建厂计划的进行。①穆藕初拟在郑州建厂的消息传出后,上海各界热烈拥护,很多商界中人纷纷解囊入股,穆藕初也入股15万两,很快便筹集到200万两白银的股本。穆藕初被董事会推举为纱厂董事长兼总经理,他又聘请留美机械学硕士顾维精担任纱厂厂长兼总工程师,常驻郑州负责新建的豫丰纱厂的筹办工作。②

1919年4月,豫丰纱厂破土开建。该厂选址于河南郑州车站东南,京汉、陇海铁路两交点线之中,厂基面积为一百六十亩。该厂建筑由上海南洋建筑公司负责承建,厂屋为一层平屋,是仿照美国最新样式打造。机器设备系由上海美商慎昌洋行经手,向美国塞克鲁威而厂定购,全属最新式纱线机,总计纱锭有一万支,且仍在增加资本,增购更多纱锭。无论从工厂规模还是所用机器设备而言,豫丰纱厂在当时国内纺织界都是首屈一指,尤其是在广阔的内陆地区,绝对属开先河之举。③

1920年6月13日,豫丰纱厂举行开幕礼。是日,纱厂大门前悬挂着五色国旗及该厂"宝塔""双喜"商标旗帜,并将松柏扎成"宝塔""双喜"分挂两旁。河南军政商界领袖人物悉数到场。穆藕初还邀请上海商界同仁组成代表团,成员包括吴善卿、陆葆润、楼耿如、楼恂如、陈青来、何升如、张则民等人,代表团任务一则是参加豫丰纱厂开幕礼,一则是借此机会开展实地调查,"以冀将来之实施",④为引进更多民族企业

---

① 穆藕初:《五十自述》,穆藕初著,穆家修、柳和城、穆伟杰编:《穆藕初文集》,上海古籍出版社2011年版,第27页。
② 高俊:《穆藕初评传》,上海人民出版社2007年版,第44页。
③ 高俊:《穆藕初评传》,上海人民出版社2007年版,第44页。
④ 穆家修、柳和城、穆伟杰编著:《穆藕初年谱长编》上卷,上海交通大学出版社2015年版,第359页。

豫丰纱厂大门（穆家修、柳和城、穆伟杰编著：《穆藕初年谱长编》上卷，上海交通大学出版社2015年版）

做准备。此外，还有上海新闻记者俱乐部、上海交涉员代表、棉业联合会、中华基督教青年会全国协会、汉口青年会、开封农林学校等机构团体也派代表到场。吴佩孚、穆藕初、河南省省长、财政厅厅长等人相继登台演说，"多鼓吹实业之语"，尤其是穆藕初借演说时机，向在场诸人袒露心迹，希望能得到郑州本地各界人士的大力支持，实现"使人人能以劳力易金钱，则社会无惰民，而社会之状况，亦蒸蒸日上"的理想状态，呼吁众人不要将豫丰纱厂视为资本家之工厂，而是"在厂工作者公共之厂，即可谓为郑人之厂"。穆藕初真情实感的表达赢得了在场众人的一致认可，"是日与会人士莫不欣欣然，有喜色云"。①

豫丰纱厂成为穆藕初践行其内地办厂理念的"试验田"。从1920年6月至1940年8月辞去豫丰董事一职止，穆藕初为这家企业倾注了二十年的心血。虽然由于战乱和天灾等多种因素的影响，豫丰纱厂并未取得预期的理想效果，但是作为内地第一家现代化的大型纱厂，该厂在中国

---

① 穆家修、柳和城、穆伟杰编著：《穆藕初年谱长编》上卷，上海交通大学出版社2015年版，第359—360页。

工业史上却有着里程碑式的影响。全面抗日时期，豫丰纱厂内迁重庆并恢复生产，成为大后方为数不多的几家棉纺织厂之一，为战时国防建设贡献了力量。1951年，郑州市政府在豫丰纱厂原址建成郑州市国棉二厂，许多豫丰当年的技术工人又返回工作岗位，在他们的带动帮扶下，郑州市国棉二厂很快就成为业内翘楚。1953年至1958年陆续建成的郑州市国棉一、三、四、五、六厂，也经常派人到郑棉二厂学习取经。豫丰纱厂不仅是近代内陆地区第一所现代化的纺织企业，而且成为河南现代纺织工业的奠基石，从这个意义上来说，穆藕初当初的愿望基本实现了。①

需要指出的是，除了前述三家纱厂是由穆藕初亲自主持建造外，他在这一时期还先后与上海商界同仁参与创办了上海恒大纱厂和维大纺织品股份有限公司，他不仅有资本入股，还担任董事的职务。恒大纱厂于1920年底建成后，其所生产的"飞机"牌棉纱行销全国各地，彩色"飞机"牌棉纱还远销南洋等地。正因这一时段，穆藕初创办实业，名誉大增，社会各界均视他为成功人士，如"刁敏谦博士在《中国醒了》之英文巨著中，誉先生为吾国之棉业大王，邝光林博士在《现代之胜利者》英文著作中，誉先生为现代胜利者之一，其他中外著述，亦恒以先生为吾国实业界之代表人物，声名藉甚"。②穆藕初作为近代中国棉纺织史上首个依靠知识创业而崛起的实业家，时人将他与张謇、聂云台、荣宗敬并称为中国四大棉纱巨子。③

五 创办金融机构

近代中国民族工业发展中，虽然阻碍性因素繁多，或因技术，或因设备，或因人才，或因原料，但其中作用最大、影响深刻的乃是资本不足。很多有志于实业救国、堵塞漏卮的民族资本家，在创业实践中，经

---

① 高俊：《穆藕初评传》，上海人民出版社2007年版，第45—46页。
② 毕云程：《穆藕初先生传略》，《国讯》1943年第350期，第11页。
③ 高俊：《穆藕初评传》，上海人民出版社2007年版，第47页。

常会因资金不足而陷入停顿甚至破产的境地。帝国主义列强则仗着不平等条约所赋予的特权，挟其雄厚的资本优势，对中国民族企业进行打压或收购，这成为阻碍和破坏近代中国民族工业发展的最大桎梏。棉纺织业作为近代中国民族工业中的优势产业，也时刻面临着外资的觊觎和威胁。穆藕初对此有着清醒的认识和果断的措施，尽自己的最大努力以改善这种困局。

穆藕初对于金融业与实业的关系，有过较为形象生动且深刻的论述。他认为人体的存在，必须有旺盛的血液营养全体，"然后五官四肢方克各尽其天职"，这种关系犹如实业与金融的关系。国内实业的发展，"全赖雄厚之经济，左右调护，然后地方百业自然日跻于隆盛"，①但是，当时中国银行事业虽然发展迅速，却与实业界联系不多，故对于实业的帮助不大。因此，他主张成立劝工银行，专为助益实业发展而服务。

1919年10月，穆藕初联合商界同仁聂云台、荣宗敬等人，计划筹集100万元资金以创办中华劝工银行。他们在《申报》上刊发《中华劝工银行有限公司章程》和《中华劝工银行招股简章》，明确规定："本银行以辅助工业之发达或改良为目的。"②1920年7月17日，中华劝工银行成立大会在上海香港路召开，穆藕初向莅会众人报告经过情形，指出中国银行偏重于商业而轻视于工业，造成了工业界经济的不发达，"是以特创设此银行"。③经过一年多的筹备，1921年11月28日，中华劝工银行正式开幕，该行自建楼房于南京路中段，当日"中外人士往贺者约千人，颇极一时之盛。"④

---

① 穆藕初：《劝工银行与各小工业之关系》，穆藕初著，穆家修、柳和城、穆伟杰编：《穆藕初文集》，上海古籍出版社2011年版，第87页。

② 穆家修、柳和城、穆伟杰编著：《穆藕初年谱长编》上卷，上海交通大学出版社2015年版，第303页。

③ 穆家修、柳和城、穆伟杰编著：《穆藕初年谱长编》上卷，上海交通大学出版社2015年版，第367页。

④ 穆家修、柳和城、穆伟杰编著：《穆藕初年谱长编》上卷，上海交通大学出版社2015年版，第447页。

中华劝工银行下设商业、储蓄两部，穆藕初被推选为董事长，他还亲自为银行制定了经营范畴及运营制度，规定该银行在经营一般银行业务外，还要负责"振兴内国实业"等六项特别任务，具体包括：调查中外各学堂之工科学生和实业有经验之人，为其提供或介绍对口的职业；调查各地工业原料，实现物尽其利的作用；调查海关进口货物，唤起民众堵塞漏巵、挽救利权之心；调查已有工业产品质量，发展进口替代品工业；聘请专门人才，帮助工厂提供技术服务，提高产品质量；编辑出版《劝工月报》，刊发各种调查资料和工业消息，为工厂提供消息参考。[①] 由此可知，穆藕初筹设的中华劝工银行，其作用已不仅限于为工业界提供金融扶助，而是成为集金融、信息及人才交流为一体的综合性机构，这充分显示出穆藕初作为一名新型企业家所具备的经济战略眼光。

设立华商纱布交易所，是穆藕初为工业发展提供金融支持的另一项重要举措。一战时期，日本乘欧洲列强无暇东顾之际，大肆扩张其在中国的棉纺织业规模，并于1918年3月在上海成立了花纱布取引所，主要经营花纱布和股票业务。在这一机构的暗中操控下，上海花纱布价格起伏不定，很多华商利益因此蒙受损失，甚至有些华商纱厂直接破产。为此，在虞洽卿等人的倡导发起下，证券物品交易所于1919年在上海设立，穆藕初曾作为发起人参与其事，但后来发现证券交易所本身存在很多问题，遂毅然退出。1920年1月6日，在华商纱厂联合会董事常会上，穆藕初首次提出设立华商自己的纱布交易所的建议，此议一出，马上得到在场的华商棉纱界代表人物如徐静仁、荣宗敬、刘柏生、聂潞生等人的响应和支持，众人议决发起组织华商纱布交易所，并公推徐静仁为筹备主任，穆藕初担任副主任，负责具体事宜。[②]

经过近一年半的筹备，1921年7月1日，华商纱布交易所正式成立并于爱多亚路二十一号行开幕礼。当日莅临现场的各界人士达四千人，各界团体所赠镜屏、颂词、笺联和绸幛不下五百余种。穆藕初在开幕式

---

① 高俊：《穆藕初评传》，上海人民出版社2007年版，第151—152页。
② 高俊：《穆藕初评传》，上海人民出版社2007年版，152页。

上做了重要的演讲,他指出成立华商纱布交易所的目的就在于"一保障棉业,免受意外之亏折;一发展棉业,巩固同业均等之利益",还特别强调要通过该交易所,"拟与英印美日棉业市场相联络,通声气,随时将各国棉市消息贡献同业,消息既灵,局中人不致暗中摸索而受不虞之亏损"。为了说明交易所对于棉业之重要性,他用比喻的手法向现场众人解释,"譬之水火菽粟然,人苟善用之固赖之以生,而不能一日离,交易所亦犹是耳。"①华商纱布交易所采用股份公司制形式,资本额定为三百万元,其交易物品为棉花、棉纱和棉布。因在组建华商纱布交易所的过程中贡献卓著,穆藕初被股东推选为交易所理事长,且连任七届。为了让社会各界能够对华商纱布交易所有一个全面且深刻的认识,穆藕初在此期间先后撰写了《组织华商交易所之释疑》、《论交易所之利弊》和《交易所之性质责任及其功效》等系列文章,就其组建交易所的目的和其职能做了详尽的解释说明,并且客观地剖析了纱布交易所存在的利弊,提醒人们注意避免其弊窦所在。②特别是针对当时国内信托及交易所中普遍存在的投机行为,穆藕初再三劝诫华商,认为"奸巧诈伪者终归倾覆,最后胜利恒归之公正诚实者,是则幸致巧取之途可无庸艳羡,其脚踏实地循正轨以谋自然之拓展者,亦无庸退却也"。他还对普遍存在的投机行为所导致的系列后果忧虑不已,指出:"交易所之现状若此,社会

华商纱布交易所外景(穆家修、柳和城、穆伟杰编著:《穆藕初年谱长编》上卷,上海交通大学出版社2015年版)

---

① 穆家修、柳和城、穆伟杰编著:《穆藕初年谱长编》上卷,上海交通大学出版社2015年版,第426—427页。

② 高俊:《穆藕初评传》,上海人民出版社2007年版,第153—155页。

中人赌兴之豪阔若此，且一般人于法律观念薄弱又若此，因果相寻，不知伊于胡底。"他进而提出建议："仆愿各交易所之股东随时研究公司条例，监察重要所员之举动而有以取缔之，并愿各当地中坚人物亦随时注意，尽其监察之职，遇有如上述各项弊害发现，则设法抑制，以减少金融上发生之险状，则当局者私心或可稍戢，社会赌风或可敛息矣。"①

由于穆藕初等人经营得法，华商纱布交易所营业后业务蒸蒸日上，每日最高交易额竟达棉花30万担、棉纱15万包之多，很快就成为全国花纱布市场的执牛耳者，且在很大程度上挫败了日本控制中国花纱布市场的阴谋。日商花纱布取引所在华商纱布交易所的冲击下，从1921年开始出现亏损，此后每况愈下，一直拖到1927年不得已宣布"自动清理"关闭。② 可以说，华商纱布交易所在中国花纱布市场中所起的调节交易的作用，对于维护花纱布市场稳定、抵制和消解外商操控中国市场的影响至关重要。

六　商民外交

近代以来，中国国势衰弱，一度被东西方各列强视为"东亚病夫"，其中较为突出的一点便体现为屡次在外交活动中遭受歧视、排挤和欺凌。北洋政府时期，军阀混战，民不聊生，中央政府权威不振，自顾不暇，面对日益严峻的民族危机，国民意识日渐高涨，尤其是以民族资本家为代表的商人群体开始积极介入外交活动，不仅就维护国权事宜积极发声，还积极参与甚至领导相关活动，派出代表赴海外加强宣传和沟通，商民外交由此勃兴。穆藕初便是积极参与商民外交的典型代表。

1915年5月14日，袁世凯为首的北洋政府宣布接受日本提出的丧权辱国的"二十一条"，一时间海内震动。5月15日，穆藕初特致电全国教

---

① 穆藕初：《论交易所之利弊》，穆藕初著，穆家修、柳和城、穆伟杰编：《穆藕初文集》，上海古籍出版社2011年版，第93页。

② 高俊：《穆藕初评传》，上海人民出版社2007年版，第155页。

育联合会会议全体代表，呼吁各省大中小校员，认真研究此次中日交涉，积累厚实历史资料，"唤起国民自觉为救亡图存整（准）备"，希望大家勿忘"五七"国耻。穆藕初的振臂高呼，得到了社会各界的积极响应，天津教育联合会专门复电穆藕初，表示采纳他所提意见，议决每年五月九日为国耻纪念日，"并经通电全国教育界唤起自觉心"。[1] 在此次行动中，穆藕初以商人身份，积极投身争取国权的外交活动之中，通过自己的发声呼吁，拨动和引导社会舆情的发展方向，发挥了重要作用。1919年五四运动爆发后，穆藕初与上海总商会同仁积极介入其中。6月17日，他发表《箴国民》一文，痛斥军阀政府丧权辱国的行径，盛赞国民"彻底觉悟，牺牲一切，置身家于不顾，以救国为前提。一方面厉行消极之抵制，予蹂躏人权者以一种有力之警告；一方面追源祸始，集矢于曹、陆、章辈，人民与政府徒手奋斗，爱国学子群起争持，商工各界咸表同情。罢课、罢市，几及罢工，全国响应，莫之能御。政府惕于民气之激昂，勉从国民请求，罢免曹、陆、章以平众怒，诚可谓国民与政府战争之胜利"。对于五四运动中社会各界联合一致反对政府、力争国权的行为，穆藕初给予高度评价："此次群起力争，表示吾民族固有之精神，虽所得无几，而群力之活动，国誉之增高，实足令人钦敬。"他认为这次行动是对于军阀政府柔愚百姓和列强讥讽国人不团结的有力回击，希望国民"本此强毅不屈之精神，以救今后之难局。毋因循，毋骄纵，毋偏激，牺牲小己，顾全大局。不求名，不图利，不涉党派，不阿私所好，人人光明磊落，始终恪守尚义主敬之良训，以蕲达救国之目的"。[2] 尤其是对于社会各界发起的抵制日货运动，他深表赞同，并撰写《永久抵制劣货之方法》一文，他认为"今对于日货文明抵制，万众一心，举国一致，能坚持到底做去，并非出于偶然"，而是日本侵凌中国主权，蹂躏人道，

---

[1] 穆家修、柳和城、穆伟杰编著：《穆藕初年谱长编》上卷，上海交通大学出版社2015年版，第100页。

[2] 穆藕初：《箴国民》，穆藕初著，穆家修、柳和城、穆伟杰编：《穆藕初文集》，上海古籍出版社2011年版，第64页。

激发了全国人民的愤慨。他呼吁当前面对日本的再次侵凌，"吾人应乘此大祸将临之日，力图自救。抵制日货虽属消极，然釜底抽薪，大可摧折强权，愈持久而效力愈显。持久之道，即此万众一心、全国一致之精神，予日本工商业界经济上巨大之痛苦，促彼政府之反省，舍此无他道也。"①作为商界名人，穆藕初还就商界抵制日货的措施与办法，提出了自己的意见，包括联合抵制、不用日币、断绝商业关系和成立商界五九社作为领导各地抵制日货运动的统一机关等。穆藕初在五四运动期间的积极作为和大胆建议，深刻体现出作为新派商人代表的他立足商界、着眼主权和介入外交的主动意识和政治考量，这是与传统商人"在商言商"定位的显著区别。

穆藕初一向高度关注时事动态，尤其对于外交活动格外留心。他认为外交活动事关国家政治、经济利权，外交活动的成败得失与一国实业发展有着紧密联系，作为新时代的商人绝不能置身事外，而是要积极参与外交活动。②1921年10月12日，因华盛顿会议召开在即，全国商会联合会与江苏省教育会联合会在上海召开联席会议，讨论推派余日章、蒋梦麟二人代表联合会赴美宣传民意事项。穆藕初莅会并当场奋勇表示，邀集银行、教育和实业各界中热心人士，认定经费八万元，作为余、蒋二人赴美参会的活动经费。③同日下午六时，穆藕初赴大东旅社出席上海九团体设宴欢送余日章、蒋梦麟活动，并现场致词："自今夕始，吾人当愈知仔肩应担重责，大事之不可以一二人了之，财力尤其在次，此后吾人当力引太平洋会议及种种事为己任，共同组织坚实有力之团体以进行"，④充分表达了对余日章、蒋梦麟赴美宣达民意的认可和支持。而事实

---

① 穆藕初：《永久抵制劣货之方法》，穆藕初著，穆家修、柳和城、穆伟杰编：《穆藕初文集》，上海古籍出版社2011年版，第60页。
② 高俊：《穆藕初评传》，上海人民出版社2007年版，第61页。
③ 穆家修、柳和城、穆伟杰编著：《穆藕初年谱长编》上卷，上海交通大学出版社2015年版，第441—442页。
④ 穆家修、柳和城、穆伟杰编著：《穆藕初年谱长编》上卷，上海交通大学出版社2015年版，第442页。

也确实证明，在华盛顿会议上，国民代表在捍卫国家主权方面也确实起到了积极的作用，是近代国民外交的重要成功。

1922年9月，穆藕初本人以中国政府代表团首席代表身份，参加在美国檀香山举行的太平洋商务会议，成为近代中国国民外交的典范。

太平洋商务会议（The Pan-Pacific Commercial Conference）是由美国联太平洋协会（The Pan-Pacific Union）在一战后组织召开的一次泛太平洋地区的商务会议。美国联太平洋协会是由美国商人亚历山大·福特（Alexander Hunme Ford）发起组建，并在中国和日本等东太平洋国家设立分支组织，该组织虽为民间性质的区域商贸组织，但其宗旨和美国政府的外交总方针相一致，是为美国掌握太平洋地区主导权服务的。一战结束后，美国加强在太平洋东岸地区的活动，以商人为代表的民间力量受到美国政府的特别倚重。为了支持召开太平洋商务会议，美国政府和各大城市商会出钱出力，高度重视，希望通过加强民间商贸交流以影响太平洋各国政府的政治、外交决策。①1927年7月，美国政府和联太平洋协会向中国政府发出正式邀请，上海总商会也收到会议发起人福特的邀请函，选派代表前往美国参会就成为摆在中国商界面前的重要任务。

1922年8月16日，北京政府农商部任命穆藕初为出席太平洋商务会议代表。与此同时，上海总商会在本年第十一期常会中也推举穆藕初为总商会代表，前往美国参加太平洋商务会议。9月19日，总统黎元洪任命穆藕初为太平洋商务会议首席代表。穆藕初一身兼两职，既为政府首席代表，又是上海总商会代表，社会各界对其抱以很高期望，如当时《申报》即刊发文章，呼吁各界恳请穆藕初在参会期间，将国货运销美国的轮船吨位、银行押汇暨进口税则等问题"于讨论之余而将以上种种作为随意闲谈，使帮人士咸晓然于我频年国货上所受之打击"，以便"为将来实行交涉之先声"。②当时联太平洋协会总董福特极力游说中国多派代

---

① 高俊：《穆藕初评传》，上海人民出版社2007年版，第62页。
② 穆家修、柳和城、穆伟杰编著：《穆藕初年谱长编》上卷，上海交通大学出版社2015年版，第478—479页。

表参会，希望至少可以选派15名代表赴会，社会各界也认为仅派穆藕初一人似乎力量单薄，故纷纷请求政府加派人手。9月26日，上海总商会又公推赵晋卿、洋货商业公会乐松荣（后改郑希陶）、华商纱厂联合会毕云程、美国商务参赞安诺德、丝蚕调查所总理陶迪等人为太平洋商务会议代表，与穆藕初一同赴会。①

经过一系列准备工作，穆藕初一行人于1922年10月6日上午九时，乘坐太平洋轮船公司"威尔逊总统号"轮船启程赴夏威夷参会。经12日航行，过神户、清水、横滨，穆藕初一行人于10月18日傍晚抵达檀香山码头。穆藕初在檀香山出席太平洋商务会议期间，积极出席各界举行的会议或宴会，活跃在不同国籍或行业人士汇聚的场合，发表演说，谈话交流，为宣传中国真实情况、争取国际社会同情和支持、力争国家权益做出了重要贡献。

鉴于参会各国对于中国缺乏了解，穆藕初与中国代表团成员积极开展会外活动，与各国与会代表接洽联络，奔走演说，极力消除各国对中国的固有不良印象。如10月19日一早，穆藕初拜访了联太平洋协会总董福特，并应邀出席了各国代表欢迎午宴，在宴会中与夏威夷总督法灵顿、旧金山商会会长伦处等人热切交流，因穆藕初是中国代表团中有留美经历者，其娴熟的英语得到了在场众人的一致赞许。②次日早晨，穆藕初又专程拜访了夏威夷总督法灵顿。穆藕初代表中国政府转达了对于太平洋商务会议的重视和期许，表达了对美国政府保护当地华人行为的谢意，重点陈述了中国商人在发展交通、建设无线电通信等事关两国商业利益方面的关切，希望得到美国政府的支持和援助。③

此外，穆藕初等人还积极与夏威夷当地华人华侨沟通联络，相继出

---

① 穆家修、柳和城、穆伟杰编著：《穆藕初年谱长编》上卷，上海交通大学出版社2015年版，第481页。
② 高俊：《穆藕初评传》，上海人民出版社2007年版，第66页。
③ 穆家修、柳和城、穆伟杰编著：《穆藕初年谱长编》上卷，上海交通大学出版社2015年版，第495页。

1922年10月20日太平洋商务会议中国代表团与夏威夷总督法灵顿合影
（穆家修、柳和城、穆伟杰编著：《穆藕初年谱长编》上卷，上海交通大学出版社2015年版）

席了中华商会、中华会馆等团体举行的宴会，"席间畅谈本国工商业进步情形，并力劝华侨诸君联合团体，回国参观一切，以便推广国货销路"，①力促其积极搭建与国内商界的联系。10月25日，穆藕初在出席檀香山大学俱乐部欢迎会时，专门向与会华侨青年作《如何为国服务》的演说，主要内容包括华侨与祖国隔膜之由来、华侨爱国必须先知祖国之实在情形、中国工商业进步及其实际需求等，他勉励华侨青年各就一己之长，尽力为之，为祖国发展做出特有的贡献。"听者皆曾在美国或檀香山大学毕业之华侨青年，闻言极为兴奋"，②更加坚定了努力学习、为国服务的信心和勇气。

特别值得一提的是穆藕初等人与日方代表交涉，维护国家主权与尊严的事迹。10月24日，中国代表获知日本代表起草拟定的大会演讲稿

---

① 穆家修、柳和城、穆伟杰编著：《穆藕初年谱长编》上卷，上海交通大学出版社2015年版，第496页。
② 穆家修、柳和城、穆伟杰编著：《穆藕初年谱长编》上卷，上海交通大学出版社2015年版，第497—498页。

中，不仅开宗明义就为日本的侵略扩张政策罗织宗教合理性，且毫不掩饰地声称："中国十一年来，无一日不在纷乱扰攘之中。因此太平洋沿岸各国商业，皆有阻滞之影响。苟中国纷扰，各国不再设法以禁阻之，则商业之增进，永无希望云云"，①以维护和增进太平洋地区商业为由，号召各国积极干涉中国内政。对于这种不顾国际道义和规则，公开倡导干涉中国内政的挑衅行为，穆藕初等人与大会总干事严肃交涉。在中国代表的据理力争下，大会总干事被迫要求日方代表删除相关内容，使得日方在大会会场中营造侵略中国氛围的阴谋不曾得逞，这是商民外交中的一件重要收获。10月26日晚间，中国代表团应日本侨界之邀，出席日本俱乐部的欢迎晚宴，穆藕初现场发表演说，"首述中日韩同种同文，地位接近，有共同合作之便利与必要"，在演讲结尾时，他又特意强调"强权之终不可恃，以强力压人者，终必先败。欧洲最强之国，今已一败涂地，于国于民皆有损无益"，②再次表明中国追求和平与协作，反对侵略和压迫的决心与意志。穆藕初的演说得到了与会者的深刻赞同，与会者纷纷与他握手表示庆贺与支持。

1922年10月26日上午，太平洋商务会议在檀香山总督府正式开幕。穆藕初代表中国政府向联太平洋协会会长法灵顿敬赠国旗，并发表演说。当日，会议选举联太平洋协会会长和副会长及总书记，穆藕初作为中国代表团首席代表被公推为副会长，在随后的三个委员会选举中，穆藕初又当选为秩序委员会委员，赵晋卿当选为议决案委员会会长。穆藕初作为中国代表发表了《中国商务与太平洋》的演说，他在回顾了近代以来中国进出口贸易发展的历史后，指出阻碍中国商务发展的七大原因：政治多故、关税不合理、货币制度不良、无对外银行、缺乏对外航路、国内交通不便、国际间政治上之侵略。这些因素基本涵括了阻碍中国商业

---

① 穆家修、柳和城、穆伟杰编著：《穆藕初年谱长编》上卷，上海交通大学出版社2015年版，第497页。
② 穆家修、柳和城、穆伟杰编著：《穆藕初年谱长编》上卷，上海交通大学出版社2015年版，第503页。

发展的各项不利因素,并且以翔实的数据作支撑,让各国代表对中国有了一个客观清晰的认识。为了消除这些因素,穆藕初又提出"国内和平,诚为增进商务所必要,而国际间之友谊,尤为增进商务上之远大利益所必需。商务之进步,必须基于国与国间之好意",他还向在场与会众人表示:"吾人所熟闻而又当以之归语国人,互相努力,以期其实现者,即今后世界之和平。必须建其基础于各国人民友谊之上,始能永久而巩固。各友邦间必须互以诚信平允之态度,联结而为深厚笃实之友谊。"①穆藕初在开幕式上的演说,极大地消除了国际社会特别是美国社会对中国的误会和偏见,也成功地向世界表达了中国渴望摆脱协定关税、领事裁判权等不平等条约的束缚,宣示了中国人热爱和平、反对侵略,冀望建立公平正义的国际秩序和增进国际间商务合作的热切愿望。可以说,穆藕初代表中国政府在国际社会的发声,为树立良好的国际形象做出了重要贡献。②

此后的几天,穆藕初相继出席多个专题会议并发表演说,并代表中国商界向商务会议提交建言提案,如代表上海棉业公会提交了《中国棉业之发展及其需要》等。在这些演讲和提案中,虽然具体内容有所不同,但都蕴含着浓烈的维护国家权益、陈述中国实情、追求和平发展的情感和深意,如他在10月6日联太平洋青年商会举行的招待午餐会上演说中指出"中国已由老大而变为青年,太平洋各国间商务之发展,有赖于各国青年之共同努力",③这时的穆藕初,对于国家的发展、商业的繁荣和世界的和平是满怀信心和期望的。

首届太平洋商务会议于1922年11月6日闭幕。此次会议各国出席代表有一百五十人左右,中国代表团先后开会十余次,通过与各国代表

---

① 穆藕初:《中国商务与太平洋》,穆藕初著,穆家修、柳和城、穆伟杰编:《穆藕初文集》,上海古籍出版社2011年版,第185—187页。
② 高俊:《穆藕初评传》,上海人民出版社2007年版,第71页。
③ 穆家修、柳和城、穆伟杰编著:《穆藕初年谱长编》上卷,上海交通大学出版社2015年版,第514页。

和各界交流互访，充分地向各国表达了中国商务的实情，让各国人士对中国有了真切的认识。穆藕初等人于11月8日正式启程归国。10月22日，代表团一行顺利抵沪，受到热烈欢迎。虽然在太平洋商务会议上中国代表团取得了很大的成绩，但穆藕初并不以此为傲，反而是冷静反思。他告诫商界同仁，应该主动出击，与各国商界积极联络，推广国外贸易，尤其要高度关注外人在中国的巨额投资和被外人操控之通信机关，如果不努力维护国家信用威望，则国势日衰，商务必受影响。他还主张商界人士应谙熟外交之道，在政府不作为的情况下，商人应挺身而出，捍卫自身利权。他还将商界选派代表参加太平洋商务会议的行动视为国民外交的嚆矢，鼓励商界多注意研究发展各本业之可能性，多派遣有学识之青年，出外历练，参加各项会议，组织团体，到国外考察商务情形，为中国商务积累经验和建立联系。①

近代民族危机日趋加重的时代背景下，中国民众的国家主权意识和国民意识也愈加增强，通过自身的努力与斗争维护国家主权的自觉性也大为提高。民国初年的商人代表团参与太平洋商务会议可以视为国民外交的成功典范，中国代表在会议期间的积极表现可圈可点，在争取改善中国经济发展的外部环境，维护平等、公正和互利的国际经济新秩序等方面作出了很大的贡献。②穆藕初在后来撰写《五十自述》时，专门梳理总结过他赴美参加太平洋商务会议的任务和成绩，概而言之，约有四端："一，从邦交上及国民外交上，巩固太平洋诸国国际间睦谊；二，鼓吹我国与太平洋诸国互利的商务之发展；三，宣达国情，揭出真相，破除国际间误会；四，力谋海内外联络，及施行传达消息上一切计划，期唤起侨众合力捍卫祖国之精神。"③显然，通过中国代表团在会议前后的积极努力，上述四项目标在很大程度上得以实现，这正是国民外交的闪光之处。

---

① 高俊：《穆藕初评传》，上海人民出版社2007年版，第75—77页。
② 高俊：《穆藕初评传》，上海人民出版社2007年版，第77—78页。
③ 穆藕初：《藕初五十自述》，穆藕初著，穆家修、柳和城、穆伟杰编：《穆藕初文集》，上海古籍出版社2011年版，第32页。

七 经济思想

穆藕初身处近代中国国势日危、社会动荡的时代背景下，他像同时代很多爱国的民族实业家一样，有着"实业救国"、以"商战"来挽回利权的强烈愿望。当他在美国留学期间，就重点学习现代化的纺织和管理技术，归国后更是以积极的态度投身棉纺业领域，将自己的实业抱负加以实践。

穆藕初是从挽回利权、振兴民族经济的角度来思考棉纺织业发展的。

穆藕初翻译的《工厂通用学理的管理法》书影（穆家修、柳和城、穆伟杰编著：《穆藕初年谱长编》上卷，上海交通大学出版社2015年版）

穆藕初考察了当时中国棉纺织市场，发现1918年"仅由日本一国输入之棉纱布疋，溢出巨额之金钱，能勿愕然惊惧哉"，他由此产生深深的忧虑，认为"苟长此以往，不图补救，全部仰给之数姑不备论，即此进口棉货一项，已足竭我膏血，绝我命脉"，这就更加坚定了他振兴棉业的决心，他相信"振兴棉业不但于平民生计上有密切关系，而于全国经济上亦生莫大影响。故振兴棉业，即所以救贫，亦所以救国，非虚语也"。① 因此，他敏锐地指出在商战剧烈的时代场上，要想"按商学之原则，应世界之新运，非从速组织我国纺织业托赖斯不为功"。② 显然，穆藕初已经深

---

① 穆藕初：《振兴棉业刍议》，穆藕初著，穆家修、柳和城、穆伟杰编：《穆藕初文集》，上海古籍出版社2011年版，第46页。
② 穆藕初：《今后东方纺织业竞争之大势》，穆藕初著，穆家修、柳和城、穆伟杰编：《穆藕初文集》，上海古籍出版社2011年版，第53页。

刻认识到外棉输入对于中国民族经济的巨大威胁，而要想挽回利权，救贫救国，只有采用西方现代化企业模式，振兴棉业才是根本。

在创办纱厂的实践中，穆藕初发现中国棉纺织企业里存在着管理方面的种种弊端，严重影响了企业的发展，他便积极主动地引进并尝试使用西方科学管理理论，并结合中国具体国情，形成具有时代性和创新性及民族性的企业管理思想，成为近代中国民族企业得以仿效的榜样。

为此他建立了以泰罗科学管理制度为蓝本的管理制度体系。穆藕初在美国留学期间，专门学习了现代科学管理学理论，他根据自己的理解加以灵活变通，规定企业的人事任免权归总经理掌握，总经理下设科室、车间，由工程师和技术人员充任负责人，负责企业的日常运营；同时他建立科学的用人制度，规定所有人员均须考核上岗，破除了工头把持用人权的状况，进而解除了工人对其的人身依附关系；再就是建立严格的培训制度，加强工人生产操作的规范化水平，对工人加大培训力度，提升其技术水平；最后是建立健全的财务管理制度，使用新的财务核算方法，一改传统华商企业中存在的财务混乱、无账可稽的情况，大大改善了华商企业的财务制度。在实践西方的科学管理制度时，穆藕初并没有拘泥于教条学理，而是充分结合中国实际国情，将其归结为"省时间、精神、物质"三种，以此作为企业经营的基本方针。① 他的这种中国化的科学管理思想，是立足中国实际，将西方科学管理思想与中国企业现实状况有机结合并取得实效的一个典型事例。

植棉改良是穆藕初经济思想中非常重要的内容。兴办棉纺织业，数量充足且品质较高的原料决定了产品的数量和质量，进而决定了销量和市场，可以说棉花原料对于棉纺企业而言至关重要。穆藕初很早就认识到原料的重要性，他指出："工业之命脉在原料，原料之足否，工业之隆替系之。苟国内原料充足，无须仰给外人，则成本轻，脱售易，营业因

---

① 高俊：《论穆藕初的实业振兴思想》，复旦大学博士学位论文，2006年，第61—62页。

之而畅旺。反是未有不失败者。"① 就自然条件而论，中国长江流域也是优沃的植棉区域，但棉产额仅是美国的1/13，"而棉质且甚劣，竭其能力，但能纺二十支以下之粗纱，至欲纺三十二支、四十二支之细纱，则必仰给于印、美、埃及棉"，② 显然，改良棉质已是刻不容缓之事，因此，穆藕初多次公开呼吁："增植棉产，改良种性，加高品质，对内则可以塞无限之漏卮，对外则可以吸巨大之金源。"③

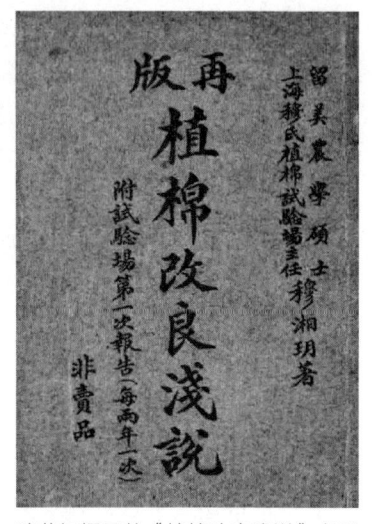

穆藕初撰写的《植棉改良浅说》书影（穆家修、柳和城、穆伟杰编著：《穆藕初年谱长编》上卷，上海交通大学出版社2015年版）

穆藕初熟悉美国棉业的具体情况，他鉴于中美之间棉产量相差悬殊，且华棉与美棉在品质上也不可同日而语，"美产丝长而韧，华产丝短而粗"，是故华棉仅能纺二十支以下之纱，而美棉能纺极细之纱。他认为中美棉花在量与质上的巨大差距，"非吾华气候地力之不若人，实智力之不若人，地力与人工多有所未尽也！"④ 很明显，他看到了问题的根源所在，即中国因为缺乏先进且专业的植棉技术，致使不能充分发掘地力与人工的优势，而最终影响了棉花产量与品质的提升。因此，他利用所学知识，撰写了《植棉改良浅说》一书，从棉种选择、气候条件、土质分析、治田技术、

---

① 穆藕初：《振兴棉业刍议》，穆藕初著，穆家修、柳和城、穆伟杰编：《穆藕初文集》，上海古籍出版社2011年版，第47页。

② 聂云台、黄首民、郁屏翰、尤惜阴、吴善庆、穆藕初：《中华植棉改良社缘起》，《东方杂志》第14卷第11号，1917年11月，第192页。

③ 穆藕初：《广赠植棉改良浅说通告》，穆藕初著，穆家修、柳和城、穆伟杰编：《穆藕初文集》，上海古籍出版社2011年版，第152页。

④ 穆湘玥：《植棉改良浅说》，《中华实业界》第2卷第8期，1915年8月10日，第"（一）"至"（二）"页。

播种方法、肥料施加等方面系统介绍了美国科学植棉改良之法，为国内有志振兴棉产诸人提供可资借鉴的学理技术，该书也成为近代以来第一本由中国人自己撰写的关于植棉改良的科学专著。

1915年2月，穆藕初联合绅商郁怀智在引翔港租地60亩，辟设植棉试验场，开始试植美棉。1917年10月，穆藕初又联合聂云台、吴善庆、尤惜阴、黄首民等人创办中华植棉改良社，积极从事植棉改良活动。随着植棉改良活动的扩展，穆藕初又相继开辟了多处植棉试验场，并将所得经验成果和棉种广泛普及于社会和棉农，为中国棉业改良和技术推广做出了重要的贡献。①

在不断实践植棉改良的同时，穆藕初又陆续总结经验并撰写了系列文章，如《论人造棉花》《检查棉花意见》《论中国移植美棉》《振兴棉业刍议》《报告美棉迁地之效验》等系列文章。在这些论著中，他以自身实践教训，结合美国植棉学理，分析归纳出中国棉业失败的十大因素：一是耕地太浅；二是沟浅畦平，出水爽；三是棉种剔选不严格，气候温度不适宜；四是播种太晚；五是播种过于密集；六是缺乏肥料；七是工作失去相宜之时；八是忽视了病虫害防治；九是工作疏懒不严谨；十是负责人意志不专且希望不远大、精神不统一。基于这些问题，穆藕初非常具有针对性地提出改正补救措施：一是设立植棉总场，由专门人才主持工作，并选择适宜植棉地区设立分场，以便统一部署，合力进行；二是兴修水利，改善灌溉条件，开垦荒滩，扩大植棉面积；三是翻译和撰写植棉论著，唤起民众植棉的兴趣，增强"植棉救时"的意识；四是选用专业人才，培训棉农，普及科学的植棉知识；五是设立农校试验场，加强对农校学生的实践训练，注重培养棉业人才；六是调查研究全国各地的棉花种植、贸易、关税、运输情况，为纺织界人士提供参考资料；七是开设收购加工新棉的机构，促使价优货畅，鼓励棉产改良；八是禁除掺杂作伪的职业陋习，提倡职业信用；九是废除苛捐杂税，保障货物流

---

① 高俊：《论穆藕初的实业振兴思想》，复旦大学博士学位论文，2006年，第69—71页。

通顺畅；十是禁止外商进入棉区贷款购棉，以此来维护棉农、棉商和纺织业者的利益。① 穆藕初以其专业学识和亲身实践为基础，对于中国棉业的弊端所在进行了条分缕析的爬梳，并提出极具针对性和操作性的建议，全面、深入且透彻，显示出与同时代传统教育背景下成长起来的实业家的明显不同。时人评价穆藕初倡导并践行的植棉改良事业，认为这是"吾国改良及推广植棉事业之萌芽时代，而由先生个人之努力奠定其基础者也"。②

穆藕初在兴办实业过程中，深切认识到加强交通对于发展实业的重要性。针对当时国内交通落后、区域商业交流阻隔重重的现况，穆藕初指出："商业之荣枯系于交通之便否。"同时还提出了自己的意见，包括：利用以工代赈的方法，在各地兴修公路；疏浚河道，便利货物运输；政府交通部门应选派公正勤慎的工作人员，加强制度建设和管理效率；添购车辆，保障商货往来；组织航业公司，推广海外航线，改良国内航业，注重航业人才的培养；各地根据具体情况，集资兴办小范围交通事业，选择适合本地的交通运输方式。他认为只要举国一致，万众一心着手交通建设，"则产区百物不致以无人过问而低贬，需货之处不致以来源告竭而暴涨"，只有如此才可裕商富民，百业发达。③ 穆藕初所提的发展交通的建议，是符合近代中国实际国情的，具有较强的可行性，表明穆藕初经济思想中务实的特点。

近代中国是一个以农业为基础的落后国家，农业问题至关重要，也在很大程度上影响甚至制约着民族工业的发展，穆藕初对此有着清醒的认知。其实，作为农人出身的穆藕初，青少年时期，不论是接受之教育，还是浸染之环境，都与农业有着紧密的关系，加上其母亲耳提面命，使

---

① 高俊：《论穆藕初的实业振兴思想》，复旦大学博士学位论文，2006 年，第 72—73 页。

② 毕云程：《穆藕初先生传略》，《国讯》1943 年第 350 期，第 10 页。

③ 穆藕初：《交通与商业之关系》，穆藕初著，穆家修、柳和城、穆伟杰编：《穆藕初文集》，上海古籍出版社 2011 年版，第 55—56 页。

其养成了重农、兴农的强烈意识。1907年夏，穆藕初受张謇之邀，北上调查路警，沿途目睹农村一片凋敝，交通不便，货弃于地，这激起了他创办实业的意愿，他当时即认为："觉在诸般实业中，占中心势力者莫如农。我国以农立国，必须首先改良农作，跻国家于富庶地位，然后可以图强；国力充实，而后可以图存，可以御侮，可以雪耻"，他也由此改变志愿，"一变而定研究农业之趋向，深愿投身于农业"。① 在美国留学时，穆藕初对于美国现代化的农业生产方式有了更为深入全面的认识，这促使他开始思考学成归国后职业选择的方向问题。他认为中国虽然地大物博、以农立国，但是因生产力水平低下，如果以他所学之农业知识从事生产，"而大规模之农场，恐非短时期所能组织"，"而个人投身于田间，恐不能与乡人竞争"。思忖再三，他决定"研究社会间用途甚繁，而于农产品及副产品上有密切关系之肥皂业及纺织业"，② 这成为穆藕初后来走上经营棉纺织业的重要思想诱因。

穆藕初非常推崇美国的现代化的农业生产方式。他在美国参观现代化的塔虎脱农场时，就认真地梳理总结了其经营决策、人事制度、劳动纪律、财务管理等方面的成功经验，给予其很高的评价，他认为美国农场"各部厂均由专门人才主任，故其布置均臻完善，各种机器，亦均系最新而最精良。以科学的知识、机警的脑力、敏捷的手段整理全场事务，宜其勃焉而兴也"。③ 同时，美国农场中实行的农业生产与农产品加工相联合的大农业生产模式，以及科学管理方法、现代化的财务制度和严格的劳动纪律等内容，都给他深刻的印象。这些经历和认知，很大程度上丰富了穆藕初的农业经营思想，他迫切希望中国也可以学习美国的

---

① 穆藕初：《五十自述》，穆藕初著，穆家修、柳和城、穆伟杰编：《穆藕初文集》，上海古籍出版社2011年版，第8页。
② 穆藕初：《五十自述》，穆藕初著，穆家修、柳和城、穆伟杰编：《穆藕初文集》，上海古籍出版社2011年版，第19页。
③ 穆藕初：《游美国塔虎脱农场记》，穆藕初著，穆家修、柳和城、穆伟杰编：《穆藕初文集》，上海古籍出版社2011年版，第38页。

现代化农业生产,尽快改变中国农业的极端落后面貌。① 同时,穆藕初对于如何改良中国农业,引导农民学习先进农业技术也有自己的设想。1913年,穆藕初从美国寄书时任江苏省教育司司长的黄炎培,详细陈述了他对于中国农业改良之方策:根据气候与土壤等自然条件,多设农事试验场,聘请农学专家悉心主持,且以"宜专不宜博"为原则,选择本地出产最富之农产品酌量培植,发挥其最大功效;开设农夫学堂,"以半年为期,半日工作,半日读书,以辛工抵饭资,略筹常款,以供月费",用农夫所能接受和理解的方法教授粗浅之农学知识,"按时督课之,使于短促时间内,熏陶而诱掖之,以增进其常识而开豁其胸襟,而逐渐升迁其文化程度"。穆藕初还认为,农学专家与乡间农夫毕竟在各方面相差悬殊,要想引导农夫学习新式农业技术,农学专家"则不可不与农夫声气相通,呼吸相应,逐渐去其旧而染其新,不知不觉之间,使彼等受改良之实惠",② 而农夫学堂正是实现这一效果的最佳途径和切实选择。

需要指出的是,穆藕初并没有完全沉溺于依赖农业而不管其他行业的狭窄视野中,而是从现代经济发展理念角度出发,科学阐释了农业和工商诸业的关系。他认为,一方面农业固然是一国经济之命脉,从根本上制约着工商诸业的发展,因此只有农业得到发展,其他实业才能有良好的发展基础,但是另一方面,单是发展农业而忽视其他实业的发展,则农业也不会取得实质性的长久发展。他以苏联由传统农业国发展为工农业领先世界的强国为例,强调实现农业工业化,以工业来辅助农业的重要性,只有真正实行"农工俱兴,则商务繁盛,国力充实",要想实现国民经济充裕,必须"重农亦宜兼及于重工"。③

---

① 钟祥财:《穆藕初农业思想略探》,《中国农史》1990年第3期,第72—74页。
② 穆藕初:《上教育司长》,穆藕初著,穆家修、柳和城、穆伟杰编:《穆藕初文集》,上海古籍出版社2011年版,第123—124页。
③ 《李馥荪氏重农说之再进一解》,穆藕初著,穆家修、柳和城、穆伟杰编:《穆藕初文集》,上海古籍出版社2011年版,第277页。

八　扶持昆剧

在中国近代民族实业家中，热心公益事业者屡见不鲜，资助教育事业者时有所闻，但像穆藕初这般倾心扶助传统戏曲昆曲者，却不多见。穆藕初曾对别人说过，他的一生"常以两语自持，即'失意时耐心，得意时当心'是也。每当烦恼不堪时，务以乐观为怀，抽弦度曲，力持忍耐；得意时，则处处当心，不以利多而佻然自得。良以祸福相因，不可不防也"。①或许正是他的这种人生观影响了他，在呕心经办实业的曲折艰辛历程中，他与昆曲结下了特殊的情缘。在穆藕初的认知中，戏曲不仅只是一种娱乐活动，而且具备陶冶情操、启迪民智和改造社会的功效，应该大力传承和积极弘扬。他本人就以实际行动为昆曲的传承和发扬做出了重要贡献。

1914年10月，刚刚留学归国的穆藕初应邀参加了上海群学会组织的十周年纪念活动。群学会由张栋云、郁屏周、王慕喆等人组建，以从事社会改良为宗旨，在建筑会所、创办藏书室和提倡音乐、英文、体操等方面颇有成绩，尤其是他们主持的昆曲社、书画会和围棋会等传统文娱组织，更是其最具特色之处。也正是在此次活动中，穆藕初结识了很多江浙一带的昆曲票友，见识了昆曲的魅力，并对昆曲产生了浓厚的兴趣。此后，他就将研习昆曲作为工作闲暇之余修身养性的一种方法。②

1918年，穆藕初结识了昆曲名家张紫东的妹夫谢绳祖，经其介绍又认识了张紫东、冯超然、徐凌云和严莲生等昆曲名家，在这些人的影响下，穆藕初对于昆曲有了更为深入的认识。1920年初，在冯超然的引介下，穆藕初专程赴苏州拜访了江南昆曲大师俞粟庐，了解到昆曲作为中国传统国粹艺术的重要价值，穆藕初产生努力振兴昆曲的想法。此后，他不仅在俞粟庐儿子俞振飞的指导下学习昆曲，而且开始以实际行动扶

---

① 程志政：《穆藕初之诙谐》，《国文周报》1931年第8卷第38期，第7页。
② 高俊：《穆藕初评传》，上海人民出版社2007年版，第79—80页。

持和助益昆曲的传承和发展。

首先是资助昆曲专业人士的活动，并灌制和发行昆曲唱片，以传播和保存昆曲艺术精华。1920年7月，穆藕初联合志同道合者热心筹划，邀请苏州昆曲全福班、大章班和大雅班三大戏班到上海天蟾舞台演出，历时两个月，连演九十余场，在上海社会中掀起了一股昆曲热潮。同年11月，穆藕初邀请俞粟庐至上海，以每张200元的价格请上海最著名的百代唱片公司灌制六张唱片并予以发行，将昆曲这门传统戏曲通过现代方式加以保存并传播。同时，穆藕初还与同好发起昆剧保存社，将俞粟庐书录的13支曲词编印成《度曲一隅》一书出版，免费赠送给昆曲爱好者，广为散播。①

其次，为了使得昆曲得以有序传承、后继有人，穆藕初还联合张紫东、贝晋眉等昆曲名家，创设昆剧传习所，系统性地培养昆曲专业人才。昆剧传习所位处苏州城北西大营门五亩园内，于1921年8月开始招生，9月正式开学，学制三年。开学伊始，传习所招收学生60余人，大多为苏州本地贫寒子弟，传习所为每个学生取了一个带"传"字的艺名，以示郑重。昆剧传习所由道和社曲友孙咏雯出任所长，以全福班的艺人沈月泉为首席教师，且相继聘请沈斌泉、吴义生、许彩金、尤彩云、陆寿卿、施桂林、高步云等人为学生授课。学生不仅要学习昆曲技艺，还要学习文化知识，练习读书写字。穆藕初为了提升学生的武艺和体质，还专程从河南邀请拳师邢福海来传习所，为学员教授少林拳术。穆藕初对于学员要求严格，对他们未来的发展考虑周全，他要求传习所"文明办学"，不得沿袭和使用旧式恶习，对学生进行体罚或打骂，且要求每位学员都要掌握一门演奏乐器的技艺，以免日后不能登台时，还可充当乐师，不致失业。穆藕初还通过关系，将学习到一定程度的学员送至上海笑舞台进行实习演出，培养学员的舞台感和表演经验，待学员三年期满毕业后，再到上海公演。昆曲传习所的传字辈学员大多学有所成，1924年他们曾到上海新世界和笑舞台等著名剧场进行演出，获得社会的很好评价，

---

① 高俊：《穆藕初评传》，上海人民出版社2007年版，第80—81页。

其中顾传玠和朱传茗两位新秀还一度走红上海滩。这批传字辈学员很多都成为优秀的昆曲接班人，对于传承和发扬昆曲起了至关重要的作用。穆藕初也因此被后世赞誉为"复兴昆剧之元勋"，其参与创办的昆剧传习所也与张謇创办的南通伶工学社被并称为中国近代戏曲史上的双璧。①

最后，穆藕初为了给昆剧传习所筹措活动经费和扩大昆剧的社会影响，还主导发起了昆曲大会串。昆剧传习所自创办之始，活动经费就主要来自以穆藕初为首的发起者的捐助，当时穆藕初每月为该社捐资五百元，基本解决了传习所的日常开销。1921年7、8月份，穆藕初邀集谢绳祖、张紫东等人，决定以昆剧保存社名义联合江浙沪三地业余昆曲家举行"江浙沪名人大会串"演出，既能扩大昆曲社会影响，又可募集更多款项。为了起到更好地示范和影响，穆藕初在众人的鼓励下决定亲自登台串演。为了保证演出成功，穆藕初还专门花了一个多月时间，前往杭州专心学习《拜施分纱》《折柳阳关》《断桥》等昆曲中的著名戏目。为了保证昆曲会演的顺利进行，穆藕初积极奔走，通过自己的人脉关系联系演出剧场，当时的上海著名的戏院老板对于昆曲会演，多不感兴趣，认为无利可图，唯有外商雷玛斯经营的位处静安寺路的夏令配克戏院同意借出开演。为了最大限度地引起社会的关注，穆藕初等人还积极联络各报馆对昆曲串演大会的筹备工作予以跟踪报道，发挥了很好的宣传效果。1922年2月9日，穆藕初等串演发起人在四马路"一家春"西餐馆集会，商定了会演的具体日期、戏目安排和招待事务，穆藕初主持会议，会议决定串演三日，出版《会串一览表》，广事宣传，营造氛围。穆藕初还与俞粟庐、徐凌云等联名在《申报》发表《昆剧保存社敦请江浙名人大会串》启事，再次郑重声明会演之宗旨，希望能引起社会各界更多人士的支持与赞助。

1922年2月10日晚7时，江浙沪昆曲名人大会串在上海夏令配克戏院隆重开幕，上海各方名人很多莅临捧场，楼上楼下座无虚席。串演票价分为5元和3元，在当时的上海算是极高的票价，但这并不能阻碍听

---

① 高俊：《穆藕初平传》，上海人民出版社2007年版，第82—83页。

众的热情，仍然踊跃购票，串演总共募集到 8 000 余元，为昆剧社的经营和发展筹到一笔可观的经费。此时的穆藕初年近五十，仍然戏装加身，粉墨登场，连续演出三日，赢得现场观众阵阵喝彩。由穆藕初主导发起的江浙沪昆曲大会串在近代中国戏剧史上具有十分重要的历史意义，它不仅向社会各界成功展示了昆曲绚丽多彩的文化内涵和艺术生命力，而且也引导人们对于传承和发扬传统文化多了一份清醒的思考和冷静的分析。可以说，穆藕初对于昆曲的传承和发展，是付出了极大的心血和努力的，后世赞其为"复兴昆剧之元勋"，可谓实至名归。①

九 兴学助教

近代中国实业不兴、经济滞后原因固然很多，但是缺乏现代化的专业型商业人才实为重要因素。穆藕初以超人的毅力和不屈的精神，在而立之年远渡重洋留学，取得硕士学位，本身就是提升自我、进步成才的典型范例，他对于现代化人才的重要性，自然比一般人有着更为深刻的体认。他认为："人才与时会并重，得人者昌，为职业界历劫不磨之金言，无论何业，苟得有才识有毅力有素养之士为之主持，则各本业之节节进展也可以豫必。"②但反观当时的中国实业界，专门的商业人才极端缺乏，大多数商人都是靠经验从事经营，尤其是在社会极速发展的时代，"不有智识将不足以言商"，处此与列强商战时期，"斗智不斗力，增进商人智识，似不能缓"。③穆藕初对此非常失望，他甚至认为中国二十年来所办实业招致失败的最大原因，"莫不以缺乏实业人才故"。④穆藕初根据

---

① 高俊：《穆藕初评传》，上海人民出版社 2007 年版，第 84—86 页。
② 穆藕初：《今日农工商业致病之症结》，穆藕初著，穆家修、柳和城、穆伟杰编：《穆藕初文集》，上海古籍出版社 2011 年版，第 103 页。
③ 穆藕初：《增进商人智识以期发展商业》，穆藕初著，穆家修、柳和城、穆伟杰编：《穆藕初文集》，上海古籍出版社 2011 年版，第 106 页。
④ 穆藕初：《实业与教育之关系》，穆藕初著，穆家修、柳和城、穆伟杰编：《穆藕初文集》，上海古籍出版社 2011 年版，第 82 页。

出身、能力与学识等条件,将实业人才概括分为三种:"其一为无借乎教育之天才,如钢铁王、银行王等是。其二为富有组织实业能力之中坚人才。其三为实业界各部分克尽厥职之辅佐人才。"他认为尤其是第二、三两种人才,可以通过教育培养而成,他们"实为实业界之主要人物。国家之康强,社会之富裕,胥出此辈人才之手",①因此,教育和培养实业人才至为关键。

如何培养现代化的专门型商业人才,穆藕初提出了自己的商业教育构想:由政府出面罗致聘用商业通才,担任宣讲之职,在首都及通商各埠开展宣讲,使公私商业机关从业者都知晓商人之道德之责任之义务;增加商业夜校教授知识中的实用学科,减少普通学科知识,有针对性地培养商业人才;加强商业学校与商会之间的联络交流,双方合作研究商业盛衰之理路,总结经验教训,编为教材,为商界中人提供可资镜鉴之参考。②可见,穆藕初对于培养现代化的商业人才,有着较为全面且贴合实际的意见,并没有夸夸其谈,这是他熟稔商界惯习和弊端所在,提出的有针对性的教育方案。

至于在具体培养实业人才过程中,需要注意哪些事项?穆藕初也根据自己的留学经历并结合自己对中国社会实情的观察思考,给出了切合实际的建议:坚定学习目标,不可随意更换科目;重视实践操作,理论与实践结合;培养良好社会信用,扩展社会关系;运用科学管理法,去除排场、虚荣和裙带关系。③穆藕初敏锐地指出,职业教育不能狭义地认为仅是教导学生仿制诸种物件而已,这只是一种形式而已,更为重要者在于引导学生"精密思考如何方能使出品精美,如何方合用户心理,

---

① 穆藕初:《实业与教育之关系》,穆藕初著,穆家修、柳和城、穆伟杰编:《穆藕初文集》,上海古籍出版社2011年版,第82页。
② 穆藕初:《增进商人智识以期发展商业》,穆藕初著,穆家修、柳和城、穆伟杰编:《穆藕初文集》,上海古籍出版社2011年版,第107页。
③ 穆藕初:《中国实业失败之原因及补救方法》,穆藕初著,穆家修、柳和城、穆伟杰编:《穆藕初文集》,上海古籍出版社2011年版,第77—78页。

如何可以不浪掷工作时间、如何可以不耗费各种原料，必于此数者一一进求，无复遗憾，然后可以与人角胜于市场"，①也就是说，穆藕初对于职业教育的理解更为深入全面，教育目标也为科学实用。尤为珍贵之处，还在于穆藕初特别强调培养学生的职业精神，"更努力育成其耐劳习惯、持久性质、克己复礼工夫、斩除一切巧取幸获之观念"，②只有如此，才能实现职业教育的完美无瑕，也才能造就兼具知识、能力和精神的职业全才。

作为近代中国纺织界执牛耳者，穆藕初自然十分重视棉纺织业人才的培养。1922年10月10日，穆藕初在《申报》发表《中国棉织业发达史》一文，明确提出培养棉纺织业专门人才。他认为"凡百事业之成败，全视人才之优劣"，棉纺织业属于专门性行业，一直以来都缺乏专门性人才，致使"腐败官僚，滥竽其间，职员视为利薮，工人毫无训练，遂致经始不良，进步迟滞"，面对世界潮流激荡，棉纺织业日渐发达的情势，外货横溢，竞争激烈，"吾人不可不以十分努力培养棉织事业专门人才，造就技能熟练之优良工人，以博最后之胜利"。③

1917年5月6日，中华职业教育社在上海成立。当时的政商学界很多名人在《中华职业教育社宣言书》上签字，包括伍廷芳、梁启超、张謇、蔡元培、严修、唐绍仪、汤化龙、张元济、穆藕初、聂云台、余日章、黄炎培等四十八人，皆署名于上。《宣言书》详述中国教育最大危机在于"毕业者失业；就业者所学亦不能适于用"，中华职业教育社就是立足中国实情，针对这些问题进行改革，在该社组织章程中明确揭示了其存在的目的在于：（甲）推广职业教育；（乙）改良职业教育（丙）改良

---

① 穆藕初：《实业上之职业教育观》，穆藕初著，穆家修、柳和城、穆伟杰编：《穆藕初文集》，上海古籍出版社2011年版，第72页。
② 穆藕初：《实业上之职业教育观》，穆藕初著，穆家修、柳和城、穆伟杰编：《穆藕初文集》，上海古籍出版社2011年版，第72页。
③ 穆家修、柳和城、穆伟杰编著：《穆藕初年谱长编》上卷，上海交通大学出版社2015年版，第492页。

1918年5月5日中华职业教育社第一届年会合影（穆家修、柳和城、穆伟杰编著：《穆藕初年谱长编》上卷，上海交通大学出版社2015年版）

普通教育，俾为适于生活之准备。穆藕初和其兄穆杼斋同为中华职业教育社的永久社员。① 穆藕初在参与中华职业教育社的活动过程中，经常向该社提供资金捐助，还坚持为社员授课，讲授和传播他的职业教育理念，对于中华职业教育社的学生具有很大的影响，被认为是职业教育社"校董中最热心之一人"。②

穆藕初在经办实业的过程中，非常重视发现并培养职业人才。他先后在德大纱厂、厚生纱厂中组织青年实习生，利用业余时间讨论学术、交换知识，规定每月第三星期日下午14:00—16:00进行学术演讲，以此营造工商界青年学习专业知识的氛围和环境。1918年8月，穆藕初创办的棉作试验场内添设第二、第三、第四农场，招聘年龄在二十岁左右，有高小毕业程度的实习生，以培养棉业专门人才。穆藕初善于从学

---

① 穆家修、柳和城、穆伟杰编著：《穆藕初年谱长编》上卷，上海交通大学出版社2015年版，第200页。
② 高俊：《穆藕初评传》，上海人民出版社2007年版，第60页。

徒或职员中发现人才的能力，可以从他发掘方显廷和程景康的事迹中窥见一二。在穆氏棉作试验场中学习的实习生中，贫家子弟方显廷勤奋好学，穆藕初认为他是可造之才，就将他调入厚生纱厂做学徒，后来又资助他考入南洋模范中学读书。1921年7月，穆藕初资助方显廷赴美国威斯康星留学，每月承担其80美元的生活费。后方显廷又考入耶鲁大学攻读经济学，1928年获得耶鲁大学经济学博士学位。归国后执教于南开大学，长期致力于经济史研究，成为中国近代经济史学科的奠基人。也是在1920年时，穆藕初在偶然机会中发现了自学纺织知识的青年职员程景康，穆藕初认为他勤学好问，便将他留在纱厂作工，后来又聘请他担任华人工程师，并且资助他赴美留学。程景康留学归国后，曾担任上海广东路华嘉洋行工程师、南京国民政府实业部设计委员等职，他在1933年发明的真丝哔叽织造法享誉纺织界。[①]

必须指出的是，作为实业家的穆藕初，并没有将关注教育的视野局限于实业或职业教育的范畴，而是扩展至包括文化教育在内的各类教育上，并为此做出了持续不懈的努力。1920年元旦，穆藕初在江苏省教育会与黄任之、沈信卿、蒋梦麟、余日章等人聚餐，席间穆藕初向众人提出"钱财应如何使用，而于国家社会得最大之利益"[②]的问题，在场众人一致认为用之于教育最为妥当，穆藕初也深以为然，更加坚定了他捐资助学的信心。

1920年1月上旬，穆藕初应总统徐世昌电召赴京，在京时他专程拜访了北大校长蔡元培。在与蔡元培交谈时，言及提倡学术之重要性时，穆藕初产生捐助派遣北大学生赴美留学的想法。返回上海后，穆藕初便致函蔡元培，坦言："先生掌北大三年，而全国人心为之大变，是征学术影响，如此深闳。吾深感文化之重要，复感先生之困难。谨捐款万金，完全付托先生个人，为先生选派在学术上、社会上有贡献有希望之青年

---

① 高俊：《穆藕初评传》，上海人民出版社2007年版，第58—59页。
② 穆藕初：《藕初五十自述》，穆藕初著，穆家修、柳和城、穆伟杰编：《穆藕初文集》，上海古籍出版社2011年版，第27页。

学生,赴国外留学之用。"①对于所选派学生,穆藕初完全将决定权付诸蔡元培及蒋梦麟等教育家,"不限省份,不限科目,以男生而道德、能力与学问并佳,日后堪为各界之领袖者为合格"。而事实上,蔡元培等人也确实没有辜负穆藕初的信任,从北大学子中遴选中罗家伦、段锡朋、王敬熙、周炳琳和康白情五位青年才俊,穆藕初后来回忆此事,也以所派学生"备极一时之选,其德性之坚定,教育巨子以曾经百炼之真金目之"②而欣慰。这五位北大学子每年在美留学经费1 200美元,全部由穆藕初担负,按年付给,读书时长不限,根据每位学习情况而定。这五位学子学成归国后,大多在高校执教,从事学术研究并取得不错成绩。

1921年7月,穆藕初捐款一万元,资助河南开封留美预备班河南籍学生韩朝宗、张纯明、王凤岗和朱相程四人赴菲律宾留学。其中韩朝宗与张纯明后来又远赴美国,入伊利诺伊大学学习。韩朝宗专修金属材料及冶金研究,归国后任国防设计委员会冶金委员、军政部兵工研究委员。1939年赴美先后在世界贸易公司、中国物资供应公司及驻台湾美军用品采购团任职。张纯明主修社会学、政治学,归国后任南开大学政治系教授、系主任,抗日战争中任行政院秘书、河南省政府委员等职,晚年任驻联合国"公使级别副代表"等职务。③

1920年7月6日,《申报》刊发评论文章《我为中国之金钱呼冤》,盛赞穆藕初资助留学生出洋之创举,通过对旧官僚和军阀花天酒地、骄奢淫逸生活的批判,突显穆藕初金钱用途之正确,号召国民向穆藕初学习,"凡金钱之使用,可无一不归于正当之途","此后可以金钱增进公益"。④

---

① 穆家修、柳和城、穆伟杰编著:《穆藕初年谱长编》上卷,上海交通大学出版社2015年版,第319页。
② 穆藕初:《藕初五十自述》,穆藕初著,穆家修、柳和城、穆伟杰编:《穆藕初文集》,上海古籍出版社2011年版,第27页。
③ 穆家修、柳和城、穆伟杰编著:《穆藕初年谱长编》上卷,上海交通大学出版社2015年版,第430—431页。
④ 穆家修、柳和城、穆伟杰编著:《穆藕初年谱长编》上卷,上海交通大学出版社2015年版,第366页。

穆藕初捐资助学的义举得到了当时社会各界的广泛好评和肯定，舆论界将其与陈嘉庚毁家兴学的壮举相提并论，称其为实业家中提倡教育的典范。客观而言，穆藕初对于文化教育事业的重视和扶持，并非为了博取社会声誉或是作为其经营实业的一种助销手段，而是在强烈的社会责任感和使命感的推动下自然为之。究其根源，则在于穆藕初既受中国传统文化的熏陶，又受西方现代文明的影响，在中西文化的精髓中孕育出其鲜明特质的人生价值观，①这是他作为近代新兴商人代表的最本质特征的外在呈现。

十　出任官职

穆藕初作为留学归国的稀缺人才，一开始并未产生投身政界的想法，而是将所有的精力与心血灌注于创办实业方面。但是，随着其在实业领域的成就日显、声誉日隆，北洋政府开始关注并褒奖他的成绩。1920年1月上旬，北洋政府总统徐世昌电召穆藕初入京，对其"出其所学，创办实业迄今数年，成绩昭著"，"颇为嘉许"，并于同月底正式聘任穆藕初为总统府名誉实业顾问。②这是穆藕初与政界的首次接触。

南京国民政府成立后，开始物色有创办实业经验的社会精英出任工商部常务次长，穆藕初再次进入政府视野。1928年11月6日，应工商部部长孔祥熙之邀，穆藕初被南京国民政府任命为工商部常务次长。③穆藕初正式由商界进入政界。1931年1月9日，南京国民政府第五次国务会议通过决议，委派穆藕初为考试复核委员会委员。1月31日，国民政府又发布任命令四十一条，其中第二十九条为"任命穆湘玥"为实业部常

---

① 高俊：《穆藕初评传》，上海人民出版社2007年版，第60—61页。
② 穆家修、柳和城、穆伟杰编著：《穆藕初年谱长编》上卷，上海交通大学出版社2015年版，第319—320页。
③ 穆家修、柳和城、穆伟杰编著：《穆藕初年谱长编》下卷，上海交通大学出版社2015年版，第753页。

1931年11月8日穆藕初等上海工商界人士与蒋介石合影（穆家修、柳和城、穆伟杰编著：《穆藕初年谱长编》下卷，上海交通大学出版社2015年版）

务次长。[①]1931年4月，国民政府提倡复兴农村运动，以挽救农业衰落，实业部为了通盘筹划，决定设立中央农业研究所，总理全国农业改进工作。4月25日，实业部令派穆藕初与钱天鹤、邹秉文、蔡无忌等十六人为中央农业研究所筹备委员会委员。4月28日，国民政府行政院批准穆藕初辞去实业部常务次长一职，5月2日任命穆藕初为中央农业研究所筹备主任。[②]穆藕初从此专心开始主持中央农业研究所的工作，他主持中央农业研究所下设蚕丝、农民经济、水产、畜牧、森林、农业推广等六科，聘请美国人洛夫为顾问，还拟定草案，暨救济甘、青、宁三省，及开发西北农田、水利等项法案，提请国民会务会议核定。1931年10月17日，中央农业研究所修正名称为中央农业试验所。[③]

---

① 穆家修、柳和城、穆伟杰编著：《穆藕初年谱长编》下卷，上海交通大学出版社2015年版，第833页、836页。
② 穆家修、柳和城、穆伟杰编著：《穆藕初年谱长编》下卷，上海交通大学出版社2015年版，第841页。
③ 穆家修、柳和城、穆伟杰编著：《穆藕初年谱长编》下卷，上海交通大学出版社2015年版，第842页。

1937年7月，抗日战争全面爆发后，随着战局的扩大和形势的严峻，穆藕初全家也迁移到大后方的重庆。1938年6月，穆藕初应行政院长孔祥熙之邀，出任行政院下属的农产促进委员会主任委员。农促会负责国统区的农业和手工业生产技术的推广工作，下设总务、技术两组，分别负责行政督导、训练、宣传、计划和调研事务，并与中央农业试验所及金陵大学农学院合作，以经济补助各农业改进所，促进战时农业生产事宜。穆藕初出任国民政府农产促进委员会主任后，"专任负责推广各省农业生产及手工业生产，并确立农业推广制度"。在任期间，穆藕初根据中国国情和战时实际情况，认为"以吾国手工业中，手工纺纱，实占一重要地位"，因此他专门"搜集各地通行之土纺机，交由会中技术人员，参酌平素纺织经验，加以研究改良，并配弹棉机及摇纱机，合为一套，定名为七七棉纺机，推行各省市县"，同时，穆藕初还"在各地尽力提倡设立手纺织生产合作社，以增进纱布之生产"。抗日战争爆发后，中国大部分纱厂遭到破坏或被迫停产，"后方棉纱，甚为缺乏"，但是穆藕初发明"七七棉纺机"且成功推广后，大后方的棉纱产量得以大幅增加，"以适应迫切之需要，其有益于国民经济及抗战力量者，实非浅鲜"。① 为了更好地提升棉纺产业，农产促进委员会还在重庆开设手纺织训练所，培养技术人员。在不到两年的时间里，共培养了五百多名技工及各省派送来的受训人员，他们毕业后分别在陕西、河南、湖北、广西、贵州和西康等省从事七七棉纺机的应用工作，大大推动了大后方棉纺织行业的崛起和发展。据估计，到1940年底，全国已推广七七棉纺机数量至少在五万架以上，已设立手工纺纱技术训练所60余个。此外，穆藕还亲自将新式棉纺机的各种配件的图样详细绘就，印刷数千份，分送各地，指导各地仿制，并撰写了《改良七七棉纺机简易说明》《解决棉纺的问题》《推行手纺的六大条件》等小册子，印制数千份，免费赠送社会阅览。由于七七棉纺机的有效推广，1941年国统区的手工棉纺织品已超过厂纱，不仅缓解了军民日常所需，还给农民带

---

① 毕云程：《穆藕初先生传略》，《国讯》1943年第350期，第11页。

来了相当的经济实惠。①

1941年2月,在孔祥熙的推荐下,穆藕初由农促会主任委员上调至改组后的经济部农本局总经理一职。农本局是国民政府负责农业运销的统制机构,穆藕初上任伊始,大后方的各大城市,物价飞涨,通货膨胀严重,棉农利益受损,棉花行业处于半停业状态。穆藕初立即要求农本局在后方各县设立"福生庄",专门负责"以花换纱,以纱换布"的物物交换方法,通过这一方法,最大程度地维护了棉农的利益,增加了市场活力,缓解了花、纱、布的供销矛盾。与此同时,穆藕初主持农本局对棉花生产及棉纱加工进行技术改良,并在植棉条件比较好的宝鸡、汉中等地区大力推广美国棉种,设立机器打包厂,组织车船运输队等,以此保障和促进棉花贸易。还在四川各处设立手纺办事处,大力推广手纺技术,以棉布换手纺土纱,再将土纱送正规纱厂加工,制成以机纱为经、土纱为纬的棉布,既满足了市场需求,又促进了手工业的发展,为农民求得了一条生存之径。②

1942年12月,因国民党政府在战时的各部门工作推诿扯皮、派系纠葛等多重原因,身处漩涡的穆藕初,被蒋介石以"阳奉阴违,相诿卸责,贻误要公情事"的理由撤职查办。③此后,在孔祥熙等人的斡旋解释下,蒋介石不再追究,此事就戏剧性地草草收场。穆藕初的仕途生涯也至此结束。

穆藕初作为有留学背景的专业技术人才,又是在实业界卓有成绩的民族实业家,在特殊的时代背景下投身政界,出任农工商等部门的要职,充分利用自己所长,在促进农工业发展、推广技术器械、普及相关知识等方面,是做出了重要的贡献的,这在近代民族资本家中尚不多见。而他能做出如此选择,很大程度上还要归因于他实业报国、农业救国的最

---

① 高俊:《穆藕初评传》,上海人民出版社2007年版,第100—103页。
② 高俊:《穆藕初评传》,上海人民出版社2007年版,第103—105页。
③ 穆家修、柳和城、穆伟杰编著:《穆藕初年谱长编》下卷,上海交通大学出版社2015年版,第1324页。

初理想。

十一　感伤离世

穆藕初晚年久居四川，感受到国破家亡的伤感与无奈，自觉"与少陵放翁身世相类"，因此他开始钻研学习写诗，"遍读名家诗集，模拟推敲，遇好之能诗者，虚心求益"，并模仿杜甫、陆游为诗风格，"先近体，后古风，进步之猛可惊也。"① 据追随穆藕初兴办实业达二十五年之久的毕云程回忆，穆藕初"天赋特高，创业猛进，举重若轻，禀阳刚之气，生平爱才若渴，嫉恶如仇，待人以诚，不事虚与委蛇"②，因此深受人们爱戴。黄炎培在纪念穆藕初的文章中曾提到，他对于穆藕初钻研一事并取得非凡之成绩的能力钦佩不已，还曾戏语穆藕初："君之多能，由于君子多欲，而其有触必入，有入必深"，黄炎培甚至感慨认为"苟非限于天年，其所穷治，殆无一不可以名家者。"③

晚年的穆藕初，虽然身体状态每况愈下，但精气神却并不差很多，且对于抗战满怀信心。时人曾细致描述过穆藕初的形象："小圆而带着略方的脸，留着一点短短的胡子，不长也不太矮的身材，并不太胖，虽然是一个花甲的人，可是饱满的精神和畅快的谈锋，使你想不到他是一位年过花甲的老者，好像是正当盛开的花儿。"④

穆藕初有着强烈的民族主义和家国情怀。抗日战争全面爆发前夕，穆藕初有了一种新的爱好：养黄头。有人问他缘由，他直言："黄头是最有血性的动物，动物中的好斗者有蟋蟀、鹌鹑和黄头。蟋蟀和鹌鹑的斗，

---

① 黄炎培：《追忆穆藕初先生》，《农业推广通讯》1943年第5卷第11期，第75页。

② 毕云程：《穆藕初先生传略》，《国讯》1943年第350期，第13页。

③ 黄炎培：《追忆穆藕初先生》，《农业推广通讯》1943年第5卷第11期，第75页。

④ 倪大恩：《实业家穆藕初先生传略》，《教育与职业》1937年第181期，第65页。

不外为了性和食的关系,唯有黄头的斗,是为了地盘问题。我们现在所需要的就是这种守土的精神。如果有敌人侵占我们的领土,我们就应效法黄头以武力和他周旋。"①据毕云程回忆,穆藕初在病重期间,仍然"心心不忘国族,心心不忘棉业,满怀希望抗战胜利以后,出其数十年之研究与经验,努力建设",甚至在毕云程去医院看望他时,"犹以战后棉业建设计划相商榷"②。

摆脱政务俗事的穆藕初,本计划返归上海颐养天年,不想于1944年3月底,因痔疮旧疾发作入重庆市民医院检查医治。4月8日,被医院正式确诊为肠癌晚期。4月15日,在女儿穆恂如等人陪同下,赴成都华西医院医治。在成都近三月,使用镭锭治疗六次,疗效欠佳。7月下旬,穆藕初由成都返回重庆寓所,计划赴印度接受高度X光治疗,后因病体瘦弱,已不堪长途飞行,乃暂入重庆中央医院进行保守治疗。1944年9月19日,上午六时,穆藕初病逝于重庆张家花园内怡园,享年六十八岁。临终前,穆藕初嘱咐家人:"我一生从事棉纺织事业,棉纱事业为我心之所归,我死之后,只需为我穿上土棉织之物,不需丝绸之物,不宜厚葬。"③

穆藕初病逝后,社会各界纷纷致电吊唁,重庆中央社发布《民族工业家穆藕初先生逝世》一文,对穆藕初一生的功绩给予高度评价。中国共产党的机关报重庆《新华日报》也刊布《悼穆藕初先生》短评,认为:"穆藕初先生以肠癌病不治逝世,这是我国民族工业界的一个损失!""他不仅以六十七的高龄,还尽瘁于抗战中的经建事业,而且他实施三八制,注意职工福利,培植人才,爱护青年,这些都是值得我们深深纪念的。"号召国内的民族工业家"应当继承他的遗志,在筚路蓝缕之中,替我们国家建下一个工业国家的基础"。④

---

① 潘仰尧主编:《商工人物志:穆藕初(四)》,《新闻报》1937年1月9日。
② 毕云程:《穆藕初先生传略》,《国讯》1943年第350期,第13页。
③ 穆家修、柳和城、穆伟杰编著:《穆藕初年谱长编》下卷,上海交通大学出版社2015年版,第1337页。
④ 穆家修、柳和城、穆伟杰编著:《穆藕初年谱长编》下卷,上海交通大学出版社2015年版,第1340页。

重庆国民政府于1944年2月4日，正式发布褒奖令，对穆藕初在发展实业、奖进农业生产以贡献抗日的功绩给予了充分肯定，内称："农产促进委员会主任委员穆藕初，志行忠贞，学识明达，早岁留学美洲，专攻农学及纺织，返国后推广植棉，创办纱厂，成绩卓著，先后任工商实业两部常务次长及农本局总经理等职，奖进农业生产，提倡手工纺织，有裨战时衣食之筹给，良非浅鲜。"① 这是国民党政府在穆藕初身后对其历史地位和作用的最终评价。

穆藕初作为近代中国新派民族实业家中的代表人物，有着丰富且传奇的一生，他起家学徒，但不满足于现状，通过自己的努力远赴美国留学，获得农学硕士学位返国，这在民国初年的中国尚不多见。他没有随大流进入政界，而是通过自己所学践行自己的实业救国的理想，并取得非常不俗的成绩。中年以后，他又进入政界，依然用自己所学，努力于工商业的发展，推广技术，创新设备，传播新知，可以说将自己一生都贡献于近代中国的工商业发展。诚如后世学者所评价的："近代以来，以学者经营实业者有之，以实业提倡教育者有之，以教育跻身政界者有之，而以上诸方面均有建树如穆藕初者，则少之又少。"②

---

① 《穆藕初先生褒奖令》，《农业推广通讯》，1944年第6卷第2期，第7页。
② 高俊：《穆藕初评传》，上海人民出版社2007年版，第239页。

结　语

　　企业作为市场主体，其自身的决策、管理和运行发展，都离不开"人"的主导作用。这个"人"即是企业家。企业的成功，除了客观市场环境的影响外，最为重要的便是企业家的才识与能力。这种才识与能力的发挥，又因时代背景、社会关系及阶层站位的不同而有很大的差异。近代中国处于前所未有的社会转型时期，国势衰败，社会动荡，从经济发展的角度而言，并不是理想的市场土壤。但是，近代中国的实业家们却依旧在复杂恶劣的时代环境下，筚路蓝缕、披荆斩棘，抱持"实业救国"的坚定信念，克服困难，为近代中国民族经济的发展做出了巨大的贡献。这些成绩的背后离不开企业家精神的强力支撑。

　　中国民族资本主义是在移植外国资本主义的基础上发展起来的，但这并不意味着近代民族实业家对于传统文化和经济理念的彻底放弃。恰恰相反，近代民族实业家在吸收西方先进科学技术、管理方法的同时，经常会从本国优秀传统文化和经济思想中汲取有益价值。[①] 这种极具时代特色的中西交融的思想元素突出反映在上海实业家的创业精神中，成为近代中国民族实业家精神的高度浓缩和精确写照。这些精神包括但不限于：

　　敢于创新的精神。近代中国的民族工商业发展，因受制于现实客观条件，大多通过灵活多样的方式，以适应市场的路径探索取得成功。在上海民族实业家中，通过学习、引进和在地化的改造以实现创新的事例

[①] 沈祖炜主编：《近代中国企业：制度和发展》，上海人民出版社2014年版，第307页。

很多，尤其是接受过西方教育、懂得专业知识和科学管理方法的创业者，在创新方面会取得更大的成绩。如有着美国留学经历的穆藕初，他在创业之初就意识到棉纺织业的原料问题对于企业的生存和发展有着至关重要的作用。因此，他积极联系同业中人，成立中华植棉改良社，租地辟设植棉厂，引进和试种美棉。此外，他还利用自己所学专业知识，撰写了《植棉改良浅说》，详细分析了改良棉质的必要性和具体方法，并印制成书广为散播，成为农民试种美棉的优秀指南。正是因为穆藕初等人的这种创新改良，才有力推动了近代中国改良和种植美棉的浪潮，他们不仅为中国农民提供了充足的美棉良种，而且逐渐扭转了中国进口外国棉花的局面，使中国实现了棉花的自给自足，为近代中国棉纺织企业的发展提供了较为扎实的原料基础。聂云台则是较早意识到中国棉纺织业发展受限于机械设备落后的困窘情境，故积极呼吁引进欧美的新式技术设备，以此提高中国棉纺产品的质量与效益，这种呼应显示出聂云台对于技术设备创新的高度重视。创新离不开专业的人才，聂云台最早关注且聘用海外留学人才，他大量重用留学归国的专业人才，从实质上推动了企业的技术与管理等方面的革新，开启了中国棉纺织界使用海外归来的专业技术人才的先河，这些都是聂云台创新精神的深刻体现。

勇于开拓的冒险精神。近代上海的实业家，其所创办经营的事业，大多属于开历史先河者。他们是近代民族工商业的开拓者，而且很多人在创业的过程中，自然地怀抱一种强烈的时代责任感，试图通过开拓新的产业领域，提升中国民族工商业的水平，并且与外国列强进行商战，以挽救利权。荣宗敬为代表的后起实业家，在面粉和棉纺这两个行业中，以极快的速度进行扩张，取得了实业版图的一拓再拓，为近代中国民族工商业的发展做出了重要贡献。这一结果的获得，很大程度上离不开荣宗敬所抱持的"商战必须争取时间，造厂力求其快，设备力求其新，开工力求其足，扩展力求其多"的创业思想。事实也证明，在近代民族工商业发展进程中，荣宗敬这种求新求快的发展思路，虽然具有很大的风险性，然而一旦成功，却可以弥补自身先天弱势，为企业的发展捕捉到极为难得的重要机遇。这就充分体现出近代民族实业家勇于开拓和敢于冒险的精神。

强烈的社会担当。近代上海的优秀实业家，大都具有更为强烈的发展冲动，他们胸怀振兴实业的志向，把企业发展同发展民族经济、维护民族利益联系在一起。①他们更多地表现出对于人生情感、道德义务和社会使命的深刻领悟，从不是为了单纯的赚钱而赚钱，为了赢利而不择手段。②他们更多地倾向于将企业经营与社会责任担当进行有机的结合。早期的上海实业家开展的公益慈善事业，多与原籍地方有关。朱葆三领导宁波旅沪同乡会进行的同乡子女的教育与同乡贫病救助，和对家乡公用设施的建设等成绩，不仅切实推动了旅沪宁波人的事业发展，而且为朱葆三赢得了社会各界的一致认可和推崇。虞洽卿也一样，在维护宁波人权益、造福乡里方面，不甘人后，有着非常积极的表现，如创办龙山学堂，让家贫儿童安心学习，设立泗洲塘工业学校，为家乡培养工艺人才，多次为家乡募集赈灾款项，修建医院，建造码头等。虞洽卿为家乡所做的贡献，推动了三北地区社会经济的发展，也是他办实业不忘回馈社会的具体表现。

稍后兴起的具有新知和宽广视野的实业家，他们的社会担当已明显地超越了家乡地域的界限，更多地从国家和民族层面来开展。如聂云台就从实业家的身份立场出发，提出个人实业发展与国家富足的关系，他直言："吾人欲中国富强，务当舍却自私自利之心，以国家为前提。"具体来说，就是"实业家之眼光，必不可以一煤油大王或铁路大王为标准，而应以大政治家之国家安宁富足为目的"，要以国家层面的富足为个人实业发展的旨归，如若不然，则"虽积无穷之财产，亦无以保守之耳，今日之俄国，即前车之鉴也"。③聂云台在经办实业的过程中，将慈善与教

---

① 沈祖炜主编：《近代中国企业：制度和发展》，上海人民出版社2014年版，第24页。
② 马俊亚：《中国近代企业家的文化类性与精神境界》，《史学月刊》1995年第4期，第83页。
③ 《聂云台自美归来之谈话》，《新闻报》1920年12月7日，第3张第1版。

育跟实业进行了紧密的关联,注重工人福利的提升,建立各类实业学校,培养各类实业人才,将个人事业的发展与社会改良的责任进行了有机结合,体现出他的使命感与社会责任感。

总之,近代上海民族实业家作为近代中国民族实业家中的突出代表,上海这座城市为他们的发展和成就提供了机遇和沃土,他们的创业路径基本涵括了各种类型,他们的实业功绩也包含了近代民族工业发展的各个领域,他们自身所具备的特点也是近代中国民族实业家普遍所具有的特点。上海成就了他们的事业。

与此同时,近代上海的发展也离不开这些实业家,可以说,他们与近代上海同步成长,上海为他们提供了施展才华的广阔舞台,他们的努力和拼搏,反过来又推动了上海这座城市的快速发展,二者相辅相成,相得益彰。

经济奇迹的发生是一个城市现代化的重要推动力,尤其是在轻工业发展迅猛的上海,密集工业吸引的大量外来人口在城市发展中扮演了极其重要的角色。近代上海的扩展,主要是大量移民持续涌入的结果,很多现代化的经济部门吸引了大量的农业人口。据统计,1910年上海总人口为130万,至1927年则翻了一番,达到260万,其中移民占了72%—83%。与此同时,上海行政区内的商业区和工业区也在不断扩大,北向闸北发展,东过黄浦江到浦东,南穿老城墙进入南市。外国租界区的人口增长尤为显著,法租界由1910年的11.6万人增加到1925年的近30万人,人口密度达到每平方公里2.9万人。公共租界人口则由1910年的50万人增加到1925年的84万人,人口密度达到每平方公里3.7万人。[①]这个密度值在当时的世界大城市中,实属少见,这是上海城市发展的人力资源基础。

人口的增长与工业区域的扩展有着密切关系。以公共租界为例,其东区和西区虽然较北区和中区要发展晚一些,但随着一战以来上海民族工业厂房在租界西部和东部边缘地区的陆续兴建,租界内不同区域的人

---

① 白吉尔著,张富强、许世芬译:《中国资产阶级的黄金时代(1911—1937)》,上海人民出版社1994年版,第121—122页。

口比例也开始发生逆转。东区和西区的人口在1910年仅占公共租界总人口的37.3%，但到1925年已占61%以上，至1930年则达到70%。①显然，工业区域的扩展，带来了人口的大量增长，在改变城市人口结构的同时，更是为城市商业的繁荣提供了厚实的消费群体。

近代上海工业的发展对于上海城市规模的演化产生了至关重要的影响。与人口增长相伴随的，是各类建筑的密集出现，公共租界工部局在1910—1925年间共颁发81 903件建筑许可证，比之前的15年增加了47.2%。在此期间，上海兴建大小工厂816家，建筑许可证中有一部分即为建筑工厂而颁发。②各类工厂房屋的不断兴建，是上海城市规模不断扩展的重要组成部分。

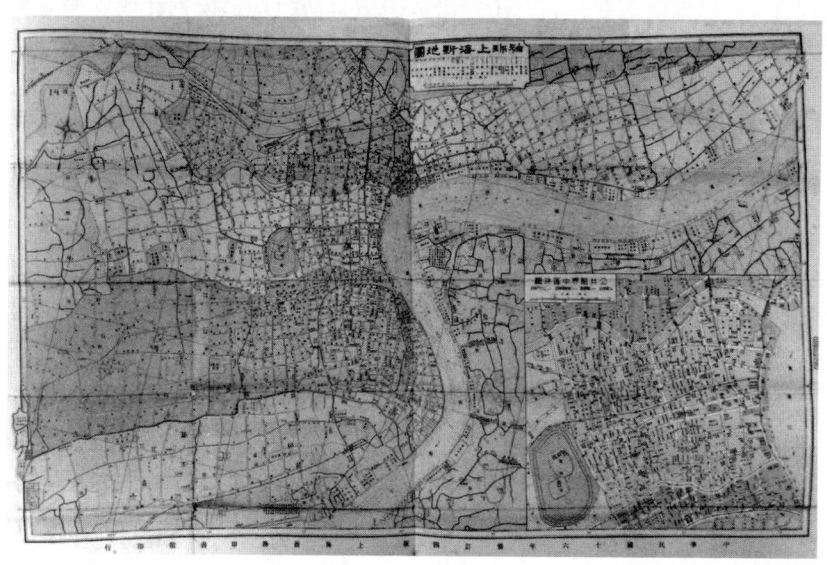

1927年修订上海地图（张逊、钟翀：《上海城市地图集》，上海书画出版社2017年版）

---

① 白吉尔著，张富强、许世芬译：《中国资产阶级的黄金时代（1911—1937）》，上海人民出版社1994年版，第124页。
② 白吉尔著，张富强、许世芬译：《中国资产阶级的黄金时代（1911—1937）》，上海人民出版社1994年版，第122页。

在公共租界北区和闸北，分布着很多建于19世纪后半叶的缫丝厂、纱厂、机器厂和印刷厂。而大量建于20世纪初的现代化工业如纱厂、面粉厂和榨油厂等，则主要集中于杨树浦、小沙渡、闸北区的西部边缘，或向西边的远处延伸，一直到郊区的兆丰公园或曹家渡。这些工业区域，都是通过苏州河的水运通道与外界相连沟通的。此外，在远离苏州河的地方，还有两处重要的工业核心区域，分别是聚集着好几家中国大型企业的南市区，如江南造船厂和求新机器厂，另一处是散布着很多造船厂的浦东区，有祥生船厂、浦东船坞公司和耶松船厂等。①

事实上，近代上海城市发展中，工业制造发端较迟，且始终从属于商业机能，工业制造一直位于城市的边缘地带，尤其是与水道河网密切配合。②以棉纺织业而言，上海绝大多数棉纺织厂都设置在或者靠近可航行的河流上，它们充分利用这些河流，取得原棉供应，且及时输出棉纺制成品。③因为这是他们最便捷也最实惠的运输方式。早在1878年，沪北和苏州河沿岸等区域的北苏州路、北浙江路，以及阿拉白司脱路沿线，或苏州河南岸、公共租界西区的成都路、新闸路和麦根路，以及苏州河上流地段的闸北广福路、长安路和恒丰路一带，即已出现缫丝厂。19世纪末至20世纪的最初20年，因租界地皮匮乏，新兴的很多纱厂纷纷选择公共租界的边缘地段，如东区的杨树浦港区沿线，西区的最偏远地段如小沙渡附近，甚至超出公共租界远至兆丰公园的界限。这一时段的很多布厂，也集中在公共租界的东区和西区，以及闸北或法租界的西部边缘地段，部分还散处在南市区。④棉纺织工厂的设立，深刻影响了上海城

---

① 白吉尔著，张富强、许世芬译：《中国资产阶级的黄金时代（1911—1937）》，上海人民出版社1994年版，第133—134页。

② 罗兹·墨菲著，上海社会科学院历史研究所编译：《上海——现代中国的钥匙》，上海人民出版社1986年版，第227页。

③ 罗兹·墨菲著，上海社会科学院历史研究所编译：《上海——现代中国的钥匙》，上海人民出版社1986年版，第228页。

④ 白吉尔著，张富强、许世芬译：《中国资产阶级的黄金时代（1911—1937）》，上海人民出版社1994年版，第134—135页。

区的布局和人口结构。

  此外,其他的现代工业厂址布局,也发挥着类似的功能。如兴起于20世纪初的食品加工工厂,多分布在苏州河南岸自兆丰公园至苏州路(公共租界中区),以及苏州河北岸自北苏州路(公共租界北区)直至闸北一带。机械化或半机械化的榨油厂,主要分布在苏州河的上游地段,如曹家渡的华界内和由小沙渡弯曲处环绕的公共租界西区的一部分地段。又如上海的印刷厂中,几乎有一半的厂家建在公共租界中区,且与福州路、山东路和海南路等区域的书店保持着密切的业务联系。① 上海现代化工业的发展和扩张,为这座城市赋予了现代化大都市的典型特征。总之,近代上海民族实业家在实业领域中的深耕和拓展,对于近代上海城市的发展起着无可替代的重要作用。

---

① 白吉尔著,张富强、许世芬译:《中国资产阶级的黄金时代(1911—1937)》,上海人民出版社1994年版,第135页。

参考文献

一、档案文集

1. "棉纺史料小组第一次座谈会",上海工商联所藏档案,档案号:33-376。
2. 《上海之机器工业调查》,上海社科院图书馆藏,卷号:04-052,缩微与盘号:01-0131:09。
3. 《华丰纱厂曾由王正廷招日本投资》,黄首民回忆,上海工商联所藏档案,档案号:34-800。
4. 《荆林聂氏衡山族谱·卷七》,1883年刻印,上海图书馆古籍部藏。
5. 聂其杰等撰:《荆林聂氏续修衡山族谱·卷一》,1916年铅印本,上海图书馆古籍部藏。
6. 农商部著:《中华游美实业团报告》,商务印书馆1916年版。
7. 上海市商会编:《虞洽卿先生旅沪五十年纪念特刊》,1931年印行,上海图书馆藏书。
8. 聂尔康撰,聂其杰辑:《聂亦峰先生为宰公牍》,1943年版。
9. 汪敬虞编:《中国近代工业史资料1895—1914年》第二辑下册,社会科学出版社1957年版。
10. 中国科学院上海经济研究所、上海社会科学院经济研究所编:《恒丰纱厂的发生发展与改造》,上海人民出版社1958年版。
11. 上海社会科学院经济研究所经济史组编:《荣家企业史料》(上册),上海人民出版社1962年版。
12. 上海机器工业史料组编:《上海民族机器工业》上册,中华书局

1966年版。

13. 沈云龙主编：《近代中国史料丛刊》第22册，台北：文海出版社1966年版。

14. 成文出版有限公司印行：《中国方志丛书》（华中地方第140号），台北：成文出版有限公司1970年版。

15. 徐雪筠等编译：《上海近代社会经济概况》，上海社会科学院出版社1985年版。

16. 秦国经主编：《清代官员履历档案全编》第5册，华东师范大学出版社1997年版。

17. 陈三立著，钱文忠标点：《散原精舍文集》，辽宁教育出版社1998年版。

18. 《荣德生文集》，上海古籍出版社2002年版。

19. 聂宝璋、朱荫贵编：《中国近代航运史资料·第二辑（1895—1927）》（下册），中国社会科学出版社2002年版。

20. 慧律法师讲述，弟子法宣整理：《净土圣贤录易解》（6），台北：文殊文教基金会2002年发行。

21. 上海市工商业联合会编：《上海总商会议事录》（第3册），上海古籍出版社2006年版。

22. 戴吉礼（Ferdinand Dagenais）主编：《傅兰雅档案》（第二卷），广西师范大学出版社2010年版。

23. 穆家修、柳和城、穆伟杰编：《穆藕初文集》，上海古籍出版社2011年版。

24. 徐娣珍主编：《上海滩视野下的慈溪商人：〈申报〉三北商帮史料集成》，当代中国出版社2012年版。

25. 孙燕京、张研主编：《民国史料丛刊续编》第621册，大象出版社2012年版。

26. 陈文源、荣华源、周维沛主编：《中国民族工业先驱荣宗敬生平史料选编》，广陵书社2013年版。

27. 陈建华、王鹤鸣主编，王铁整理：《中国家谱资料选编·传记卷》，上海古籍出版社2013年版。

28. 穆家修、柳和城、穆伟杰编著：《穆藕初年谱长编》上卷，上海交通大学出版社2015年版。

29. 宁波帮博物馆编：《朱葆三史料集》，宁波出版社2016年版。

30. 江瀚著，郑园整理：《江瀚日记》，凤凰出版社2017年版。

二、文史资料

1. 中国人民政府协商会议江苏省无锡市委员会文史资料研究委员会整理：《无锡文史资料》第1辑，1980年印行。

2. 中国人民政治协商会议宁波市委员会文史资料研究委员会编：《宁波文史资料第五辑》，1987年印行。

3. 中国人民政治协商会议浙江省慈溪市委员会文史资料研究委员会编：《慈溪文史资料第三辑》，1989年印行。

4. 浙江省政协文史资料委员会编：《宁波帮企业家的崛起》（浙江文史资料选辑第三十九辑），浙江人民出版社1989年版。

5. 《江苏文史资料》编辑部编：《江苏文史资料》第34辑，1989年印行。

6. 《文史资料选辑》编辑部编：《文史资料精选》第6册，中国文史出版社1990年版。

7. 宁波市政协文史资料委员会编：《商海巨子——活跃在沪埠的宁波商人》，中国文史出版社1998年版。

8. 宁波市政协文史资料委员会编：《宁波文史系列丛书第一辑》，中国文史出版社1998年版。

9. 李小凡主编：《影响中国命运的人物》（第1卷），金城出版社1999年版。

10. 熊月之主编：《上海名人名事名物大观》，上海人民出版社2004年版。

11. 宁波市政协文史委、政协慈溪市委员会编：《三北虞洽卿》，中国文史出版社 2008 年版。

12. 卓新平主编《基督教小辞典》（修订本），上海辞书出版社 2008 年版。

13. 王勇、唐俐著：《湖南历代文化世家 40 家卷》，湖南人民出版社 2010 年版。

14. 夏征农、陈至立主编，熊月之等编著：《大辞海·中国近现代史卷》，上海辞书出版社 2013 年版。

17. 王晓天、王国宇主编：《湖南古今人物辞典》，湖南人民出版社 2013 年版。

18. 慈溪市政协教文卫体和文史资料委员会编：《纪实虞洽卿》，宁波出版社 2014 年版。

19. 刘绍唐主编：《民国人物小传》（第 6 册），上海三联书店 2015 年版。

三、报纸期刊

The North-China Herald and Supreme Court & Consular Gazette、The Shanghai Gazette、Millard's Review of the Far East、《申报》《新闻报》、《时报》、《字林沪报》、《力报》。

《上海总商会月报》《上海旬刊》《大众》《杂志》《教育与职业》《人生月志》《人言周刊》《通问月刊》《礼拜六》《时报周刊》《商业杂志》《国民政府公报》《长城》《欧战实报》《华商纱厂联合会季刊》《恒丰周刊》《时兆月报》《纺织染工程》《经济汇报》《东方杂志》《南洋周刊》《工程》《农商公报》《北京实业周刊》《实业旬报》《纺织时报》《工程周刊》《聂氏家言旬刊》《海上名人传》《工业月刊》《无锡旅刊》《杖乡导游录》《成功人传》《江苏实业月志》《太平导报》《人钟月刊》《农村复兴委员会报》《兴业邮乘》《实业季报》《快乐家庭》《上海人》《农业推广通讯》《国讯》《中华实业界》《国文周报》

四、学术著作

1. 严中平：《中国棉纺织史稿》，科学出版社 1955 年版。

2. 释东初：《中国佛教近代史》，台北：中国佛教文化馆 1974 年版。

3. 许维雍、黄汉民：《荣家企业发展史》，人民出版社 1985 年版。

4. 罗兹·墨菲著，上海社会科学院历史研究所编译：《上海——现代中国的钥匙》，上海人民出版社 1986 年版。

5. 郝延平著，李荣昌、沈祖炜译：《19 世纪的中国买办——东西间桥梁》，上海社会科学院出版社 1988 年版。

6. 上海市地方志办公室编：《上海研究论丛》第二辑，上海社会科学院出版社 1989 年版。

7. 黄逸峰、姜铎、唐传泗、徐鼎新著：《旧中国民族资产阶级》，江苏古籍出版社 1990 年版。

8. 徐鼎新、钱小明：《上海总商会史（1902—1929）》，上海社会科学院出版社 1991 年版。

9. 丁日初主编：《上海近代经济史·第一卷（1843—1894 年）》，上海人民出版社 1994 年版。

10. 白吉尔著，张富强、许世芬译：《中国资产阶级的黄金时代（1911—1937）》，上海人民出版社 1994 年版。

11. 顾卫民：《基督教与近代中国社会》，上海人民出版社 1996 年版。

12. 金普森主编：《虞洽卿研究》，宁波出版社 1997 年版。

13.《中国近代纺织史》编辑委员会编：《中国近代纺织史》，中国纺织出版社 1997 年版。

14. 赵冈、陈钟毅：《中国棉纺织史》，中国农业出版社 1997 年版。

15. 高俊：《穆藕初评传》，上海人民出版社 2007 年版。

16. 傅国涌：《大商人：影响中国的近代实业家们》，中信出版社 2008 年版。

17. 钱茂伟、应芳舟：《一诺九鼎：朱葆三传》，中国社会科学出版社

2008 年版。

18. 森时彦著，袁广泉译：《中国近代棉纺织业史研究》，社会科学文献出版社 2010 年版。

19. 沈祖炜主编：《近代中国企业：制度和发展》，上海人民出版社 2014 年版。

20. 徐亚萍：《曾国藩的经世思想及其实践》，台北：文津出版社 2015 年版。

五、论文

1. 丁日初、杜恂诚：《虞洽卿简论》，《历史研究》1981 年第 3 期。

2. 唐传泗、徐鼎新：《中国早期民族资产阶级的若干问题》，《学术月刊》1984 年第 3 期。

3. 钟祥财：《穆藕初农业思想略探》，《中国农史》1990 年第 3 期。

4. 方再林、武珍：《中国近代实业家的崛起及其心理结构的探析》，《华东经济管理》1993 年第 1 期。

5. 马俊亚：《中国近代企业家的文化类性与精神境界》，《史学月刊》1995 年第 4 期。

6. 李瑊：《朱葆三的实业活动》，《档案与史学》2003 年第 6 期。

7. 肖阿五：《虞洽卿的企业家精神》，《档案与史学》2003 年第 6 期。

8. 南钢：《上海家庭教育的近代转型研究》，华东师范大学博士学位论文，2004 年。

9. 赵鲁平：《解读上海外语教育：历史与文化语境的嬗变》，华东师范大学博士学位论文，2005 年。

10. 高俊：《论穆藕初的实业振兴思想》，复旦大学博士学位论文，2006 年。

11. 高少宇：《20 世纪早期中国城市资本家阶层初探》，吉林大学硕士学位论文，2006 年。

12. 贾中福：《1915 年中国实业团访美述论》，《聊城大学学报》(社会科学版),2007年第4期。

13. 王伦信:《外语教育:考察晚清上海对外开放的一个视角》,《安徽史学》2007年第5期。

14. 柳森:《江瀚手札五通考释》,《文献》2015年第2期。

15. 钱江:《近代民族工业的巨子荣宗敬、荣德生》,《档案与建设》2018年第8期。